河南省“十四五”普通高等教育规划教材

河洛文化教程

HELUO WENHUA JIAOCHENG

吴涛 著

河南人民出版社

图书在版编目(CIP)数据

河洛文化教程 / 吴涛著. — 郑州 ：河南人民出版社, 2022. 12(2024. 2 重印)
ISBN 978-7-215-13225-2

Ⅰ. ①河… Ⅱ. ①吴… Ⅲ. ①地方文化-河南-教材 Ⅳ. ①G127.61

中国版本图书馆 CIP 数据核字(2022)第 233711 号

河南人民出版社出版发行
(地址：郑州市郑东新区祥盛街 27 号 邮政编码：450016 电话：65788053)
新华书店经销　　河南恒泰印务有限公司印刷
开本　710 毫米×1000 毫米　1/16　印张　16.25
字数　230 千字
2022 年 12 月第 1 版　　2024 年 2 月第 2 次印刷

定价：42.00 元

目录
CONTENTS

第一章　河洛文化的根源性与主体性

河洛文化是河洛先民在生产生活过程中创造的物质财富和精神财富的总和，是中华文明的根源和基干，不仅奠定了中华文明的发展方向，而且塑造了每个华夏儿女的心灵。

2019 年 9 月 18 日习近平在《在黄河流域生态保护和高质量发展座谈会上的讲话》中指出："千百年来，奔腾不息的黄河同长江一起，哺育着中华民族，孕育了中华文明。早在上古时期，炎黄二帝的传说就产生于此。在我国 5000 多年文明史上，黄河流域有 3000 多年是全国政治、经济、文化中心，孕育了河湟文化、河洛文化、关中文化、齐鲁文化等，分布有郑州、西安、洛阳、开封等古都，诞生了'四大发明'和《诗经》《老子》《史记》等经典著作。九曲黄河，奔腾向前，以百折不挠的磅礴气势塑造了中华民族自强不息的民族品格，是中华民族坚定文化自信的重要根基。"习近平的讲话，深刻揭示了河洛文化的重要性，指出了河洛文化的当代价值。

第一节　根在河洛

南宋爱国诗人陆游"永怀河洛间，煌煌祖宗业"的诗句，生动描述了河洛地区在中华文化版图中的地位。根源性是河洛文化最本质的特征。

一、传世文献中河洛文化的根源性

《周易·系辞》有言曰："河出图，洛出书，圣人则之。"意谓中华文明起源于圣人对河图洛书的效法。这段关于中华文明起源的经典描述，影响了世代华夏先民。

关于"河出图，洛出书"的详情，最早见于汉成帝时刘歆的记载："虙羲氏继天而王，受河图则而画之，八卦是也。禹治洪水，赐雒书法而陈之，洪范是也。"[①]刘歆认为，伏羲受到河图的启示创制八卦，大禹受到洛书的启迪完成了治水的伟业。后来托名孔安国的《尚书传》进一步说道："伏牺王天下，龙马出河，遂则其文，以画八卦，谓之河图。"[②]"天与禹，洛出书，神龟负文而出，列于背有数，至于九。禹遂因而第之，以成九类，常道所以次叙。"[③]伏羲氏时

---

① 班固：《汉书·五行志上》，中华书局 1962 年版，第 1315 页。
② 《尚书注疏》卷十八，阮元校刻《十三经注疏》，中华书局 1980 年版，第 239 页。
③ 《尚书注疏》卷十二，阮元校刻《十三经注疏》，中华书局 1980 年版，第 187 页。

龙马从黄河中驮出河图，大禹时神龟从洛河中驮出洛书。

在古人的观念中，身高体硕的骏马称龙马。《周礼》：“马八尺以上为龙。”[①]不过，负图出河的龙马，显然并非通常意义上的骏马。《礼记·礼运》：“河出马图。”孔颖达《疏》引用《尚书中候·握河纪》解释道：“尧时受河图，龙衔赤文，绿色。注云：龙而形象马，故云马图，是龙马负图而出。又云伏羲氏有天下，龙马负图出于河，遂法之画八卦。又龟书洛出之也。”[②]如此说来，龙马其实不是马，而是形状像马的龙。《艺文类聚》引古纬书《瑞应图》：“龙马者，仁马，河水之精也。高八尺五寸长，颈骼上有翼，旁垂毛。鸣声九音。有明王则见。”[③]也有人说，龙马乃龙与马交配的产物，明人谢肇淛《五杂组》说：“龙性最淫，故与豕交，则生象；与马交，则生龙马。”[④]今人实在无法想象古人心目中龙马是何尊容。

相传河南孟津会盟镇黄河岸边的龙马负图寺，就是当年龙马负图的所在地。龙马负图寺相传始建于十六国后赵时期，建筑主体当形成于明清。如今龙马负图寺中建筑多为改革开放后恢复的。

在古人的观念中，长寿的龟可以通灵。“龟之言久，龟千岁而灵”[⑤]。最早在殷商时期人们已经使用龟的腹甲进行占卜。周人延续了对神龟的崇敬，《尚书·大诰》中说：“宁王遗我大宝龟，绍天明。”[⑥]春秋时期，占卜者强调：“筮短龟长，不如从长。”[⑦]成书于战国的《周易·系辞》说：“圣人探赜索隐，钩深致远，以定天下之吉凶，成天下之亹亹者，莫大乎蓍龟。”[⑧]战国以后，人们逐渐放弃了蓍龟占卜。首先因为其方法过于繁琐，远不如筮法简单。而且，正如庄子所云：“吾闻楚有神龟，死已三千岁矣。王巾笥而藏之庙堂之上。此龟者，宁其死为留骨而贵乎，宁其生而曳尾于涂中乎？”[⑨]神龟既然不

① 《周礼注疏》卷三十三，阮元校刻《十三经注疏》，中华书局 1980 年版，第 861 页。
② 《礼记注疏》卷二十二，阮元校刻《十三经注疏》，中华书局 1980 年版，第 1407 页。
③ 欧阳询等：《艺文类聚》卷九十九，上海古籍出版社 1999 年版，第 1714 页。
④ 谢肇淛：《五杂组》卷九，上海书店出版社 2001 年版，第 166 页。
⑤ 《礼记注疏》卷三，阮元校刻《十三经注疏》，中华书局 1980 年版，第 1251 页。
⑥ 《尚书注疏》卷十二，阮元校刻《十三经注疏》，中华书局 1980 年版，第 198 页。
⑦ 《左传注疏》卷十二，阮元校刻《十三经注疏》，中华书局 1980 年版，第 1793 页。
⑧ 《周易注疏》卷七，阮元校刻《十三经注疏》，中华书局 1980 年版，第 82 页。
⑨ 《庄子·秋水》，王先谦《庄子集解》，《诸子集成》（第三册），中华书局 1954 年版，第 108 页。

能预测自己的生死,又如何能为世人预测吉凶呢?至于驮出洛书的神龟到底是什么样子,如孔颖达所云:"龟负洛书,经无其事。"[①]早期文献并无其文,今人也无从想象。

文献同样没有记载洛书出于何处。相传洛阳洛宁县长水镇西长水村附近的洛河滩地即"洛出书处",其地大体位于洛河上下游的分界线。在该地发现有两通碑,一为清雍正年间,一为唐朝以前古碑,其具体时间尚需进一步研究。也有人认为,洛出书处应在洛河与伊河交汇处,或者在伊洛河与黄河交汇处。

传说中的河图洛书虽无人得见,后世关于河图洛书的记载却日益丰富。刘歆等人认为,河图就是八卦,洛书就是《洪范》。南朝沈约称:"燧人氏没,宓牺代之,受龙图,画八卦,所谓河出图者也……(禹)乃受舜禅,即天子之位,洛出龟书六十五字,是为洪范,此谓洛出书者也。"[②]孔颖达《周易正义》说:"'河出图,洛出书,圣人则之'者,如郑康成之义,则春秋纬云:河以通乾出天苞,洛以流坤吐地符。河龙图发,洛龟书感。河图有九篇,洛书有六篇。孔安国以为河图则八卦是也,洛书则九畴是也。"[③]东汉记载河图有9篇,洛书有6篇。《隋书·经籍志》说:"孔子既叙六经以明天人之道,知后世不能稽同其意,故别立纬及谶以遗来世。其书出于前汉,有《河图》九篇,《洛书》六篇。云自黄帝至周文王所受本文。又别有三十篇,云自初起至于孔子九圣之所增演以广其意。"[④]

据历代文献记载,《河图》有:《河图括地象》《河图始开图》《河图挺佐辅》《河图稽耀钩》《河图帝览嬉》《河图握矩起》《河图玉版》《龙鱼河图》《河图合古篇》《河图赤伏符》《河图闿苞受》《河图叶光纪》《河图录运法》《河图帝通纪》《河图真纪钩》《河图考钩》《河图秘征》《河图说征》《河图会昌符》《河图稽命征》《河图揆命篇》《河图要元篇》《河图天灵》《河图提刘篇》《河图绛象》《河图著命》《河图皇参持》《河图帝视萌》《河图灵武帝篇》《河图玉

① 《周易注疏》卷十二,阮元校刻《十三经注疏》,中华书局1980年版,第187页。
② 沈约:《宋书》卷二十七《符瑞志》,中华书局1974年版,第760页。
③ 《周易注疏》卷七,阮元校刻《十三经注疏》,中华书局1980年版,第82页。
④ 魏徵:《隋书》卷三十二《经籍志》,中华书局1973年版,第941页。

英》《河图考灵曜》《河图纪命符》《河图圣治符》《河图表记》《河图期运授》《河图考曜文》《河图内元经》《河图龙文》《河图龙帝纪》《河图龙表》。《河图》总计40种。

《洛书》有:《洛书灵准听》《洛书甄曜度》《洛书摘亡辟》《洛书宝号命》《洛书录运法》《洛书精命要》《洛书洛罪级》《洛书说征示》《洛书说禾》《洛书河洛谶》《洛书兵钤势》《洛书三光占》《洛书斗中图》。《洛书》共计13种。另外见于文献记载的还有:《河洛内记》《老子河洛谶》等。①

上述这些《河图》《洛书》都已散佚。后人有辑佚本传世,如孙瑴《古微书》、安居香山《纬书集成》等。其内容十分驳杂,大多荒诞不经。虽说其中也保留有若干古老传说,但从总体上看,价值不大。

今人所见《河图》《洛书》出于宋代。《河图》:"一、六在后,二、七在前,三、八在左,四、九在右,五、十背中。"《洛书》:"以五为主,六八为足,二四为肩,左三右七,戴九履一。"分别代表"天地生成之数"和"纵横十五之象"。据说出于五代道士陈抟,经刘牧、朱震等人的发展,到蔡元定大体定型。元代吴澄认为,《河图》来自龙马身上的旋毛,他还试图给河图洛书的传说以合理的解释:伏羲和大禹平日一直在观察和思考天地的道理,在看到马背上的旋毛和神龟身上的坼文后,受了启发,才有了后来的种种创制。

早在宋代欧阳修等人就对此质疑,《易童子问》中说:"若此者,非圣人之言。"②清代众多质疑以胡渭《易图明辨》和《洪范正论》为代表。当代号称能解河图洛书者,多数是自说自话,当以齐东野人语视之,置之不论可也。

"河出图,洛出书"意义何在?今人断然无法相信河图洛书的传说。但"河出图,洛出书"的传说该如何解释呢?有一次宋真宗问儒生杜镐:"古所谓'河出图,洛出书',果何事耶?"杜镐认为那不过是古人"神道设教"装神弄鬼骗百姓的。③"河出图,洛出书"的古老传说,显然并非"神道设教"那么简单。首先,古人对"河出图,洛出书"深信不疑。《论语》中孔子说:"凤鸟

---

① 钟肇鹏:《谶纬论略·谶纬篇目及纬书解题》,辽宁教育出版社1991年版,第71—73页。

② 欧阳修著,李逸安点校:《欧阳修全集》,中华书局2001年版,第879页。

③ 脱脱:《宋史》卷二百八十二,中华书局1965年版,第9545页。

不至，河不出图，吾已矣夫！”①春秋之前的君主尚不具备后世君主“神道设教”的意识。“神道设教”可以欺骗下愚，却未必能欺骗所有阶层。其次，“河出图，洛出书”的确在一定程度上说明了中华文明起源的真相。河洛地区是中华文明诞生的核心区域，对先民生活影响最大的黄河与洛河在一定程度上塑造了早期的华夏文明，从这个意义上说“河出图，洛出书，圣人则之”，未尝不可。中华先民在生产生活中不断观察自然，从中获得启迪，从而开创了文明，这是显而易见的基本事实。黄河与洛河是先民重要的观察对象。古人将对黄河与洛河的观察而感悟的道理笼统地称为“河图”“洛书”。至于古人具体都获得了哪些感悟，今人肯定无法详细解读。后人受制于时代局限性，在传承过程中将自然的启示想象成神话传说，并在口耳相传过程中不断丰富。龙马负图、神龟负文之类的传说由此而来。

总之，“河出图，洛出书，圣人则之”，说明了黄河与洛河对于中华文明诞生的重要性，强调了母亲河的地位。对此，没有过度诠释的必要。

二、河洛文化根源性的解构与重建

（一）近代以来对“根在河洛”的解构

古人观念中，河洛文化的根源性不言自明。但近代以来随着理性的不断高涨，建构于河图洛书与三皇五帝传说基础上的“根在河洛”受到强烈冲击。尤其近代疑古思潮兴起后“根在河洛”受到巨大解构。疑古思潮重要代表顾颉刚先生在《与钱玄同先生论古史书》《五德终始说下的政治与历史》等文章中提出的“层累地造就古史说”认为：时间越靠后人们观念中古史越长，而且越往后，古史的记载越系统、越整齐、越详细，中心人物越是不断被放大。这是后人不断积累添加的结果。他说：“古史是层累地造成的，发生的次序和排列的系统恰是一个反背。”②在疑古者看来，上古三代的历史本是一个模糊的影子，遥远的三皇五帝只能是传说，那是后人对古史不断整理的结果。无论是伏羲的画卦、黄帝的征伐，还是大禹的治水，都当以传说视之。

顾颉刚“层累地造就古史说”影响很大，郭沫若曾说：“顾颉刚的‘层累地

① 《论语注疏》卷九，阮元校刻《十三经注疏》，中华书局 1980 年版，第 2490 页。

② 顾颉刚：《古史辨》（第一册），自序，上海书店据朴社 1933 年版影印，第 52 页。

造成的古史',的确是个卓识……他所提出的夏禹的问题,在前曾哄传一时,我当时耳食之余,还曾加以讥笑。到现在自己研究了一番过来,觉得他的识见是有先见之明。"①一些代表性通史著作,在书写上古历史时,都或多或少地受到他们的影响。如范文澜《中国通史简编(修订本)》(第一册)提到尧舜禹时说:"关于他们的传说,比黄帝以下诸帝更多些,真实性似乎也大些。"②应当注意,他对尧舜禹传说真实性的判定用了"似乎"一词。

对"根在河洛"最大的冲击来自考古学的发展。随着近代考古事业发展而来的考古成果带有"科学"的色彩,对河洛文化根源性的解构力远大于疑古思潮。

近代史前考古的重要发现,最初主要出现在黄河流域,如仰韶文化、龙山文化。这些考古发现,在一定程度上印证了以河洛地区为中心的中原是华夏文明源地。但后来全国各地不断有重量级的考古发现,如长江流域的河姆渡文化、马家浜文化、良渚文化、崧泽文化等,辽河流域也有红山文化等重要文化遗址。这些遗址中,不断有惊人发现,如良渚文化大量玉器的出土,不仅说明当时已有宗教观念,而且当地也很可能出现了国家萌芽。于是有人认为中华文明的起源如满天星斗一样出现在华夏大地上。很多通史教材也往往如此叙述,使中华文明满天星斗起源说更加深入人心,逐渐成为"常识"。

(二)"根在河洛"的重建

在重视文化自觉的今天,有必要"走出疑古时代",以重建河洛文化的根源性。近代疑古思潮疑古过甚之弊前人已充分指出,但对疑古思潮并不能简单否定。虽说顾颉刚具体观点不无可商榷之处,但"层累地造就古史说"在很大程度上揭示了古人历史书写的真相。顾颉刚谈到清末今文经学时曾说:"清代的今文家自己的建设固然不足取,但其对于古文家的骗局的破坏工作实是非常的精当,为讲汉代学术思想史的人所不该不取材的。"③其实,这句话倒也可以用于疑古思潮本身。疑古思潮的价值在于思想解放,而不

① 郭沫若:《中国古代社会研究》,河北教育出版社2000年版,第292页。
② 范文澜:《中国通史简编(修订本)》(第一册),人民出版社1964年版,第92页。
③ 顾颉刚:《秦汉的方士与儒生》,上海世纪出版集团2005年版,第75页。

在于具体观点。疑古思潮的巨大破坏作用，扫除了古史研究的许多障碍，使我们重新以科学的眼光审视古史成为可能。常言道"不破不立"，破的目的在于立，疑古思潮破则有余，立则不足。如李学勤所说："疑古思潮在思想史上起过很大的进步作用，但因怀疑过度，难免造成古史的空白。这一思潮的影响深远，要对古代历史文化做出实事求是的评价，不能不摆脱有关观点的约束。"①虽然近代疑古思潮的价值不容否认，但在具体观点上，到了"走出疑古"的时代。

"根在河洛"的重建，构建于对疑古思潮再认识的基础之上。经历疑古思潮洗礼之后，审慎的科学研究成为重建河洛文化根源性的起点。这将使"根在河洛"的论断更加坚实可靠。

上古史研究绝不可将传说看成史实，必须避免从一个极端走向另一个极端，不能从疑古简单地向信古回归。如冯友兰在《古史辨》第六册"序言"中所说："我曾说过中国现在之史学有三种趋势，即信古、疑古及释古。就其中信古一派，与其说是一种趋势，毋宁说是一种抱残守缺的人的残余势力，大概不久即要消灭；即不消灭，对于中国将来的史学也是没有什么影响的。真正的史学家，对于史料没有不加以审查而即直信其票面价值的。疑古一派的人，所做的工作即是审查史料。释古一派的人所做的工夫，即是将史料融会贯通。就整个的史学说，一个历史的完成，必须经过审查史料及融会贯通的阶段，历史方能完成。"②拿传说当信史，不仅不能重建河洛文化的根源性，还将贻笑大方。当下需要的不是"信古"，而是在经历"疑古"之后的"释古"。

历史唯物主义是重建中华古史系统的基本方法。对河洛文化根源性的重建必须是建立在对近代疑古思潮成果充分吸收的基础上，剔除三皇五帝、河图洛书传说中荒诞不经的成分，运用历史唯物主义的方法，对上古传说进行重新解读。传说中虽有后人的虚构和想象，但这些历史传说并非向壁虚构，传说的背后也反映了一定的历史真实，也即人们常说的"史影"。如黄帝的传说在河洛地区广泛流传，新郑、新密等地都有黄帝曾在当地活动的传

---

① 李学勤：《走出疑古时代》，辽宁大学出版社1997年版，第4页。

② 罗根泽编：《古史辨》（第六册），上海书店据开明书店1938年影印版，第1页。

说，虽不能直接以传说当史实，但这些传说也反映出丰富的信息。据传新密市刘砦镇云岩宫是黄帝讲武之所，虽相关传说未必可以信据。但新中国成立后，在云岩宫周围发现多处仰韶文化遗址，龙山晚期的新砦遗址也距离云岩宫不远。[①] 这些都说明河洛地区的诸多传说，绝非空穴来风。综合运用历史学、民俗学、人类学、考古学最新研究成果，对上古传说进行去伪存真的再审视，完全可以重建中华古史的统系。尤其是“中华文明探源工程”的启动，更为河洛文化根源性的重建提供了难得机遇。“中华文明探源工程”重点发掘的六大都邑遗址都在河洛地区范围内。[②]

因此，疑古思潮中的很多观点都经不起历史唯物主义的分析。传统典籍中关于黄帝的记载虽不能视为信史，但黄帝绝非仅是传说。作为具体的个人，黄帝的传说有虚幻的成分，但作为一个时代的代表和文化符号，黄帝的存在是绝对真实的。现代考古学一般都将龙山文化与传世典籍中的黄帝时代相对应，越来越多的考古材料在证明着这一论断。

同样，传世文献关于大禹治水的记载也多有夸张，大禹断然没有普遍治理天下山川的能力。考古证实龙山文化晚期出现了较大范围的洪水，平原地区人们对洪水无能为力，龙山时代晚期豫东平原文化明显倒退。而在豫西丘陵山地，不甘于洪水摆布的人们组织起来与洪水进行斗争。斗争过程中分工进一步明确，组织更加严密，领袖的权威得以确立。考古证实，龙山时代晚期豫西地区文化进步明显加速。夏王朝就诞生于大禹治水的基础之上。

在综合利用考古材料和传世文献的基础上，运用历史唯物主义的方法重建中华文明的古史系统，从而强化河洛地区作为中华文明源地的地位。

重建河洛文化的根源性并非对众多考古成果的否定。长江流域、辽河流域、岭南地区的考古发现应在文明起源视域下进行再认识。长江流域、辽

---

① 北京大学考古文博院、郑州市文物考古研究所：《河南新密新砦遗址1999年试掘简报》，《华夏考古》2000年第4期。

② 河洛地区的范围并不与今天洛阳市的行政区划等同，作为文化概念的河洛地区，并没有清晰的边界。河洛地区是指以河洛交汇处为中心的河南省中西部。就当代行政区划而言，大体包括洛阳、三门峡、济源全部，郑州、许昌、平顶山、漯河、南阳、焦作部分地区，晋南部分地区也应视为河洛地区的范围。

河流域的重大考古发现,说明中华文明在河洛地区的突破,建立在广博的基础之上。应将这些考古发现与河洛地区的考古发现,纳入整体框架中。中华文明在河洛地区的突破,并非偶然的爆发,而是经历了漫长历史时期的积淀。重建河洛文化根源性,并非割裂史前时期河洛地区考古文化与各地文化间的联系和交流。考古发现证实,史前时期河洛地区的文化发展绝非孤立的。无论仰韶时期,还是龙山时期,河洛地区与周边地区间存在着密切的文化联系,许多方面表现出若干共性。个别时期、个别方向上,周边地区的文化发展会有所领先。不过,由于河洛地区的区位优势,河洛地区成为文化交流的中心枢纽。正是各地文化成果的不断汇聚,才使河洛地区在龙山时代晚期的文化发展显著加速,告别蒙昧,进入文明时代。

源是相对于流而言的。没有实现传承的文化,对中华文明并不具有根源性意义。许多史前文化,或被吸纳入河洛文化的主流;或逐渐消失在历史长河中成为绝响,对后世的影响可以忽略不计;或随着华夏族的扩张而迁到远方。即便这些文化可能一度很发达,但也不能将之视为中华文明的源头。如当代上海文化肯定不是从崧泽文化发展而来的。至少以目前的研究,无法构建二者的实际性联系。如此崧泽文化对于探索中华文明的起源就没有意义。同样,河姆渡文化与当代浙东文化之间,良渚文化与当代杭州文化之间,也无法建立有效的联系。他们对于探索中华文明起源,也意义不大。在河洛地区至少从前仰韶时代的裴李岗文化开始,文化发展一直有着完整的链条。从前仰韶时代、仰韶时代、龙山时代,河洛地区的文化发展不曾发生过中断。代表着夏朝的二里头文化,就是由中原龙山文化直接发展而来的。洛阳王湾遗址的文化堆积,涵盖了从仰韶一直到南北朝的数千年。而这些考古发现,无疑是重建河洛文化根源性的重要依据。

三、文明之光——河洛史前文化遗址

获得考古发现支撑的“根在河洛”与古人所讲并不完全相同。河洛地区众多史前文化遗址的发现,揭示了华夏先民筚路蓝缕的脚步,展现了中华文明诞生之初的面貌。

(一)裴李岗文化

前仰韶时代河洛地区最早的新石器考古文化是1977年发现于河南新郑

裴李岗村的裴李岗文化。[1] 裴李岗文化距今8000多年，是典型的农业聚落。裴李岗文化遗址中不仅发现有房址、夹砂红陶、磨制石器和骨器，更重要的是裴李岗文化的石器已不再像旧石器时代所发现的石球、石核、刮削器等狩猎工具，而是一整套农具，包括耕作和收割工具石斧、石铲、石镰，粮食加工工具石磨盘、石磨棒。说明裴李岗时期农业生产比较成熟，人们已进入定居的农业生活。有证据显示河洛先民最先驯化的农作物是粟，即小米。裴李岗文化遗址还发现有陶窑，陶器的生产初具规模。陶器有杯、碗、盘、钵、壶、罐等器物。陶纺轮、骨针等文物的出土，证明人们已懂得纺织，从此告别了靠兽皮、树皮、树叶遮盖身体的历史。

伴随着原始农业的出现，出现了家畜饲养。家畜的饲养在狩猎的基础上发展而来，农业出现后不仅为人们提供了食物，也为家畜提供了饲料，使饲养家畜成为可能。据研究，河洛地区最早驯化的动物是猪。对农耕民族而言，杂食性的猪很容易饲养，很早就进入人类生活。猪对古人而言非常重要，甚至猪一度与人类生活在一起，汉字“家”的构成就是房子里面一头猪。裴李岗时代驯养的还有狗、牛、羊、鹿、鸡等。裴李岗文化出土的陶猪头、陶羊头都说明当时家畜饲养业的发达。

农业的出现，对人类社会发展具有革命性意义，也有学者将农业的出现称为“农业革命”。农业使人们从食物的采集者变成食物的生产者。耕种土地、饲养禽畜为人们提供了可靠的食物来源，还偶有剩余。从而使人口可以较快增加，稳定的生活使各种社会制度得以形成。

在河洛地区，较重要的裴李岗文化遗址，除新郑裴李岗文化发现地之外，还有在小浪底水库建设过程中发现的孟津寨根遗址、妯娌遗址等。

（二）仰韶文化

仰韶文化是黄河中游重要的新石器时代文化，因1921年发现于河南三门峡渑池县仰韶村而得名。仰韶文化分布十分广泛，东起山东，西至甘肃、青海，北到河套地区，南抵江汉平原。仰韶文化持续时间大约距今7000年至5000年。作为仰韶文化标志性器物的彩陶，主要是用赤铁矿粉和氧化锰为

---

① 参阅李友谋、薛文灿：《裴李岗文化》，中州古籍出版社1992年版。

颜料，使用类似毛笔的工具，在陶坯表面上绘制各种图案，入窑经火烧后，在橙红底色上呈现出黑、红、白等颜色的陶器。因此仰韶文化也被称为彩陶文化。

河洛地区重要的仰韶文化遗址有：

1. 仰韶遗址。1921 年 10 月，瑞典学者安特生和中国学者袁复礼、陈德光等对渑池县仰韶村遗址进行首次发掘，证实该处为新石器时代文化遗存。依据考古惯例，以首次发现地命名为“仰韶文化”。1961 年 3 月仰韶村文化遗址被列为第一批全国重点文物保护单位。遗址先后经过 3 次发掘，出土了大量珍贵文物，在国际上引起极大轰动。仰韶遗址博物馆于 2011 年建成并向公众开放。

2. 三门峡陕州区庙底沟遗址。庙底沟遗址总面积约 36.2 万平方米。庙底沟类型文化分布于关中、晋南以及豫西广大地区，陶器以红底黑花为特点，其纹饰、造型已显示出礼器的先兆。彩陶作为古礼的象征，可能是中国第一代礼器，可视为礼乐文明的滥觞。庙底沟文化分为一期和二期，庙底沟一期文化是仰韶文化最繁盛时期，庙底沟二期文化后来发展成河南龙山文化。该遗址的发现，解决了仰韶文化和龙山文化的分期，尤其是解决了仰韶文化和龙山文化之间的关系，为研究中华文明起源提供了重要物证。①

3. 郑州北郊大河村遗址。大河村遗址发现于 20 世纪 70 年代，距今 5700—5000 年，大河村遗址文化遗存可分为十期。在大河村遗址发现的尊、背壶和锅等陶器，显示仰韶文化与大汶口或屈家岭文化的交流关系。彩陶片上绘有各种天文图像如太阳纹、月亮纹、星座纹、日珥纹等，这一发现对研究仰韶文化的农业和古天文学的关系具有重要意义。②

4. 郑州西山遗址。西山遗址是仰韶时代晚期的一处城堡遗址，遗址中明确发现了城墙的遗迹，现存城墙残长 265 米，宽 3—5 米，高 1.75—2.5 米，为版筑而成，还发现两座城门，整个城址面积达 3.45 万平方米。相较以前发现的史前城址，西山遗址的年代最早，它的发现将我国建城史提前了近千

---

① 中国社会科学院考古研究所：《庙底沟与三里桥》，文物出版社 2011 年版。

② 郑州博物馆：《郑州大河村遗址发掘报告》，《考古学报》1979 年第 1 期。

年，因而也有“华夏第一城”之称。[①]

5. 洛阳王湾遗址。1958 年，中国科学院考古研究所洛阳工作站在洛阳城西谷水镇王湾村涧河东南岸第一台地上发现该遗址，之后连续两年北京大学历史系考古专业师生两次进行发掘。遗址包括新石器时代，以及周代、晋代、北朝诸时期的文化堆积。其中新石器时代文化堆积，可分为王湾一期（仰韶文化）、王湾二期（过渡期）、王湾三期（河南龙山文化）。王湾遗址提供了研究由仰韶到龙山过渡期文化的资料，证实了龙山文化和仰韶文化的承袭关系，在新石器时代考古上占有重要地位。[②]

6. 巩义双槐树遗址。巩义双槐树遗址于 1984 年文物普查时被发现。2013—2020 年对遗址进行考古调查、勘探与发掘，发现仰韶文化中晚期三重大型环壕、大型建筑基址、中心居址、具有最早瓮城结构的围墙、大型版筑夯土地基、4 处共 1700 余座经过严格规划的大型公共墓地、夯土祭坛、房址、灰坑、人祭坑及兽骨坑等遗迹。双槐树遗址是目前黄河流域发现的仰韶文化中晚期规模最大的核心聚落，两处院落建立在大型版筑夯土地基上，后世大型宫殿建筑与其一脉相承。[③]

（三）龙山时代

距今 5000 年，黄河中下游地区的仰韶文化逐渐发展到龙山文化。龙山文化因 1928 年首先发现于山东章丘市龙山镇而被梁思永先生命名为龙山文化，其时代距今约 5000 年到 4000 年。后来大量龙山文化遗址被发现于山东、河南、山西、陕西、湖北、河北等地。学者大体将龙山文化划分为山东龙山文化、河南龙山文化、陕西龙山文化、陶寺类型龙山文化等。所以，有学者指出，与其说是龙山文化，不如说龙山时代更合适。[④] 一般认为龙山时代已进入父系氏族社会，中华民族已到了跨越文明门槛的前夕。河南龙山文化又称中原龙山文化，主要分布在豫西、豫北和豫东一带。上承庙底沟二期文化或相当于这个时期的遗存，发展为河洛地区中华文明初期的青铜文化，放

① 张玉石：《中原大地第一城：郑州西山古城发掘记》，《大众考古》2016 年第 5 期。

② 北京大学考古实习队：《洛阳王湾遗址发掘简报》，《考古》1961 年第 4 期。

③ 国家文物局网页：http://www.ncha.gov.cn/art/2022/3/19/art_2587_76.html。

④ 严文明：《龙山文化和龙山时代》，《文物》1981 年第 6 期。

射性碳14同位素断代并经校正，约距今4600年到4000年。偃师二里头文化便是在河南龙山文化的基础上发展而来的。[①]

登封王城岗遗址位于河南登封市告成镇西北约500米的土岗上，是一处以豫西龙山文化类型中晚期为主、兼有新石器时代早期裴李岗文化和二里头文化与商周文化的遗址。早期曾在王城岗遗址发现两个小城，随着中华文明探源工程的启动，又在王城岗遗址发现一座大型城址。据王城岗小城最新碳14测年数据为公元前2107年，正值夏王朝建立前后的重要时期，大体相当于传世文献记载的大禹治水末期。[②]

新砦遗址位于河南郑州新密市刘寨镇新砦村西部，是一处河南龙山文化晚期遗址。新砦遗址发现于1979年，后来经过多次发掘，已初步确定新砦遗址是一处设有外壕、城壕、内壕共三重防御设施的大型城址。城址中心区中央偏北处坐落着一座东西长92.6米、南北宽14.5米的大型建筑基址，已清理出部分夯筑墙体、柱洞、红烧土和活动面等重要遗迹。新砦城址出土遗物数量众多，做工精美。不仅有制作精美的子母口瓮、篡形豆、双腹豆、猪首形盖钮等陶器，还出土有玉凿、红铜容器等高规格遗物以及与二里头遗址铜牌饰纹饰相似的兽面纹、雕刻精细的夔龙纹等，反映出新砦遗址的都邑性质。[③] 新砦遗址发现的"三叠层"，即下层龙山文化层、中层新砦期文化层、上层二里头早期文化层，证明了龙山文化与二里头文化之间确实存在新砦期，填补了龙山文化晚期与二里头文化早期的缺环。新砦城址的发现，对探索早期夏都、判定二里头遗址的年代与性质、研究夏代都城和夏王朝的诞生以及中华文明的起源都有十分重要的意义。

---

① 当然也有人对"中原龙山文化"或"河南龙山文化"的命名并不认可，这里只是为表述方便而暂且从众。

② 北京大学考古文博学院、河南省文物考古研究所：《河南登封市王城岗遗址2002、2004年发掘简报》，《考古》2006年第9期。杨肇清：《略论登封王城岗遗址大城与小城的关系及其性质》，《中原文物》2005年第2期。

③ 赵春青等：《河南新密市新砦遗址2002年发掘简报》，《考古》2009年第2期。

第二节　五都荟洛

历史上作为政治中心的都城往往也是文化中心，都城文化是河洛文化的重要内容，也是河洛文化主体性的重要表现之一。洛阳是中国所有古都中建城时间最早、建都朝代最多的古都，近千年间先后有 13 个王朝在此建都。在洛阳盆地，洛河两岸几十公里范围内，汇聚夏都斟鄩二里头遗址、商都西亳偃师商城遗址、西周王城遗址、汉魏故城遗址、隋唐洛阳城遗址五座都城遗址，人称“五都荟洛”。

一、三代所居

司马迁称：“昔三代之居，皆在河洛之间。”①中华民族不仅在河洛地区创造了辉煌的史前文化，而且正是在河洛地区完成了对文明门槛的跨越。夏商周三代都曾定都于河洛地区。

（一）夏都二里头

安阳殷墟发现后就有学者提出从考古学探索夏史的主张，但由于考古发现很少，讨论没有继续下去。1949 年后，考古调查和发掘取得越来越多的资料，夏文化的探讨随之展开。其中 1952 年登峰玉村遗址的发现揭开了夏文化探讨的序幕。1959 年发现的偃师二里头遗址被认为是夏代中晚期的遗址。夏朝的存在获得了考古学的确证。②

---

① 司马迁：《史记》卷二十八《封禅书》，中华书局 1982 年版，第 1371 页。

② 迄今为止，依然有人顽固地对夏王朝质疑，在他们看来只要没有文字材料的出土，就不能证实夏王朝存在的真实可信。这里存在两种可能：一种是夏王朝确实有文字材料，只不过还未发现；另一种是夏王朝尚且还没有文字。不管哪种可能性，迄今并没有文字材料出土，则是不可否认的事实。但并不能因此而否定夏王朝的存在。当年王国维先生提出二重证据法，并非唯考古材料的一重证据法。考古学作为一门外来学科，它在不同国家和地区的作用和地位并不相同。中国历史的主要框架并非由考古学构建的。数千年文明不曾中断的中国，历史记忆主要是由传世文献构建的。考古学并非万能，并非所有历史问题都能由考古学解决，考古学在很多情况下都只能提供某种帮助。二里头文化从其分布地理范围看，与传世文献所称夏人的活动范围重合。其时间断限也与传世文献记载的夏朝相合。因而，二里头文化属于夏文化应是无疑的。

学者研究认为,二里头遗址应是文献记载中的夏都斟鄩。[①] 据记载,夏王太康曾定都斟鄩,古本《竹书纪年》称:"太康居斟鄩,羿又居之,桀亦居之。"张守节《史记正义》引《尚书》称:"《尚书》云:'太康失邦,兄弟五人须于洛汭。'此即太康居之,为近洛也。"[②]夏朝建立后,政权一度被有穷氏夺取,有穷氏也以斟鄩为都。传世文献记载斟鄩的方位"故鄩城在洛州巩县西南五十八里,盖桀所居也"[③],恰与二里头遗址相近。

二里头遗址的内容十分丰富,发现了迄今为止最早的宫殿遗址。1 号宫殿坐北朝南,由夯土台基、殿堂、廊庑、庭院、殿门组成,殿堂南部为一片广阔的庭院,整个建筑工程量浩大。2 号宫殿也坐北朝南,有陶制下水道。2 号宫殿结构与 1 号宫殿类似,但其格局更加严谨。宏大的宫殿基址应是夏代建立国家的象征,体现了统治者的威严。如詹子庆先生所言:"二里头三期 1、2 号宫殿基址的发现,使学者们更加坚信,这里无疑具有王都气象。"[④]

1975 年在宫殿基址北边发现了大型墓葬,出土有大量青铜器和玉器以及绿松石装饰器。宫殿基址周围,还发现众多房基、灰坑、窑址、陶范、坩埚碎片、铜渣、石料、骨料等,表明遗址可能分布有制铜、制陶、制骨的作坊。酒器、乐器、兵器,是二里头文化的典型器物。

二里头遗址出土大量石器、玉器、陶器、骨器、蚌器等。石器以生产工具为主,如石斧、石铲等。二里头文化虽已进入青铜时代,但青铜作为生产工具相比于石器并没有性价比优势。铁器出现之前,石器在生产中始终占据主要地位。

陶器的种类最为繁多。二里头类型墓葬中出土陶器,多为酒器,其次是炊具、食器,有鼎、豆、爵、盉、盆、簋、瓮、鬶、杯等。酒器的大量出现是二里头文化的显著特点。二里头墓葬中以大量酒器随葬,表明当时酿酒业的发达,也反映了粮食产量的增多及农业生产水平的提高。所有陶器中,瓦足皿最

① 郑祥杰:《夏史初探》,中州古籍出版社 1988 年版,第 130—136 页。
② 司马迁:《史记》卷二《夏本纪》,中华书局 1982 年版,第 87 页。
③ 司马迁:《史记》卷二《夏本纪》,张守节《史记正义》引李泰《括地志》,中华书局 1982 年版,第 87 页。
④ 詹子庆:《夏史与夏代文明》,上海科学技术出版社 2012 年版,第 198 页。

具有特色。[①]

（二）偃师商城

偃师商城遗址在1983年发现于河南偃师西塔庄村，1988年被列为全国重点文物保护单位。遗址平面呈长方形，南北约1700米，东西约1200米，已找到城门7座。城址内有大城、小城、宫城三重城垣。城内有多处宫殿区。还发现用石板围砌的排水道，长800余米。[②] 城北有制陶遗址和中小型房址等，可能是手工业作坊区和一般居住区，城址东北部还发现有青铜作坊遗址。城中出土的遗物有陶、石、骨、蚌、铜器等。[③]

目前学术界比较倾向于认定偃师商城是文献记载商朝早期都城西亳。班固《汉书·地理志》记载："偃师尸乡，汤所都。"[④]孔颖达《尚书正义》引用皇甫谧说："三亳，三处之地皆名为亳。蒙为北亳，谷熟为南亳。偃师为西亳。"[⑤]张守节《史记正义》引李泰《括地志》："《括地志》云：亳邑故城在洛州偃师县西十四里，本帝喾之墟，商汤之都也。"[⑥]传世文献记载的汤都西亳与偃师商城相近。偃师是夏王朝的腹心地区，商初出于政治上的考虑，为巩固政权，镇抚夏王朝残余势力，在此定都很有必要。而且文献还记载，商汤死后就葬在"洛州偃师县东六里"[⑦]，当地还有一些纪念性建筑。从商汤灭夏，到商王仲丁，一两百年间先后有10位商王定都于此。

（三）周王城遗址

洛阳城的诞生，则要追溯到西周初年。西周初年周武王灭商后，相对于东方新取得的土地，首都镐京过于偏僻，周人需要在东方建立新的据点。1963年出土的青铜器《何尊》铭文记载武王在灭商后曾郑重祭祀上苍昭告天下："余其宅兹中国。""中国"所指就是洛阳城。

武王在灭商后不久病逝，周成王即位，"定鼎于郏鄏"，即洛阳。由于成

---

① 孙淼：《夏商史稿》，文物出版社1987年版，第136页。
② 王学荣、谷飞：《偃师商城宫城布局与变迁研究》，《中国历史文物》2006年第6期。
③ 陈旭：《夏商考古》第四章《偃师商城的发掘与研究》，文物出版社2001年版。
④ 班固：《汉书》卷二十八上《地理志上》，中华书局1962年版，第1555页。
⑤ 《尚书注疏》卷十七，阮元校刻《十三经注疏》，中华书局1980年版，第232页。
⑥ 司马迁：《史记》卷三《殷本纪》，中华书局1982年版，第92页。
⑦ 李久昌：《论偃师商城的都城性质及其变化》，《河南师范大学学报》2007年第3期。

王年幼,周公承担起营建新都邑的重任。周公经过占卜,最终决定在洛邑建城。“成王即位,周公之属傅相焉,乃营成周洛邑,以此为天下之中也,诸侯四方纳贡职道里均矣”。[①] “天下之中”在《尚书》中称“土中”,即大地的中心。贾公彦《周礼疏》记载周公曾派人到天下各地测量日影:“周公摄政四年欲求土中而营王城,故以土圭度日景之法测度也。度土之深深谓日景长短之深也。正日景者,夏日至昼漏半表北得尺五寸,景正与土圭等即地中。故云正日景以求地中。”[②]

周公之所以选择处于洛阳盆地的郏鄏一带,除天下之中的地理优势外,洛邑还“左据成皋,右阻黾池,前乡崧高,后介大河,建荥阳,扶河东,南北千里以为关”[③],地势险要,土壤肥沃,伊、洛、瀍、涧四水为之提供了充足的水源。洛邑建成后,象征着政权的九鼎也被迁到洛阳。《尚书·洛诰》《逸周书·作洛解》等传世文献详细记载了周公营洛的经过。

周公所建的洛邑位于涧河以东,瀍河以西。1954 年考古工作者发现了西周王城的遗迹,在今西工区一带发现了大批墓葬和文物。尤其是 2002 年 10 月西工区进行广场建设过程中发现的“天子驾六”车马坑,是迄今为止全国范围内唯一一座“天子驾六”车马坑,它不仅展示了其主人的不凡身份,也验证了传世文献中天子车制记载的可靠。[④]

周公在瀍、涧之间修建王城的同时,也在今白马寺东边建了一座城。周公将殷商残余势力中抵抗最顽强的人,即文献所称的“殷顽”,迁到这里就近加以控制。有文献称其为“成周城”。而洛邑相对于宗周镐京,也被称为成周。

据文献记载,洛邑建成后,周成王曾以洛邑为都。从周康王,周王又回到宗周镐京,而洛邑始终作为西周王朝控制东方的重镇而存在,“成八师”长

---

① 司马迁:《史记》卷九十九《刘敬叔孙通列传》,中华书局 1982 年版,第 2716 页。
② 《周礼注疏》卷十,阮元校刻《十三经注疏》,中华书局 1980 年版,第 704 页。
③ 班固:《汉书》卷七十五《翼奉传》,中华书局 1962 年版,第 3176 页。
④ 俞凉亘:《洛阳的“天子驾六”车马坑》,《文史知识》2010 年第 6 期。

期驻守洛邑。[①] 西周末年犬戎之乱后，宗周残破，平王被迫东迁洛邑。东迁后周王朝地位一落千丈，不过周王室的地位依然无可替代。周王室始终是天下姬姓的大宗，洛阳依然是天下文化中心。楚国势力最强盛时楚庄王虽曾“问鼎中原”，但也知难而退。

春秋末年周王室动荡多年，周天子被迫从王城迁往成周。战国时周天子地位进一步低落，末代天子周赧王甚至筑了一座躲债台。公元前256年周赧王去世后，秦灭周，在周地设三川郡，并把洛阳作为权臣吕不韦的封地。战国时期成周城址在今天汉魏洛阳故城遗址之下。20世纪20年代，在白马寺东边金村一带发现8座东周王陵，出土了大量精美文物，可惜都被盗运出国。

二、汉魏故城

汉高祖刘邦最初准备定都洛阳，后经刘敬和张良劝说，刘邦认识到尚不具备定都洛阳的条件而定都关中。洛阳在西汉虽非首都，但地位依然十分重要。在刘邦生前，洛阳是其消灭异姓诸侯王的指挥所。汉景帝时谋反的吴王刘濞把洛阳作为战略目标：“齐诸王与赵王定河间、河内，或入临晋关，或与寡人会雒阳。”[②]汉武帝时王夫人受宠，曾向汉武帝建议封其子于洛阳，汉武帝向王夫人解释道：“洛阳有武库、敖仓，当关口，天下咽喉。自先帝以来，传不为置王。”[③]足见洛阳地位的重要，非人臣可居。而且，西汉为防范宗室，还规定“宗室不宜典三河”[④]。西汉中后期不断有人呼吁迁都洛阳。王莽代汉后表示要定都洛阳，“遣太傅平晏、大司空王邑之雒阳，营相宅兆，图起宗庙、社稷、郊兆”[⑤]。关东反莽起义呈燎原之势时，王莽又以洛阳为镇压反

---

① 有人称在西周时洛邑是陪都，不过在西周，应该还没有陪都的概念。周公营洛的时候，确实是将洛邑作为都城来对待的。如同杨宽在《中国古代都城制度史研究》一书中所说：“虽然西周的君王常住在宗周镐京，有时到东都成周来处理政务，但实际上由于地理位置的关系，成周的重要性超过了宗周。”（《中国古代都城制度史研究》，上海人民出版社2003年版，第44页）杨宽的观点不仅得到了考古学的印证，而且可以从金文之中找到支撑。

② 司马迁：《史记》卷一百零六《吴王刘濞列传》，中华书局1982年版，第2828页。

③ 司马迁：《史记》卷一百二十六《滑稽列传》，中华书局1982年版，第3209页。

④ 班固：《汉书》卷三十六《刘歆传》，中华书局1962年版，第1972页。

⑤ 班固：《汉书》卷九十九《王莽传》，中华书局1962年版，第4134页。

叛的根据地。洛阳城破后,王莽政权随之而亡。

建武元年(25 年),光武皇帝刘秀建立东汉,当年十月刘秀入住洛阳南宫却非殿,并且宣布定都洛阳。洛阳迎来建都史上第一个高峰。汉魏洛阳故城位于今洛阳城东 15 公里,背靠邙山,南临洛水,坐落于周代成周城基址之上。元代《河南府志》称:"光武因周敬王都而广大之。"①

文献称汉魏洛阳城为"九六城",南北长 9 里,东西宽 6 里。目前汉魏故城东、西、北三面城墙基本保存完好。遗址东垣残长 3895 米,宽 25—30 米,西垣残长 4290 米,宽约 20 米,北垣残长 3700 米,宽约 14 米,南垣为洛水冲决。残垣一般高于地面 1—2 米,北垣东段高出地面 5—7 米。城墙均用夯土版筑而成。勘查者根据现存东西城垣间的距离,推测南垣长应为 2460 米。全城平面呈不规则长方形,周边约 14 公里,合汉晋 30 里,与文献记载基本相符。②

据记载,洛阳城有 12 座城门,分别与十二地支相对应。西城墙有 3 座城门,从南向北为广阳门、雍门、上西门。北城墙有 2 座城门,从西向东为夏门、谷门。东城墙有 3 座城门,从北向南为上东门、中东门、耗门(望京门)。南城墙有 4 座城门,从东向西为开阳门、平城门、小苑门、津门(津城门、津阳门)。除南城墙 4 座门外,其他 8 座城门遗址已被考古人员找到。城门一般宽 7—24 米,部分宽达 31—47 米。在少数城门外还发现有双阙。一般城门都是 1 个门道,个别有 2 个门道或 3 个门道。上东门(魏晋时称"建春门")遗址经过了科学发掘,遗址南北长 30 米,东西宽 12. 5 米。门内有两道墙,将门址分隔成 3 条门洞,每个门洞宽约 6 米。南北门洞内的门槛石、车辙痕迹尚清晰可辨。北门洞道路下还有一条用砖石修筑的排水暗沟。考古人员还在遗址中发现石灰的痕迹,证明当时门洞内用石灰粉饰过。③

东汉洛阳非常繁华,班固《两都赋》中称:"百姓涤瑕荡秽而镜至清,形神寂漠,耳目弗营,嗜欲之源灭,廉耻之心生,莫不优游而自得,玉润而金声。

---

① 徐松辑,高敏点校:《河南志》卷二《成周城阙宫殿古迹》,中华书局 1994 年版,第 39 页。

② 赵化成、高崇文:《秦汉考古》,文物出版社 2002 年版,第 50 页。

③ 参看中国社会科学院考古研究所洛阳汉魏故城工作队:《汉魏洛阳城北魏建春门遗址的发掘》,《考古》1988 年第 9 期。

是以四海之内，学校如林，庠序盈门，献酬交错，俎豆莘莘，下舞上歌，蹈德咏仁。登降饪宴之礼既毕，因相与嗟叹玄德，谠言弘说，咸含和而吐气，颂曰：'盛哉乎斯世！'"[①]东汉洛阳城，其实并不大。东汉定都洛阳后，很快就突破了城墙的限制，太学、灵台、辟雍等重要建筑都在城南。[②]

东汉末年董卓之乱中洛阳城遭到空前破坏，直到建安后期洛阳城才逐渐恢复生机。建安二十五年（220 年）十月曹丕在许昌受禅称帝后，于十二月来到洛阳，正式建都于此。曹魏建都后，洛阳城逐渐恢复了旧日繁华。魏明帝在洛阳城西北角修金墉城作为退位君主或被废皇后的冷宫。魏晋之际虽权争不断，但并未对社会生活造成破坏。西晋王朝建立后，洛阳的繁盛得以继续。贵族们在洛阳城中过着豪奢的生活，石崇的金谷园即贵族奢侈生活的缩影。

西晋永嘉五年（311 年）刘曜攻破洛阳后，洛阳再次被毁。此后百余年，洛阳成为多个政权争夺的焦点。493 年北魏孝文帝迁都洛阳，北魏洛阳城较之东汉洛阳城有所扩大，建了外郭城，据说外郭城规模东西百余里。《洛阳伽蓝记》记载了洛阳曾经的辉煌。北魏洛阳城仅寺庙就有千余座，其中永宁寺规模最大，据说永宁寺塔百里外都能看到。534 年北魏分裂为东魏和西魏，洛阳城成为战争的前线。东魏权臣高欢决定迁都邺城，甚至拆毁洛阳宫殿用来修建邺城，"暨永熙多难，皇舆迁邺……重览洛阳，城郭崩毁，宫室倾覆，寺观灰烬，庙塔丘墟，城被蒿艾，巷罗荆棘。野兽穴于荒阶，山鸟巢于庭树。游儿牧竖踯躅于九逵，农夫耕老，艺黍于双阙"[③]。一座数百年的帝都，终成荒野。

2001 年 11 月至 2002 年 5 月，中国社科院考古所洛阳汉魏故城工作队对北魏宫城正南门——阊阖门遗址做了全面发掘。2012 年到 2014 年，中国社科院考古所又对北魏皇宫太极殿进行了全面发掘。当代汉魏洛阳故城已成为世界文化遗产，不久将建成一座遗址文化公园对公众开放。

---

① 范晔：《后汉书》卷七十《班固传》，中华书局 1965 年版，第 1368 页。

② 参看中国社会科学院考古研究所《汉魏洛阳故城南郊礼制建筑遗址（1962—1992）考古发掘报告》，文物出版社 2010 年版。

③ 杨衒之撰，杨勇校注：《洛阳伽蓝记校笺》，中华书局 2006 年版，第 2 页。

三、隋唐盛况

大业元年(605 年)隋炀帝即位后巡视洛阳,看到洛阳残破,而他在登临北邙以望伊阙时,俯视洛河两岸一马平川,不禁回头对群臣说道:“此龙门耶? 自古何为不建都于此?”众大臣面面相觑之际,仆射苏威答道:“自古非不知,以候陛下!”[①]隋炀帝大悦,随即下令长安大兴城的设计建造者将作大匠宇文恺在汉魏故城西 9 公里处营建新洛阳城。新洛阳城建成后,隋炀帝经常住在洛阳。大业六年(610 年)隋炀帝在洛阳接受周边各族首领的朝见,从各地征召近两万名艺人来洛阳演出,声闻数十里。隋炀帝曾有诗描绘其盛况:“法轮天上转,梵语天上来。灯树千光照,花焰七枝开。月影凝流水,春风含夜梅。幡动黄金地,钟发琉璃台。”[②]隋炀帝还开凿了以洛阳为中心沟通南北的大运河。2014 年中国大运河在第 38 届世界遗产大会上被列为世界遗产。洛阳含嘉仓遗址和回洛仓遗址都被列入。1972 年文物部门对含嘉仓进行第二次发掘时发现 50 多万斤已经炭化的小米! 这些都见证了隋唐洛阳城的繁盛。

隋朝灭亡后,王世充一度占据洛阳。唐朝统一天下后仍以洛阳为东都,玄奘大师取经归来后就是在洛阳朝见了唐太宗。唐高宗即位后,尤其在武则天当了皇后,更是经常来到洛阳。民间传说武则天因在长安残害王皇后和萧淑妃而经常做噩梦,到洛阳始得安寝。实则是武则天为摆脱敌对势力的干扰。武则天称帝后下令以洛阳为首都,号称神都。洛阳也达到古代建城史上最辉煌的顶峰。

隋唐洛阳城规模仅次于都城大兴城(即长安城),唐代略有增建。城址在今河南省洛阳市区及近郊,南望龙门,北依邙山,东逾瀍水,西至涧河,洛水横贯其间。隋唐洛阳城包括宫城、皇城、圆壁城、曜仪城、东城、含嘉仓城和外郭城。隋唐洛阳城南宽北窄,略近方形。据记载,隋唐洛阳城“周回六十九里二百一十步”[③]。城墙全部用夯土筑成,基址宽 15—20 米。东西两墙

---

① 李昉等:《太平御览》卷一百五十六《州郡部二》,中华书局 1960 年影印版,第 760 页。

② 隋炀帝:《正月十五日于通衢建灯夜升南楼》,收《汉魏六朝百三家集》卷一百一十四。

③ 刘昫等:《旧唐书》卷三十八《地理志一》,中华书局 1975 年版,第 1421 页。

下面发现有石板砌的下水道。南墙长约7290米，东墙长约7312米，北墙长约6138米，西墙南端长约6776米。稍呈弧形，周长27500米。① 规模远大于汉魏洛阳故城。

外郭城有8个城门，西墙无门。南墙3门，自东向西为长夏门、定鼎门（隋名建国门）、厚载门（隋名白虎门）。东墙3门，自南向北为永通门、建春门（隋名建阳门）、上东门（隋名上春门）。北墙2门，东为安喜门（隋名喜宁门），西为徽安门。勘查清楚的南墙3门和建春门等都是一门三道。② 其中定鼎门是洛阳城的正南门，使用持续500多年，北宋末年始被废弃。20世纪90年代末，中国社科院考古研究所洛阳唐城工作队和洛阳文物一队对定鼎门进行考古发掘。2009年定鼎门遗址博物馆建成开放。2014年定鼎门成为世界文化遗产。

城内街道横竖相交，形成棋盘式布局。在洛河以南探出南北竖街12条，东西横街6条；洛河以北探出南北竖街4条，东西横街3条。定鼎门大街，又称天门街、天津街或天街，是南北主干道，现存长约3公里，宽90—121米，路土厚达0.6米。③ 城内街道组成里坊，据《唐六典》及《旧唐书》等文献记载并结合考古钻探的实际情况可知，总数为109坊3市，洛河南81坊2市（西市、南市），洛河北28坊1市（北市）。已勘查出洛河南55坊和洛河以北9坊，其余各坊、市为今城占压或被洛河冲毁。④

洛阳城中最辉煌的建筑是明堂、天堂。武则天于垂拱四年（688年）命薛怀义毁乾元殿，造明堂。明堂高294尺（约73.5米），周长300尺（约75米），有上下3层，中有巨木10围，上下贯通，号万象神宫。明堂相当壮观华

---

① 中国科学院考古研究所洛阳发掘队：《隋唐东都城址的勘查和发掘》，《考古》1961年第3期。中国社会科学院考古研究所洛阳工作队：《“隋唐东都城址的勘查和发掘”续记》，《考古》1978年第6期。

② 中国社会科学院考古研究所洛阳唐城工作队、洛阳市文物工作队：《定鼎门遗址发掘报告》，《考古学报》2004年第1期。

③ 中国科学院考古研究所洛阳发掘队：《隋唐东都城址的勘查和发掘》，《考古》1961年第3期。中国社会科学院考古研究所洛阳工作队：《“隋唐东都城址的勘查和发掘”续记》，《考古》1978年第6期。

④ 中国社会科学院考古研究所洛阳发掘工作队：《隋唐东都城址的勘查和发掘》，《考古》1961年第3期。中国社会科学院考古研究所洛阳工作队：《“隋唐东都城址的勘查和发掘”续记》，《考古》1978年第6期。

丽，在圆形屋顶上，塑有展翅欲飞、饰以黄金的凤凰，中层圆盖则盘有九龙。在明堂之北，武则天又命薛怀义建造天堂用来安放一尊大佛。史料记载，天堂共5层，远高于明堂，在第三层就能俯视明堂全景。天堂、明堂，构成了洛阳城辉煌壮丽的景观，象征着无与伦比的财富和至高无上的权力，代表了唐朝建筑技术的杰出成就。20世纪80年代经考古发掘，发现了明堂和天堂的中心柱础。①

应天门是隋唐洛阳宫城的正南门，是由门楼、垛楼和东西阙楼及其相互间廊庑为一体的“凹”字形巨大建筑群，“两重观”“三出阙”是中国古代最高规制的建筑，其规模大于北京天安门。20世纪60年代以来，中国科学院考古研究所洛阳唐城工作队对应天门进行过多次发掘，1990年发现的应天门东阙遗址入选当年十大考古发现。

如今作为隋唐城大遗址保护工程的组成部分，天堂、明堂、应天门遗址上已建成大型保护展示建筑，并对游人开放。

武则天末年唐中宗复辟，国都又迁到长安，此后洛阳降回陪都。唐玄宗之后，皇帝很少再来洛阳。安史之乱中洛阳再次遭受洗劫，洛阳经历了叛军与唐军的反复争夺。尤其是唐朝借助回鹘军队收复洛阳后，回鹘军队对洛阳的洗劫使洛阳从此一蹶不振。唐末朱温为控制朝廷，下令将国都迁到洛阳，并拆毁了长安城。迁都洛阳后不久，朱温废唐自立建立后梁。后梁虽定都开封，但朱温长期生活在洛阳，最终在洛阳被其子杀死。继后梁之后，后唐也以洛阳为首都。

后晋定都洛阳不久迁都开封，此后后汉、后周都以洛阳为陪都。北宋建立后，洛阳人赵匡胤一度萌生迁都洛阳的念头，因朝廷对漕运的依赖越来越深，在大臣的劝阻下赵匡胤放弃迁都的念头，仍以洛阳为西京。

宋代洛阳虽再次被降为陪都，但相对于开封，洛阳少了政治纷争，多了文化色彩。许多不愿卷入政治漩涡的人都来到洛阳，使洛阳成为北宋文化中心。北宋灭亡后，洛阳逐渐沉寂下去，金朝一度以洛阳为陪都，不过时间不长。

---

① 中国社会科学院考古研究所洛阳唐城工作队：《唐东都武则天明堂遗址发掘简报》，《考古》1988年第3期。

元朝建立后，洛阳甚至丧失了河南省的中心地位，省会一直在开封。近代以来，洛阳才逐渐开始复苏，北洋军阀吴佩孚长期盘踞洛阳，试图将洛阳打造成他的根据地。“一·二八”事变后，国民政府迁都洛阳11个月，以洛阳为行都。1949年后洛阳被建设成重工业基地，洛阳拖拉机厂、洛阳轴承厂、洛阳矿山机械厂等一批重点工程落户洛阳。改革开放后，尤其是进入新时代，随着洛阳“副中心城市”建设步伐的加快，洛阳开始了新的腾飞。

第二章　河洛思想文化

河洛古代思想文化是河洛文化的核心。中华先哲在河洛地区的哲思,不仅奠定了河洛文化在中国文化版图中的重要地位,而且极大地影响着当代中华文明,成为全人类的精神财富。

第一节　先秦时期儒学在河洛地区的发展

一、周公与儒学的开创

儒家是中国传统文化中影响最深远的学术流派。孔子虽是儒家的开创者，但儒家的源头却要追溯到周公。

（一）儒家之源

关于儒家之源，班固《汉书·艺文志》认为："儒家者流，盖出于司徒之官，助人君顺阴阳明教化者也。游文于六经之中，留意于仁义之际，祖述尧舜，宪章文武，宗师仲尼，以重其言。"唐人韩愈也说："尧以是传之舜，舜以是传之禹，禹以是传之汤，汤以是传之文武周公，文武周公传之孔子，孔子传之孟轲，轲之死不得其传焉。"[①]他们都把儒家的起源追溯到遥远的尧舜。现代历史学证实尧舜的故事多为后人托伪并非信史，学界一般认为《尚书·尧典》是战国文献。虽说尧舜的时代对中华文明的起源具有重要意义，肯定也会对儒家的起源有所影响，但只能是间接影响。也有学者将儒家的起源追溯到二里头，他们认为二里头的祭祀、墓葬等礼制可视为儒家"礼"的源头。其实只要有了人，就会有与人有关的礼。显然，从这个角度把儒学之源追溯到二里头，混淆了礼的一般与特殊。

近代学术史上，胡适曾把儒家的起源追溯到殷商。此说并非无据，孔子本人乃殷人之后，孔子说："予殆殷人也。"[②]鲁国所在的奄地曾是殷商王朝统治的重心，也是西周初年反抗周人最激烈的地区。殷商灭亡后大量殷人生活于此，他们还有完整的宗社组织。而"儒"在孔子之前，则是一个职业，即婚丧嫁娶等仪式的主持人。但不可否认的是，鲁国毕竟是周人分封的诸侯

① 韩愈《原道》，刘真伦、岳珍校注《韩愈文集汇校笺注》卷一，中华书局2010年版，第4页。

② 司马迁《史记·孔子世家》记载孔子的直系祖先是春秋时宋国的贵族孔父嘉，孔父嘉在宋国内乱中被杀后，其后人逃到鲁国。

国。春秋时人们一再感慨“周礼尽在鲁矣”[①]。所以，追溯儒家之源，还应从周文化说起。

关于儒家起源，孔子自己曾说：“述而不作，窃比于我老彭。”[②]这虽是孔子的自谦，但也说明孔子确有所传承和依托。孔子所要传承的就是周代礼乐文明。孔子说：“郁郁乎文哉，吾从周。”[③]孔子还说：“如有用我者，吾其为东周乎？”[④]他一生都致力于周代礼乐文明的传承与弘扬。而周公对于周代礼乐文明的贡献最大，孔子多次表示过对周公的景仰：“甚矣吾衰也，久矣吾不复梦见周公。”[⑤]

（二）周公其人

周公是周文王次子，姓姬，名旦。[⑥]《尚书大传》曾将周公一生的事业总结为：“一年救乱，二年克殷，三年践奄，四年建侯卫，五年营成周，六年制礼乐，七年致政成王。”[⑦]

“一年救乱”。武王病逝后成王年幼，周公被迫摄政。商朝残余势力以纣王之子武庚禄父为首，勾结周公兄长管叔和弟弟蔡叔，发动大规模叛乱，周公及时镇压了叛乱，大义灭亲处死管叔，流放蔡叔。管叔即管姓之祖，封地在郑州管城区。蔡叔即蔡姓之祖，封地在上蔡。后来蔡叔改过自新，周公又把他放还。

“二年克殷”。周公摄政的第二年，再次对殷商残余势力进行打击，杀了武庚禄父。之后，封微子启为宋公，统领殷商遗民，封国在河南商丘。

“三年践奄”。周公摄政的第三年，对支持殷商进行叛乱的东方各族进行讨伐。从族源上说，周人来自西方，商人来自东方。周公东征战斗规模远大于牧野之战，周人灭商的事业到东征才正式完成。著名史学家张荫麟说：“周公东征之后，周人的势力才达到了他们的远东。就周人向外发展的步骤

---

① 《左传·鲁昭公二年》，阮元校刻《十三经注疏》，中华书局 1980 年版，第 2029 页。

② 《论语·述而》，阮元校刻《十三经注疏》，中华书局 1980 年版，第 2481 页。

③ 《论语·八佾》，阮元校刻《十三经注疏》，中华书局 1980 年版，第 2467 页。

④ 《论语·阳货》，阮元校刻《十三经注疏》，中华书局 1980 年版，第 2524 页。

⑤ 《论语·述而》，阮元校刻《十三经注疏》，中华书局 1980 年版，第 2481 页。

⑥ 周代称呼贵族男子并不需要称姓，周公可称为周公旦、叔旦，而不能称姬旦。

⑦ 魏徵：《隋书·李德林列传》，中华书局 1973 年版，第 1195 页。

而言,周公东征比武王克商还重要。"[1]

"四年建侯卫"。完成东征后,周公为进一步巩固胜利的果实,进行大规模分封。分封对象以姬姓子弟和功臣为主。鲁国是周公的封国,在奄地,即曲阜。由于周公不能离开,由长子伯禽代往。周公在伯禽临出发时告诫他说:"我文王之子,武王之弟,成王之叔父,我于天下亦不贱矣。"但丝毫不敢骄傲自满,经常连吃饭和沐浴都很难完成,"一沐三握发。一饭三吐哺"[2]。周公还把殷民六族封给鲁国。由《尚书·费誓》可知,鲁国在周初为稳定周人统治发挥了重要作用。齐国是太公望的封国,在山东营丘,周公赋予他"五侯九伯女实征之,以夹辅周室"的任务。[3] 周公少弟康叔的封国卫国在新乡,分给他还有"殷民七族"即部分殷商遗民。北京附近的燕国是召公的封国,召公一直在王朝任职,只得派子弟前往。晋国是成王之弟唐叔的封国,在山西绛县附近,同时把怀姓九宗封给他。周初的分封可视为武装殖民,各封国就是一个个武装据点。后来随着实力的发展而逐渐向周边扩张。通过分封诸侯,周人对天下的控制远强于夏商两代。

周公摄政的第五年,营建了成周洛邑。

周公摄政的第六年,完成了制礼作乐。

周公摄政的第七年,把政权还给已成年的周成王,"复子明辟"[4]。《尚书·无逸》即周公归政前对成王的教导。周公归政后,成王以陕为界中分天下,周、召二公"分陕而治"。周公临终之际要求葬在成周,表示不愿离开成王。而成王则把周公葬到周人祖坟中,"以明予小子不敢臣周公也"[5]。后来鲁公伯禽也曾担任周王室卿士。

(三)周公对儒学的贡献

作为中国文化的重要奠基人,周公对儒家思想作出了巨大贡献。

首先,周公最早提出了民本主义政治思想。

---

① 张荫麟撰,王家范导读:《中国史纲》第一章《中国史黎明时期的大势》,上海古籍出版社1999年版,第17页。

② 司马迁:《史记·鲁周公世家》,中华书局1982年版,第1518页。

③ 《左传·鲁僖公四年》,阮元校刻《十三经注疏》,中华书局1980年版,第1792页。

④ 《尚书·洛诰》,阮元校刻《十三经注疏》,中华书局1980年版,第214页。

⑤ 司马迁:《史记·鲁周公世家》,中华书局1982年版,第1522页。

虽然“以民为本”四个字并非周公最先提出，但以民为本的思想却可追溯到周公，周公明确地提出了“保民”的主张。

“小邦周”消灭“天邑商”的历史结局，对人们造成了极大冲击。此前，商纣王坚信：“我生不有命在天？”[①]纣王的失败使周人认识到“天命靡常”[②]。西周初年以周公为首的政治家深刻反思后认为“皇天无亲，惟德是辅”[③]，民众是上天观察人间德行的唯一渠道，“天视自我民视，天听自我民听”[④]。最终，周公强调：“民之所欲天必从焉。”[⑤]3000 多年前中华先哲就认识到，决定历史车轮前进方向的，并非虚无缥缈的神，而是现实中的人民！由此，周公提出“保民”的政治主张，要恤民、爱民、安民、惠民。在《无逸》中周公告诫成王要效法前代贤王和文王，“知小人之依，能保惠于庶民”，“保怀小民，惠鲜鳏寡”[⑥]。

民本主义不仅是儒家的根本政治思想，更是与其他学派的根本区别之一。儒家认为上天所生芸芸众生无法自治，于是为百姓派来君主。西汉后期儒生谷永非常清楚地说：“臣闻天生蒸民，不能相治，为立王者以统理之，方制海内非为天子，列土分封非为诸侯，皆以为民也。垂三统，列三正，去无道，开有德，不私一姓，明天下乃天下之天下，非一人之天下也。”[⑦]

儒家始终高调承认革命的合理性，革命在儒家话语体系中始终占据着道德制高点。先秦儒家并不承认君主可以万年一系，强调民众有革命的权力。《尚书》说：“抚我则后，虐我则仇。”[⑧]对我好就是我的君主，对我不好则是我的仇人。儒生认为政权是否具有合法性在于是否能履行职责。推翻不能正常履职的暴君，具有天然的合理性。齐宣王曾问孟子，汤武革命是否算

---

① 《尚书·西伯戡黎》，阮元校刻《十三经注疏》，中华书局 1980 年版，第 177 页。

② 《诗经·大雅·文王》，阮元校刻《十三经注疏》，中华书局 1980 年版，第 505 页。

③ 《尚书·蔡仲之命》，阮元校刻《十三经注疏》，中华书局 1980 年版，第 227 页。《蔡仲之命》属于《古文尚书》，目前学术界一般认为《蔡仲之命》是伪书，但是伪书之中也有真材料，“皇天无亲，惟德是辅”这句话在先秦文献中也多有引用。

④ 《尚书·泰誓（中）》，阮元校刻《十三经注疏》，中华书局 1980 年版，第 181 页。

⑤ 《尚书·泰誓（上）》，阮元校刻《十三经注疏》，中华书局 1980 年版，第 181 页。

⑥ 《尚书·无逸》，阮元校刻《十三经注疏》，中华书局 1980 年版，第 221、222 页。

⑦ 班固：《汉书·谷永杜邺传》，中华书局 1962 年版，第 3467 页。

⑧ 《尚书·泰誓（下）》，阮元校刻《十三经注疏》，中华书局 1980 年版，第 182 页。

以下犯上、以臣弑君，孟子答道："贼仁者谓之贼，贼义者谓之残，残贼之人谓之一夫。闻诛一夫纣矣，未闻弑君也！"①独夫民贼，人人得而诛之！

《尚书》中的《汤誓》和《仲虺之诰》记载了夏商更替的历史。《汤誓》是商汤在出发讨伐夏桀时的誓师词。《汤誓》中商汤着重强调，夏桀是一个罪无可恕的暴君，夏桀暴虐百姓，百姓都要与他同归于尽，"时日曷丧，予及汝皆亡"②；征伐夏桀是替天行道！《仲虺之诰》虽被认为是伪作，但毕竟曾被作为经典供奉于庙堂之上千余年，对中国古代政治的影响不可抹杀。《仲虺之诰》的重要补充在于，强调了商汤因品德高尚具备替天行道的资格，而且商汤讨伐夏桀后，解民倒悬，万民欢腾！相对于夏商的变迁，商周的更迭有更丰富的记载。《尚书》中《牧誓》《泰誓》《武成》《西伯戡黎》《微子》等篇都记载了这段历史，其叙事模式和夏商之际如出一辙。

西汉中期，《尚书》被正式尊于庙堂之上，由《尚书》所肯定的革命始终都占据道德制高点。后世很多造反者，都高举革命的大旗，替天行道，吊民伐罪。隋末最先起兵的杨玄感就说："我身为上柱国，家累巨万金，至于富贵，无所求也。今者不顾破家灭族者，但为天下解倒悬之急，救黎元之命耳！"③隋朝末年魏徵替李密起草的讨隋炀帝檄文《为李密檄洛州文》，罗列了隋炀帝十条大罪，其暴虐荒残的程度远超商纣王和汉灵帝，"殷辛之谴为小，汉灵之罪更轻"④。朱元璋在北伐元大都前发布《奉天北伐讨元檄文》，强调起兵是因为"后嗣沉荒，失君臣之道，又加以宰相专权，宪台抱怨，有司毒虐，于是人心离叛，天下兵起，使我中国之民，死者肝脑涂地，生者骨肉不相保"。而北伐也是在替天行道："予恭承天命，罔敢自安，方欲遣兵北逐胡虏，拯生民于涂炭，复汉官之威仪。"⑤

平王东迁后的历史演进中，暴政成为主色调。孟子曾说"春秋无义战"，"争城以战，杀人盈城，争野以战，杀人盈野"⑥。春秋的战争还带有贵族竞技

① 《孟子·梁惠王下》，阮元校刻《十三经注疏》，中华书局1980年版，第2680页。
② 《尚书注疏·汤誓》，阮元校刻《十三经注疏》，中华书局1980年版，第160页。
③ 魏徵：《隋书·杨玄感列传》，中华书局1973年版，第1617页。
④ 刘昫：《旧唐书·李密列传》，中华书局1975年版，第2213页。
⑤ 谷应泰：《明史纪事本末·北伐中原》，中华书局1979年版，第103页。
⑥ 《孟子·离娄上》，阮元校刻《十三经注疏》，中华书局1980年版，第2722页。

的色彩，而到战国只剩下赤裸裸的杀戮！魏襄王问孟子，天下最终结局会如何，孟子说天下会被统一。魏襄王问谁能统一天下，孟子说：“不嗜杀人者能一之。”[①]然而，历史似乎偏要和孟子作对，最终最善于杀人的秦国笑到了最后！商鞅变法后，秦国就成为一部开足马力的战争机器，伊阙之战杀韩魏联军20万，长平之战消灭赵军40万……秦灭六国后，并非杀戮的终结，而是杀戮的继续。史书记载秦始皇统治下的世界“赭衣塞路，囹圄成市”[②]，即路上到处都是穿着囚衣的刑徒，监狱如同市场一样人满为患。“天下苦秦久矣”是人们对那个时代的集体记忆。

孟子说：“行一不义，杀一不辜而得天下，皆不为也！”[③]在秦国崛起过程中齐人鲁仲连也说：“彼秦，弃礼义而上首功之国也，权使其士，虏使其民，彼则肆然而为帝，过而遂正于天下，则连有赴东海而死耳，吾不忍为之民也。”[④]秦始皇死后不到一年，“坑灰未冷山东乱，刘项原来不读书！”[⑤]大泽乡的“篝火狐鸣”，很快就终结了秦王朝。正如贾谊所言：“自古至于今也，与民为敌者，或迟或速，民必胜之！”[⑥]

其次，周公最早明确提出以德治国。

商纣王以发明“炮烙之刑”而闻名，但酷刑并没有挽救其失败的命运。基于对商纣王前车之鉴的认识，周公强调维护统治秩序不能依靠暴力。周公主张“慎罚”的同时，还主张以德行教化百姓，要“明德”。“明德”也称敬德，指明于德治，崇尚德政，常见于金文和《尚书》。“明德”首先要修身正心。《召诰》主张：“节性，惟其日迈。王敬作，所不可不敬德。”[⑦]即每天都要有所进步。《无逸》中说，“君子所，其无逸，先知稼穑之艰难”，“继自今嗣王，则其无淫于观、于逸、于游、于田”。[⑧] 不要贪图享乐。明德的第二个内容为教

---

① 《孟子·梁惠王上》，阮元校刻《十三经注疏》，中华书局1980年版，第2670页。
② 班固：《汉书·刑法志》，中华书局1962年版，第1096页。
③ 《孟子·公孙丑上》，阮元校刻《十三经注疏》，中华书局1980年版，第2686页。
④ 司马迁：《史记·鲁仲连邹阳列传》，中华书局1982年版，第2461页。
⑤ 章碣：《焚书坑》，曹寅编《全唐诗》第六百六十九卷，中华书局1999年版，第7716页。
⑥ 贾谊：《新书·大政》，阎振益、钟夏《新书校注》，中华书局2000年版，第339页。
⑦ 《尚书·召诰》，阮元校刻《十三经注疏》，中华书局1980年版，第213页。
⑧ 《尚书·无逸》，阮元校刻《十三经注疏》，中华书局1980年版，第221、222页。

化人民。《召诰》中说:“其惟王位在德元,小民乃惟刑用于天下,越王显。”① 王作为国家元首,应成为人民效法的榜样,才能使王业发扬光大。

明德观念对儒家的影响十分深远,孔子继承了周公明德的观念并有所发展。《论语》孔子曾主张:“为政以德,譬如北辰,居其所而众星共之。”②“道之以政,齐之以刑,民免而无耻。道之以德,齐之以礼,有耻且格。”③“政者,正也。子帅以正,孰敢不正?”④“君子之德风,小人之德草。草上之风必偃。”⑤

明德观念对中国文化产生了深远影响。后世帝王无不标榜要做天下臣民的道德楷模。以至于作为道德极致称呼的“圣人”被帝王垄断。安史之乱中,史朝义发动政变推翻父亲史思明时,还假惺惺地对属下说:“诸君善为之,勿惊圣人。”⑥他所说的“圣人”就是已经称帝的史思明。而且后世,中国也成为一个泛道德的社会,中国文化的诸多方面都带有浓重的道德印记。教育的目的是“明人伦”,后世官学的教室被称为“明伦堂”。文学作品被看成是宣扬道德教化的工具,周敦颐就说:“文所以载道也,轮辕饰而人弗庸,徒饰也。况虚车乎?”⑦连通俗文学也都强调教化功能,“三言”的编者冯梦龙说:“人不必有其事,事不必丽其人。其真者,可以补金匮石室之遗。其赝者,亦必有一番激扬劝诱悲歌慷慨之意……推此说忠而忠,说孝而孝,说节义而节义,触性性通,导情情出。”⑧

道德并非调节社会关系的唯一手段。但在中国古代却把道德看成最重要的手段,甚至在法律之上,导致了中国文化重视德治而忽视法治的缺陷。

再次,周公确定了中国文化现实主义的发展方向。

《礼记》称:“殷人尊神,率民以事神,先鬼而后礼,先罚而后赏。”考古发现证实,殷商王朝有着浓重的宗教氛围,殷墟大规模的祭祀坑令人触目惊

---

① 《尚书·召诰》,阮元校刻《十三经注疏》,中华书局1980年版,第213页。
② 《论语·为政》,阮元校刻《十三经注疏》,中华书局1980年版,第2461页。
③ 《论语·为政》,阮元校刻《十三经注疏》,中华书局1980年版,第2461页。
④ 《论语·颜渊》,阮元校刻《十三经注疏》,中华书局1980年版,第2504页。
⑤ 《论语·颜渊》,阮元校刻《十三经注疏》,中华书局1980年版,第2504页。
⑥ 司马光:《资治通鉴·唐肃宗上元二年》,中华书局1956年版,第7107页。
⑦ 周敦颐:《通书·文辞》,《周敦颐集》,中华书局1990年版,第35页。
⑧ 冯梦龙:《警世通言·序》,岳麓书社1989年版,第1页。

心。但商纣王的祭祀并未挽救其失败的命运。西周初年，周公等人用礼取代了鬼神的地位，“周人尊礼尚施，事鬼敬神而远之，近人而忠焉”①。自此，确立了中国传统文化现实主义的基本发展方向。中国传统文化中，人的地位不断提升，神的地位不断下降。春秋时期，宋襄公试图杀人祭祀时，有人对宋襄公说：“古者六畜不相为用，小事不用大牲，而况敢用人乎？祭祀以为人也。民，神之主也。用人，其谁飨之？”②祭祀的目的是为了人，以人为祭品，什么样的神敢于享受呢？

中国人不痴迷于宗教，并非中国文化的缺陷，恰是中国文化境界的体现。中国人对道德的维护，更多依靠道德自觉，而非外在的鬼神。

最后，周公的制礼作乐，开启了礼乐文明的源头。

周代文化兴盛的重要标志就是礼乐制度的兴起。礼乐制度与宗法制度密切相关。周人的礼乐制度包含宗法制度，但又不完全等于宗法制度。宗法制度在父权家长制的基础上不断扩大和发展而来。由它构成了贵族的等级阶梯，形成西周社会的基本政治制度。宗法制度在西周充分发展达到完备，确定了贵族的亲疏等级，分封和世袭的关系，解决了继承权争端，成为巩固分封制的重要手段。

宗法制度下周王既是普天下最高的统治者，又是全体姬姓的大宗，代表社稷，主持宗庙，掌握最高政权和族权。天子的宗庙称太庙，祭祀历代祖先。周天子由嫡长子继承，世代保持大宗地位。其余诸子封为诸侯，称别子。他们又在各自封地内建立宗庙和相应的政权机构，分别成为有独立名号的别宗。受封的别子成为这些别宗的始祖，封地和爵位由其嫡长子继承，成为别宗的宗子。周天子称呼同姓诸侯为伯父和叔父。春秋时周王称呼晋文公为叔父。他们之间并不一定就是叔侄关系。在诸侯国内，又封自己兄弟以采邑，建立卿大夫之家。卿大夫在采邑内建立宗庙，统率其家族。卿大夫以下分出若干父权家长制的家庭，其家长为士。士以下的疏远成员，成为平民。层层分封使政权与族权合一，确立了贵族的等级和相应的政治地位、经济特权，形成了国家的基本体制。士以下的平民，通过各自分亲关系与所属贵族

① 《礼记·表记》，阮元校刻《十三经注疏》，中华书局1980年版，第1642页。
② 《左传注疏》卷十三，阮元校刻《十三经注疏》，中华书局1980年版，第1810页。

确立固定的亲属关系，又根据各自亲属关系确立基层劳动组织。宗法制度通行于所有各姓贵族中，宗法制度并不排斥异姓，姬姓贵族又与异姓贵族通过婚姻关系建立亲戚之国以加强联系。《春秋》中就有周天子与齐、纪等姜姓诸侯国通婚的记录。周天子称异姓诸侯为伯舅或叔舅。春秋时周王称齐桓公为伯舅。这是宗法制度的重要补充和组成部分。

周礼并不仅限于宗法制，也包括由传统习俗演变而来的一些不成文法。它规定了每个人的地位、义务和特权。儒家认为礼的作用在于别，即区别。不同于法制，礼制既等级森严，又温情脉脉。乐是礼的重要补充，儒家认为乐的作用在于合，消除等级带来的对抗与张力。至于周公制礼作乐的具体内容，现已无法详考。

传世《周礼》是儒家设想的国家组织法。儒生认为《周礼》是“周公致太平之迹”①。对《周礼》的争议迄今也未平息，《周礼》应是战国后期的作品。至于《周礼》中是否有来自周公的思想观念，则需进行专门的研究。

周礼还包括社会生活各方面的一套礼仪。儒生认为《仪礼》是周公所作。现在多数学者认为《仪礼》是春秋后期到战国初期的作品。虽不能直接用《仪礼》研究西周初年的礼仪，但考虑到礼的传承性，除却细节的出入，《仪礼》所记整体框架应与周初无本质差别。古代儒生将礼仪划分为吉、宾、军、凶、嘉五种。今人只能通过《仪礼》和《小戴礼记》《大戴礼记》的个别篇目和考古发现了解当时的情况。

周礼中较重要的有冠礼、婚礼、丧礼、祭礼、射礼等。冠礼是士的成人仪式，冠礼确立了其宗法地位。在汉代尚且重视冠礼，之后重要性不断降低，到清代就不再举行冠礼了。

古人出于延续宗族的考虑而重视婚礼，孔子曾说明婚礼的意义在于：“合二姓之好，以继万世之后。”②《士婚礼》记载，古人婚礼有一套非常烦琐而隆重的程式，包括纳采、问名、纳吉、纳征、请期、亲迎等程序。

---

① 《周礼·序周礼废兴》，阮元校刻《十三经注疏》，中华书局 1980 年版，第 636 页。

② 《春秋穀梁传·桓公三年》，阮元校刻《十三经注疏》，中华书局 1980 年版，第 2374 页。在《礼记·哀公问》等文献之中也有相同的记载。

儒家也非常重视丧礼，孔子弟子曾子说："慎终追远，民德归厚矣。"[①]丧礼非常复杂，非专业人士很难明白如何去做，主持丧礼也成为儒生谋生的重要渠道。古人丧礼充分体现了宗法观念，人们根据与死者亲疏关系的不同而穿不同的丧服。最重的是宗法继承关系，包括父子、夫妻服斩衰三年。母子服齐衰，然后是大功、小功、缌麻。今天农村还以是否出五服作为区分亲疏的标志。

乡射礼是一定区域范围内的射箭竞技。射礼对于沟通乡里感情很有益处。孔子说："君子无所争，必也射乎！"[②]古人颇有尚武之风，男孩出生，即在家门左侧悬挂一张弓，称为悬弧之喜。

起到同样作用的是乡饮酒礼，其性质类似于现在的团拜会。周初的《诗经・七月》就有对乡饮酒礼的描绘："朋酒斯飨，曰杀羔羊，跻彼公堂，称彼兕觥，万寿无疆。"[③]

这些礼都有与之相配的乐。

礼绝非一成不变，不同时代的礼肯定不同。《礼记》主张"礼时为大"，符合时代要求的礼才是最大的礼。孟子称孔子为"圣之时者"。假如孔子生活在当代，他肯定是时尚达人！

（四）周公的历史地位

也正因为周公有如此巨大的历史贡献，后世才会对周公十分景仰。《论语》中孔子对周公称赞有加，孟子也称周公为"古圣人"。经学兴起后，古文经学派极力推崇周公，将六经的开创之功全归到周公名下，就连孔子亲自编撰的《春秋》也被说成是孔子遵照了周公当年制定的凡例。在韩愈的道统观念中，周公也居于非常重要的地位。

早期，儒家之道被称为周孔之道。唐初，周公一度被尊为"先圣"，孔子被降为"先师"。宋代孟子由贤人升为"亚圣"之后，周孔之道才改称为孔孟之道。后世周公依然保持了"元圣"的尊号。"元"即"初始"之义，"元圣"意谓周公乃圣人之始。

---

① 《论语・学而》，阮元校刻《十三经注疏》，中华书局 1980 年版，第 2458 页。

② 《论语・八佾》，阮元校刻《十三经注疏》，中华书局 1980 年版，第 2466 页。

③ 《诗经・豳风・七月》，阮元校刻《十三经注疏》，中华书局 1980 年版，第 392 页。

近世,王国维也曾说:“中国历史与文化之变迁,莫剧于殷周之际。”①

总之,周公是我国文化史上非常重要的人物,今人在回溯儒学源头时,周公是绝对不可忽视的。

二、入周问礼

春秋后期虽说早已礼崩乐坏,蜷缩在洛阳城中的周王室失去了往日的权威,但作为天下文化的中心,洛阳依然吸引着儒家的开创者孔子前往洛阳问礼。

(一)春秋时期的洛阳城

公元前771年,犬戎之乱中周幽王被杀,宗周地区遭到严重破坏。次年,周平王东迁洛邑,周王朝被称为东周。史学界一般将东周王朝以公元前475年为界划分为春秋和战国两个时期。

平王东迁后,周王室地位一落千丈,对郑国和晋国有很强的依赖。“我周之东迁,晋郑焉依”②。周王室已堕落到二流国家的水平。周天子就如同一个破落户,《春秋》中就有周天子向诸侯国“求金”“求车”的记录。“礼乐征伐自天子出”的局面一去不复返了。不过直到公元前256年秦灭周之前,周天子还一直保持着天子名分。从理论上说,他还是天下最高的统治者,尤其是在春秋时期更是如此。周王存在的意义首先在于作为农耕民族盟主的象征意义。这种意义主要表现在文化上,在农牧的冲突中扮演农耕民族的代言人。具有明显的文化象征意义。到后世的意义越来越小,但对现实政治生活还产生着约束力。其次,周天子作为姬姓大宗的地位不曾改变。因而,作为天下诸侯的主体姬姓诸侯没有人敢于公开反对宗法制。甚至在战国时代攻打周王室也是各强国很忌讳的事。周王的文化象征仍然对人民有约束力。

洛阳城作为天下文化中心的地位,首先体现在洛阳城是典籍的中心。“六经”的形成,都与洛阳城有着密切的关系。而且周王室还建立起比较完整的典籍储存管理机构。当时各主要诸侯国都有典籍管理机构。籍姓的祖

---

① 王国维:《观堂集林·殷周制度论》,河北教育出版社2001年版,第287页。

② 《左传·鲁隐公二年》,阮元校刻《十三经注疏》,中华书局1980年版,第1731页。

先就因负责晋国典籍管理而以籍为姓。不过，周王室的典籍管理机构肯定是全天下最完善的。其次，洛阳肯定是当时全天下周礼保存最完整的地方，尤其是与宗法制度有关的各种礼仪和礼制建筑上。与周礼有关的文化从业人员也都聚集在洛阳城。直到春秋末年“子朝之乱”后，才出现“王官失守”的局面。

（二）孔子“入周问礼”

司马迁《史记·孔子世家》有孔子入周问礼的详尽记载，不过他并未明确说出孔子入周的时间。从叙事顺序看，司马迁认为孔子入周应在孔子 30 岁之际，或稍早。[①] 孔子弟子南宫敬叔向鲁昭公建言：“请与孔子适周。”于是“鲁君与之一乘车、两马、一竖子，俱适周”。他们一行人到洛阳后，见到了担任周王室柱下史的老子。孔子向老子问礼，老子在临别之际对孔子说道：“吾闻富贵者送人以财，仁人者送人以言。吾不能富贵，窃仁人之号，送子以言。曰：聪明深察而近于死者，好议人者也；博辩广大危其身者，发人之恶者也。为人子者毋以有已，为人臣者毋以有已。”[②]

孔子入周还见于《史记·老子韩非列传》：

> 孔子适周，将问礼于老子。老子曰：“子所言者，其人与骨皆已朽矣，独其言在耳。且君子得其时则驾，不得其时则蓬累而行。吾闻之，良贾深藏若虚，君子盛德容貌若愚。去子之骄气与多欲，态色与淫志，是皆无益于子之身。吾所以告子，若是而已。”孔子去，谓弟子曰：“鸟，吾知其能飞；鱼，吾知其能游；兽，吾知其能走。走者可以为罔，游者可以为纶，飞者可以为矰。至于龙，吾不能知其乘风云而上天。吾今日见老子，其犹龙邪！”[③]

今本《孔子家语》也记载了孔子与老子的相会：“孔子见老聃而问焉曰：‘甚矣，道之于今难行也。吾比执道，而今委质以求当世之君而弗受也，道于

---

① 后世有记载说孔子 34 岁时入周，不知何据。

② 司马迁：《史记·孔子世家》，中华书局 1982 年版，第 1909 页。

③ 司马迁：《史记·老子韩非列传》，中华书局 1982 年版，第 2140 页。

今难行也。’老子曰：‘夫说者流于辩，听者乱于辞，知此二者，则道不可以忘也。’”①

《庄子》等文献也有类似的记载，不过《庄子》等文献具有寓言的性质，这里不再赘述。

传世文献对孔老相会的记载比较简略，后世颇有质疑。如徐复观认为孔子向老子问礼是误传。孔子曾与老子见面应确定无疑，而面对著名学者老子，孔子向老子请教也在情理之中。只不过，今人已无法详考孔子向老子请教的内容。

《礼记》中记载，孔子入周还见到了苌弘。后来孔子在谈论音乐时曾提到苌弘：“丘之闻诸苌弘，亦若吾子之言是也。”②苌弘对孔子也评价颇高：夫子适周见苌弘，言终退。苌弘语刘文公曰：“吾观孔仲尼，有圣人之表。河目而隆颡，黄帝之形貌也。修肱而龟背，长九尺有六寸，成汤之容体也。然言称先王，躬履谦让，洽闻强记，博物不穷，抑亦圣人之兴者乎？”刘子曰：“方今周室衰微，而诸侯力争。孔丘布衣，圣将安施？”苌弘曰：“尧舜文武之道或弛而坠，礼乐崩丧，亦正其统纪而已矣。”既而，夫子闻之，曰：“吾岂敢哉？亦好礼乐者也。”③

今本《孔子家语》对孔子入周的记载更为详细：“与孔子车一乘、马二匹、竖子侍御，敬叔与俱。至周，问礼于老聃，访乐于苌弘。历郊社之所，考明堂之则，察庙朝之度。于是喟然曰：吾乃今知周公之圣，与周之所以王也。”④孔子在洛阳不仅见到老聃和苌弘，而且还详细考察了周公确立的明堂和宗庙制度。

且不说今本《孔子家语》真伪多有争议，即便今本《孔子家语》不伪，其记载也肯定有后人附会的成分。

孔子入周对孔子的思想体系的成熟而言，非常重要。今人无法详考孔子到洛阳都见了谁，做了什么事情，但在天下文化中心的洛阳，孔子必然会

---

① 《孔子家语·观周》，《百子全书》（扫叶山房本），浙江古籍出版社 1998 年版，第 7 页。
② 《礼记·乐记》，阮元校刻《十三经注疏》，中华书局 1980 年版，第 1542 页。
③ 《孔丛子·嘉言》，傅亚述：《孔丛子校释》，中华书局 2011 年版，第 1 页。
④ 《孔子家语·观周》，《百子全书》（扫叶山房本），浙江古籍出版社 1998 年版，第 7 页。

有很大收获。孔子思想体系中，最重要的是“礼”和“仁”。到底“礼”和“仁”哪个更重要，后人聚讼纷纷。其实在孔子这里，并没有任何矛盾和冲突，“仁”是“礼”的实质内涵，“礼”是“仁”的外化表现。如前所述，礼是社会的秩序，周公制礼作乐确立了周代基本社会秩序。春秋时虽礼崩乐坏，但春秋依然是贵族政治的时代，活跃在政治舞台上的多为宗法贵族。“礼”本是贵族的生活日用品。到孔子时代，孔子赋予“礼”以全新的内涵。胡适《说儒》中认为“儒”是一种古老的职业，即各种礼仪的傧相，儒对“礼”非常熟悉。孔子所办私学相当于今天培养播音主持人的专门学校，礼是重要的教学内容。孔子在宋国时，尚不忘在大树下教学生演习礼仪。“礼”包括秩序和仪式。春秋礼崩乐坏之后，“礼”的秩序性在下降，而仅剩下“礼”的仪式。而孔子的伟大就在于赋予“礼”以“仁”的内涵。颜渊问仁。子曰：“克己复礼为仁。一日克己复礼，天下归仁焉。为仁由己，而由人乎哉？”颜渊曰：“请问其目。”子曰：“非礼勿视，非礼勿听，非礼勿言，非礼勿动。”颜渊曰：“回虽不敏，请事斯语矣。”①孔子之前，“礼”是贵族们的专利，所谓“礼不下庶人”。但从孔子以后，“礼”也走向平民。

首先，入周问礼使孔子对周礼有了真切直观的感受。虽说作为周公的封国，鲁国保存了较多的周礼，“周礼尽在鲁矣”，但鲁国毕竟只是一个诸侯国，并没有天子之礼。孔子在洛阳得以完整地考察天子之礼。其次，通过对周代宗庙等古迹的参观，孔子对“礼”的本质有了更深的认识。周礼不仅是仪式，还是一套完整的社会结构和政治体系。而且，孔子入周见到老子、苌弘等众多的贤人。洛阳地区有着丰富的文化资源，不仅有历代史官保留下来的典籍，也有众多贤人。《礼记》云：“独学而无友，则孤陋而寡闻。”②来到洛阳之后，见到众多贤人，这必将极大地开阔了孔子的视野。这些都促进了孔子思想体系的成熟。

春秋以前贵族垄断了一切文化资源。春秋争霸战争，不仅打破了各级贵族对政权的垄断，同时也打破了各级贵族对文化和教育的垄断，从“学在

---

① 《论语·颜渊》，阮元校刻《十三经注疏》，中华书局1980年版，第2502页。

② 《礼记·学记》，阮元校刻《十三经注疏》，中华书局1980年版，第1523页。

王官”到“天子失官，学在四夷”①。孔子顺应这一历史趋势最早办起私学。《论语》记载孔子使用雅言授课，“子所雅言，《诗》《书》、执礼皆雅言也”②。一般认为“雅言”即是当时的洛阳方言。孔子入周后声望有很大提高，“孔子自周反于鲁，弟子稍益进焉”③，办学规模也越来越大。

后来孔子周游列国时，无法证实孔子是否再到过洛阳。但孔颖达给杜预《春秋左传序》所作的“疏”引用古本《孔子家语》记载，孔子后来为修《春秋》还曾专程到洛阳查找史料：“孔子将修《春秋》，与左丘明乘如周，观书于周史，归而修《春秋》之经，丘明为之《传》。”④

总之，孔子的入周之旅，无论对于中国思想史，还是中国文化史，都具有重要意义，必须给予足够关注。后人为纪念孔子入周，还专门在洛阳东关修建了“孔子入周问礼碑”，上书“孔子入周问礼乐至此”。

三、六经皆史

儒学和经学并不完全一致，但在汉武帝罢黜百家、表彰六经后，儒学和经学已经密不可分。而在中国经学史上，洛阳的地位也举足轻重。

（一）从学在王官到王官失守

西周是典型的贵族政治时代，建立在宗法制度基础上的层层分封，不仅保证了贵族的政治权力，也保证了他们的经济权利和文化权利。学校教育，更是被各级贵族垄断，史称“学在王官”。

传世文献记载，学校教育早已有之。但相对完善的学校教育，只能追溯到西周。《礼记》《周礼》《大戴礼记》等文献，都有先秦教育制度的记载。这些文献虽形成于战国，但它们的记录也应与西周学校教育有一定关联。

贵族子弟在很早就要到学校接受正规的学校教育。《礼记》记载幼童应在10岁时入学接受教育：“人生十年曰幼，学。”⑤“十年，出就外傅，居宿于

---

① 《左传·鲁昭公十七年》，阮元校刻《十三经注疏》，中华书局1980年版，第2084页。
② 《论语·述而》，阮元校刻《十三经注疏》，中华书局1980年版，第2482页。
③ 司马迁：《史记·孔子世家》，中华书局1982年版，第1909页。
④ 阮元校刻《十三经注疏》，中华书局1980年版，第1705页。
⑤ 《礼记·曲礼上》，阮元校刻《十三经注疏》，中华书局1980年版，第1232页。

外，学书计，衣不帛襦袴，礼帅初，朝夕学幼仪，请肄简、谅。”①小学所学为洒扫应对等基本礼仪和基础技能，如《汉书·食货志》记载：“学六甲、五方、书计之事。”②《周礼》中“保氏”之官的职责就是：“养国子以道，乃教之六艺。一曰五礼，二曰六乐，三曰五射，四曰五驭，五曰六书，六曰九数。”③

在完成小学学习后，进入大学学习。不仅周王室，诸侯也都建有太学，不过名称不同，“天子曰‘辟雍’，诸侯曰‘泮宫’”④。古者政教合一，太学不仅承担教育职能，还是重要的施政场所，“天子将出征，类乎上帝，宜乎社，造乎祢，祃于所征之地。受命于祖，受成于学。出征执有罪，反释奠于学，以讯馘告”⑤。大学还是尊老、敬老、养老的场所，“有虞氏养国老于上庠，养庶老于下庠。夏后氏养国老于东序，养庶老于西序。殷人养国老于右学，养庶老于左学。周人养国老于东胶，养庶老于虞庠。虞庠在国之西郊”⑥。文献还记载了天子到大学视察的程序：“天子视学，大昕鼓征，所以警众也。众至，然后天子至，乃命有司行事，兴秩节，祭先师先圣焉。有司卒事，反命。天子乃入，始之养也。适东序释奠于先老，遂设三老五更群老之席位焉。”⑦天子要在学校里亲自举行养老礼：“食三老五更于大学，天子袒而割牲，执酱而馈，执爵而酳，冕而总干，所以教诸侯之弟也。”⑧至于太学的入学年龄，《礼记》记载 13 岁入大学，“十有三年，学乐诵诗、舞勺，成童舞象，学射御”⑨。《白虎通义》认为 15 岁入大学：“故十五，成童志明，入太学。”⑩

文献记载“天子设四学”⑪，功能各不相同。《礼记》记载：“礼在瞽宗，书在上庠。”⑫除此外，还有“东序”，“凡祭与养老，乞言合语之礼，皆小乐正诏

---

① 《礼记·内则》，阮元校刻《十三经注疏》，中华书局 1980 年版，第 1471 页。
② 班固：《汉书·食货志（上）》，中华书局 1962 年版，第 1122 页。
③ 《周礼》卷十四，阮元校刻《十三经注疏》，中华书局 1980 年版，第 731 页。
④ 《礼记·王制》，阮元校刻《十三经注疏》，中华书局 1980 年版，第 1332 页。
⑤ 《礼记·王制》，阮元校刻《十三经注疏》，中华书局 1980 年版，第 1333 页。
⑥ 《礼记·王制》，阮元校刻《十三经注疏》，中华书局 1980 年版，第 1346 页。
⑦ 《礼记·文王世子》，中华书局 1980 年版，第 1410 页。
⑧ 《礼记·乐记》，阮元校刻《十三经注疏》，中华书局 1980 年版，第 1543 页。
⑨ 《礼记·内则》，阮元校刻《十三经注疏》，中华书局 1980 年版，第 1471 页。
⑩ 陈立：《白虎通疏证·辟雍》，中华书局 1994 年版，第 253 页。
⑪ 《礼记·祭义》，阮元校刻《十三经注疏》，中华书局 1980 年版，第 1600 页。
⑫ 《礼记·文王世子》，阮元校刻《十三经注疏》，中华书局 1980 年版，第 1405 页。

之于东序。大乐正学舞干戚。语说,命乞言,皆大乐正授数。大司成论说在东序”[①]。“成均”作为古代的大学,也被保留下来。据记载,“辟雍”在中央,“瞽宗”“上庠”“东序”“成均”分处四方。也有人认为他们是辟雍的四个构成部分。《大戴礼记》记载:“《学礼》曰:帝入东学,上亲而贵仁,则亲疏有序而恩相及矣。帝入南学,上齿而贵信,则长幼有差而民不诬矣。帝入西学,上贤而贵德,则圣智在位而功不匮矣。帝入北学,上贵而尊爵,则贵贱有等而下不踰矣。帝入太学,承师问道,退习而端于太傅,太傅罚其不则而达其不及,则德智长而理道得矣。此五义者既成于上,则百姓黎民化辑于下矣。”[②]虽传说异词,但周代已有高等学府则是确信无疑。至于实际情况如何,在没有更多材料被发现之前无法详考。“辟雍”和“明堂”的关系也无从考证。孔颖达在《诗经正义》中引用《韩诗说》认为:“辟雍者,天子之学……立明堂于中。”[③]文献中关于先秦,尤其是西周学校教育制度的记载,颇多儒生的想象之辞。虽这些想象也并非无据,但其间的矛盾总无法弥缝。

大学的学习内容也分技能和知识两个方面。大学所学技能是礼、乐、射、御、书、数的延续,“春夏学干戈,秋冬学羽籥,皆于东序。小乐正学干,大胥赞之。钥师学戈,钥师丞赞之。胥鼓南。春诵夏弦,太师诏之。瞽宗秋学礼,执礼者诏之。冬读书,典书者诏之。礼在瞽宗,书在上庠”[④]。干戈与战争有关,羽籥与礼乐有关。《左传》称:“国之大事,在祀与戎。”[⑤]对贵族而言,军事和礼乐是其基本技能。在西周,教育的目的就是为培养未来的统治者,“故师也者,所以学为君也”[⑥]。

太学的知识学习,主要指典籍的学习,“故十五,成童志明,入太学,学经术”[⑦]。学校里是有教材的,《礼记》中提到学生应如何对待先生的书籍:“先生书策琴瑟在前,坐而迁之,戒勿越。”[⑧]学校所用的教材就是《诗》《书》《礼》

① 《礼记·文王世子》,阮元校刻《十三经注疏》,中华书局1980年版,第1405页。
② 《大戴礼记·保傅》,王聘珍《大戴礼记解诂》,中华书局1983年版,第51页。
③ 《诗经·灵台》,阮元校刻《十三经注疏》,孔颖达《正义》引,中华书局1980年版,第524页。
④ 《礼记·文王世子》,阮元校刻《十三经注疏》,中华书局1980年版,第1405页。
⑤ 《左传·鲁成公十三年》,阮元校刻《十三经注疏》,中华书局1980年版,第1911页。
⑥ 《礼记·学记》,阮元校刻《十三经注疏》,中华书局1980年版,第1523页。
⑦ 《白虎通义·辟雍》,陈立《白虎通疏证》,中华书局1994年版,第253页。
⑧ 《礼记·曲礼上》,阮元校刻《十三经注疏》,中华书局1980年版,第1239页。

《易》《乐》《春秋》等官书典籍。只不过文献记载详略不同，顺序各异罢了。“乐正崇四术，立四教，顺先王《诗》《书》《礼》《乐》以造士。春秋教以《礼》《乐》，冬夏教以《诗》《书》。王大子、王子、群后之大子、卿大夫、元士之适子、国之俊选，皆造焉。凡入学以齿。”[①]各诸侯国官学，所学也是这些经典。《礼记》记载孔子曰：“入其国，其教可知也。温柔敦厚，《诗》教也。疏通知远，《书》教也。广博易良，《乐》教也。絜静精微，《易》教也。恭俭庄敬，《礼》教也。属辞比事，《春秋》教也。”[②]孔子还提到不同经典的教育功能，“故《诗》之失愚，《书》之失诬，《乐》之失奢，《易》之失贼，《礼》之失烦，《春秋》之失乱。其为人也，温柔敦厚而不愚，则深于《诗》者也。疏通知远而不诬，则深于《书》者也。广博易良而不奢，则深于《乐》者也。絜静精微而不贼，则深于《易》者也。恭俭庄敬而不烦，则深于《礼》者也。属辞比事而不乱，则深于《春秋》者也”[③]。春秋时，楚国贵族申叔时对楚庄王谈论教育子弟之道时说：“教之《春秋》而为之耸善而抑恶焉，以戒劝其心。教之《世》而为之昭明德而废幽昏焉，以休惧其动。教之《诗》而为之道广显德，以耀明其志。教之《礼》使知上下之则。教之《乐》以疏其秽而镇其浮。教之《令》使访物官。教之《语》使明其德而知先王之务用明德于民也。教之故《志》使知废兴者而戒惧焉。教之《训典》使知族类行比义焉。”[④]总之，贵族子弟在官办最高学府中肯定有关于经典的学习，至于具体内容则是传闻异辞，并没有严格统一的规定。

在学校里也会有比较严密的考核制度，“比年入学，中年考校，一年视离经辨志，三年视敬业乐群，五年视博习亲师，七年视论学取友，谓之小成，九年知类通达，强立而不反，谓之大成。然后足以化民易俗，近者说服而远者怀之，此大学之道也”[⑤]。不认真学习的学生也会受到严厉惩处，“将出学，小胥、大胥、小乐正简不帅教者以告于大乐正，大乐正以告于王。王命三公九卿大夫元士皆入学。不变，王亲视学。不变，王三日不举，屏之远方。西方

---

① 《礼记·王制》，阮元校刻《十三经注疏》，中华书局 1980 年版，第 1243 页。
② 《礼记·经解》，阮元校刻《十三经注疏》，中华书局 1980 年版，第 1609 页。
③ 《礼记·经解》，阮元校刻《十三经注疏》，中华书局 1980 年版，第 1609 页。
④ 《国语·楚语上》，上海古籍出版社 1998 年版，第 528 页。
⑤ 《礼记·学记》，阮元校刻《十三经注疏》，中华书局 1980 年版，第 1521 页。

曰棘，东方曰寄，终身不齿”[①]。相应的还有选拔制度，“命乡论秀士，升之司徒，曰选士；司徒论选士之秀者而升之学，曰俊士。升于司徒者不征于乡，升于学者不征于司徒，曰造士。大乐正论造士之秀者以告于王而升诸司马，曰进士。司马辨论官材，论进士之贤者以告于王而定其论，论定然后官之，然后爵之，位定然后禄之”[②]。具体情况是否如此整齐，则无法详考。

官学的老师都是政府官员，大乐正、小乐正、小胥、大胥、大师等，都是乐官。《周礼》大司乐章记载其职责是“掌成均之法，以治建国之学政，而合国之子弟焉”[③]。史官也是典籍的编撰者与管理者，“冬读书，典书者诏之”[④]，这里的“典书者”就应该是史官。

公元前770年周平王东迁洛邑后，政权下移导致贵族对文化和教育的垄断被打破，学术开始下移。春秋时期官办学校逐渐荒废，《诗经·郑风·子衿》一诗，毛传的理解就是“刺学校之废也”[⑤]。作为天子所在的洛阳，本是典籍荟萃之地，天下的文化中心，但春秋时期周王室也曾多次发生王位的争夺，每次动荡都会有文化官员的流失。如司马迁的祖先“司马氏世典周史，惠襄之间，司马氏去周适晋”[⑥]。春秋末年“子朝之乱”，王室典籍散落殆尽，大量文化官员流落四方，“大师挚适齐，亚饭干适楚，三饭缭适蔡”[⑦]，出现“天子失官，学在四夷”之局。[⑧] 老子也是在春秋末年失去史官之职而选择隐居的。

孔子的伟大之处就在于，顺应学术下移的历史潮流，最早办起私学，极大地促进了文化和教育的普及。作为教师的孔子以“诲人不倦”相标榜。“默而识之，学而不厌，诲人不倦，何有于我哉？”[⑨]“若圣与仁，则吾岂敢？抑

---

① 《礼记·王制》，阮元校刻《十三经注疏》，中华书局1980年版，第1342页。
② 《礼记·王制》，阮元校刻《十三经注疏》，中华书局1980年版，第1342页。
③ 《周礼》卷二十二，阮元校刻《十三经注疏》，中华书局1980年版，第787页。
④ 《礼记·文王世子》，阮元校刻《十三经注疏》，中华书局1980年版，第1405页。
⑤ 《诗经·郑风·子衿》“毛传”，阮元校刻《十三经注疏》，中华书局1980年版，第345页。
⑥ 司马迁：《史记·太史公自序》，中华书局1982年版，第3285页。
⑦ 《论语·微子》，阮元校刻《十三经注疏》，中华书局1980年版，第2550页。
⑧ 《左传·鲁昭公十七年》，阮元校刻《十三经注疏》，中华书局1980年版，第2084页。
⑨ 《论语·述而》，阮元校刻《十三经注疏》，中华书局1980年版，第2481页。

为之不厌，诲人不倦，则可谓云尔已矣。”[①]孔子办学规模很大，号称弟子三千，贤者七十二人。孔子主张“有教无类”，孔门弟子在春秋末年、战国初年十分活跃。孔子的教育方法、教育思想，前人已有充分论述，这里不再赘述。

（二）孔子与六经

由《论语》可知，孔子的日常教学基本就是《诗》《书》《礼》《乐》，“子所雅言，《诗》、《书》、执礼皆雅言也”[②]。

孔子并非凭空办起私学，此前的官学自然成为孔子模仿的对象。如前所述，官学的教学充分依托了《诗》《书》《礼》《易》《乐》《春秋》等典籍。因而，孔门私学，最初也以这些典籍为教材是很顺理成章的事。司马迁《史记》中说：“孔子以《诗》《书》《礼》《乐》教弟子。”[③]冯友兰先生也说：“以六艺教人，或不必始于孔子……不过孔子却是六艺教一般人之第一人。”[④]只不过孔子并非只能照本宣科的普通教师，他肯定会对前人所传的教材有所删削调整，甚至改编。

孔子非常看重《诗经》，《论语》中有许多讨论《诗经》的记载。孔子一再鼓励学生学习《诗经》：“小子何莫学夫诗？诗可以兴、可以观、可以群、可以怨、政迩之事父、远之事君，多识于鸟兽草木之名。”[⑤]他认为身为君子就应该“兴于《诗》，立于礼，成于乐”[⑥]。他对儿子孔鲤说：“女为《周南》《召南》矣乎？人而不为《周南》《召南》，其犹正墙面而立也。”[⑦]“陈亢问于伯鱼曰：‘子亦有异闻乎？’对曰：‘未也。尝独立，鲤趋而过庭，曰：学诗乎？对曰：未也。不学诗，无以言。鲤退而学诗。’”[⑧]他认为《诗经》是培养高尚情操的必由之路，“诗三百一言以蔽之，曰：思无邪”[⑨]。“关雎，乐而不淫，哀而不伤。”[⑩]“子

---

① 《论语·述而》，阮元校刻《十三经注疏》，中华书局 1980 年版，第 2484 页。
② 《论语·述而》，阮元校刻《十三经注疏》，中华书局 1980 年版，第 2482 页。
③ 司马迁：《史记·孔子世家》，中华书局 1982 年版，第 1938 页。
④ 冯友兰：《中国哲学史·孔子及儒家之初起》，华东师范大学出版社 2000 年版，第 43 页。
⑤ 《论语·阳货》，阮元校刻《十三经注疏》，中华书局 1980 年版，第 2525 页。
⑥ 《论语·泰伯》，阮元校刻《十三经注疏》，中华书局 1980 年版，第 2487 页。
⑦ 《论语·阳货》，阮元校刻《十三经注疏》，中华书局 1980 年版，第 2525 页。
⑧ 《论语·季氏》，阮元校刻《十三经注疏》，中华书局 1980 年版，第 2522 页。
⑨ 《论语·为政》，阮元校刻《十三经注疏》，中华书局 1980 年版，第 2461 页。
⑩ 《论语·八佾》，阮元校刻《十三经注疏》，中华书局 1980 年版，第 2468 页。

贡曰:‘贫而无谄,富而无骄,何如?’子曰:‘可也。未若贫而乐,富而好礼者也。’子贡曰:‘《诗》云,如切如磋!如琢如磨,其斯之谓与?’子曰:‘赐也!始可与言《诗》已矣,告诸往而知来者。’”①“子夏问曰:‘巧笑倩兮,美目盼兮,素以为绚兮。何谓也?’子曰:‘绘事后素。’曰:‘礼后乎?’子曰:‘起予者商也,始可与言诗已矣。’”②孔子更看重对《诗经》的应用,“诵《诗》三百,授之以政,不达;使于四方,不能专对;虽多,亦奚以为?”③

《诗经》的形成经历了漫长的过程,许多诗歌形成于商周之际,最晚的诗歌也是春秋中期。据《左传》记载,孔子8岁时《诗经》已大体成型,其编排顺序也与今本《诗经》大同小异。《诗经》的最后编订,应是东周王室的史官在洛阳城中完成的。所以,今文经学认为今传《诗经》由孔子删削而成的说法断然无法成立。但孔子对《诗经》也并非没有贡献。孔子曾说:“吾自卫反鲁,然后乐正,《雅》《颂》各得其所。”④孔子对《诗经》应该是进行过一些调整、改编的。

孔子教学也经常用到《尚书》,“子所雅言,《诗》、《书》、执礼皆雅言也”⑤。《论语》中共有7处与《尚书》有关。孔子的政治思想,无论以民为本,还是以德治国,都与《尚书》关系密切。孔子对《尚书》的重视,开启了后世儒家关注《尚书》的源头。后来《尚书》也定型于儒生之手。

《论语》中,“礼”是仅次于“仁”,孔子讲得较多的内容。在《论语》中的“礼”,应该有三个不同的含义:礼的仪程、礼的原则、礼的内涵。

首先,礼的仪程,是与“礼”有关的各种仪式、程序。包括冠礼如何举行,丧礼有哪些程序,丧服如何制作等。如:“子见齐衰者、冕衣裳者与瞽者,见之,虽少必作;过之,必趋。”⑥早在孔子还是孩童时,就对这些东西很感兴趣,“孔子为儿,嬉戏常陈俎豆,设礼容”⑦。此处的“礼”显然是礼的仪程。

---

① 《论语·学而》,阮元校刻《十三经注疏》,中华书局1980年版,第2458页。
② 《论语·八佾》,阮元校刻《十三经注疏》,中华书局1980年版,第2466页。
③ 《论语·子路》,阮元校刻《十三经注疏》,中华书局1980年版,第2507页。
④ 《论语·子罕》,阮元校刻《十三经注疏》,中华书局1980年版,第2491页。
⑤ 《论语·述而》,阮元校刻《十三经注疏》,中华书局1980年版,第2482页。
⑥ 《论语·子罕》,阮元校刻《十三经注疏》,中华书局1980年版,第2490页。
⑦ 司马迁:《史记·孔子世家》,中华书局1982年版,第1906页。

其次，礼的原则，是礼体现的亲亲尊尊秩序，“君君，臣臣，父父，子子”[①]。春秋时礼崩乐坏，对礼的僭越成为常态。《论语》记载了孔子对各种违礼行为的批判。如：“孔子谓季氏：八佾舞于庭，是可忍也，孰不可忍也？”[②]“三家者以《雍》彻。子曰：‘相维辟公，天子穆穆。奚取于三家之堂？’”[③]“季氏旅于泰山。子谓冉有曰：‘女弗能救与？’对曰：‘不能。’子曰：‘呜呼！曾谓泰山不如林放乎？’”[④]

再次，礼的内涵。如前所述，孔子赋予“礼”以“仁”的内涵。仁是礼的内涵，礼是仁的外化，仁与礼是统一的。“颜渊问仁。子曰：‘克己复礼为仁。一日克己复礼，天下归仁焉。为仁由己，而由人乎哉？’颜渊曰：‘请问其目。’子曰：‘非礼勿视，非礼勿听，非礼勿言，非礼勿动。’颜渊曰：‘回虽不敏，请事斯语矣。’”[⑤]所以他才会说：“人而不仁，如礼何？人而不仁，如乐何？”[⑥]又说：“礼云礼云，玉帛云乎哉？乐云乐云，钟鼓云乎哉？”[⑦]进而，孔子把礼看成君子的立身之本：“不学礼，无以立。”[⑧]文化修养和守礼，是君子起码的要求，“君子博学于文，约之以礼”[⑨]。他一再强调礼对君子的重要性。“君子义以为质，礼以行之，孙以出之，信以成之。君子哉。”[⑩]

今文经学家认为，原来并没有成文的礼，成文的礼始于孔子。《礼记》记载：“恤由之丧，哀公使孺悲之孔子，学士丧礼。士丧礼，于是乎书。”[⑪]实则成文的礼很早就已出现。《礼记·曲礼》记载：“居丧未葬，读丧礼。既葬，读祭礼。丧复常，读乐章。”[⑫]可见当时已有礼的文本可供阅读。孔子日常教学活动主要是习礼，孔子教学中也应有可依托的文本。孔子未必会对手中的文

---

① 《论语·颜渊》，阮元校刻《十三经注疏》，中华书局 1980 年版，第 2504 页。
② 《论语·八佾》，阮元校刻《十三经注疏》，中华书局 1980 年版，第 2465 页。
③ 《论语·八佾》，阮元校刻《十三经注疏》，中华书局 1980 年版，第 2465 页。
④ 《论语·八佾》，阮元校刻《十三经注疏》，中华书局 1980 年版，第 2466 页。
⑤ 《论语·颜渊》，阮元校刻《十三经注疏》，中华书局 1980 年版，第 2502 页。
⑥ 《论语·八佾》，阮元校刻《十三经注疏》，中华书局 1980 年版，第 2466 页。
⑦ 《论语·阳货》，阮元校刻《十三经注疏》，中华书局 1980 年版，第 2525 页。
⑧ 《论语·季氏》，阮元校刻《十三经注疏》，中华书局 1980 年版，第 2522 页。
⑨ 《论语·雍也》，阮元校刻《十三经注疏》，中华书局 1980 年版，第 2479 页。
⑩ 《论语·卫灵公》，阮元校刻《十三经注疏》，中华书局 1980 年版，第 2518 页。
⑪ 《礼记·杂记下》，阮元校刻《十三经注疏》，中华书局 1980 年版，第 1567 页。
⑫ 《礼记·曲礼下》，阮元校刻《十三经注疏》，中华书局 1980 年版，第 1257 页。

本十分满意,未必会完全遵从。孔子曾说:“麻冕,礼也;今也纯,俭。吾从众。拜下,礼也;今拜乎上,泰也。虽违众,吾从下。”[①]他肯定会对文本有所损益,“殷因于夏礼,所损益,可知也;周因于殷礼,所损益,可知也;其或继周者,虽百世可知也”[②]。至于孔子之前文本的面貌、孔子损益的内容以及今传本《仪礼》从何而来,在新材料发现之前只能付诸阙如。如孔子所言:“夏礼吾能言之,杞不足徵也。殷礼吾能言之,宋不足徵也。文献不足故也,足,则吾能徵之矣。”[③]

乐与礼和诗,都密不可分,几乎所有的“礼”,都要奏乐,《诗经》都是入乐的。孔子非常看重音乐的教化作用,“移风易俗,莫善于乐”[④]。孔子本人的音乐素养极高,《论语》保留有他与专业乐师讨论音乐的记录:“子语鲁大师乐。曰:‘乐其可知也,始作,翕如也;从之,纯如也,皦如也,绎如也,以成。’”[⑤]孔子把乐和礼都上升到治国的高度加以重视:“名不正,则言不顺;言不顺,则事不成;事不成,则礼乐不兴;礼乐不兴,则刑罚不中;刑罚不中,则民无所措手足。”[⑥]孔子认为音乐教化是成为君子的必由之路:“兴于《诗》,立于礼,成于乐。”[⑦]他还说:“文之以礼乐,亦可以成人矣。”[⑧]孔子也赋予乐以仁的内涵:“人而不仁,如礼何?人而不仁,如乐何?”[⑨]他对各种违礼的音乐也多有批评:“恶紫之夺朱也,恶郑声之乱雅乐也,恶利口之覆邦家者。”[⑩]

孔子以音乐教化子弟,并无争议。争议在于孔子是否有成文的《乐经》。因传世文献并无《乐经》,讨论也就失去了根基。孔子的音乐教化思想对后儒起到巨大的引领作用。《礼记·乐记》和孔子音乐教化思想一脉相承。

孔子与《周易》的关系颇为复杂。并无直接证据证明孔子曾用《周易》教

---

① 《论语·子罕》,阮元校刻《十三经注疏》,中华书局1980年版,第2489页。
② 《论语·为政》,阮元校刻《十三经注疏》,中华书局1980年版,第2463页。
③ 《论语·八佾》,阮元校刻《十三经注疏》,中华书局1980年版,第2466页。
④ 《孝经·广要道章》,阮元校刻《十三经注疏》,中华书局1980年版,第2556页。
⑤ 《论语·八佾》,阮元校刻《十三经注疏》,中华书局1980年版,第2468页。
⑥ 《论语·子路》,阮元校刻《十三经注疏》,中华书局1980年版,第2506页。
⑦ 《论语·泰伯》,阮元校刻《十三经注疏》,中华书局1980年版,第2487页。
⑧ 《论语·宪问》,阮元校刻《十三经注疏》,中华书局1980年版,第2511页。
⑨ 《论语·八佾》,阮元校刻《十三经注疏》,中华书局1980年版,第2466页。
⑩ 《论语·阳货》,阮元校刻《十三经注疏》,中华书局1980年版,第2525页。

育子弟，但从战国的发展看，成书于战国的《易传》用儒家思想理念解释《周易》，将一部占卜之书成功地改造为讲哲理的书，或许和孔子有关。

历代儒生都相信《春秋》是孔子的作品。孟子说："孔子成《春秋》而乱臣贼子惧。"[①]孟子认为孔子修《春秋》继承了上古王官之书的传统，他说："王者之迹熄而诗亡，诗亡然后《春秋》作。晋之《乘》，楚之《梼杌》，鲁之《春秋》，一也。其事则齐桓晋文，其文则史。孔子曰：'其义则丘窃取之矣。'"[②]《春秋》并不始于孔子。《国语》中说晋国羊舌肸"习于《春秋》"[③]，楚国的申叔时对楚庄王说："教之《春秋》而为之耸善而抑恶焉，以戒劝其心。"[④]《公羊传》提到孔子之前有"不修《春秋》"[⑤]。《墨子》曾提到"周之《春秋》""燕之《春秋》""宋之《春秋》""齐之《春秋》"[⑥]。孟子提到"晋之《乘》，楚之《梼杌》"。《左传》记载韩宣子曾在鲁太史处见过"鲁《春秋》"[⑦]。司马迁认为孔子修《春秋》"乃因《史记》作《春秋》，上至隐公下讫哀公十四年"[⑧]。孔门教学不可能不谈历史，大概最早孔子用鲁国太史记载的《春秋》作教材。孔子在讲述过程中，对鲁《春秋》有所删削。孔子的删削，肯定体现了孔子对社会历史的看法，"推此类以绳当世贬损之义"[⑨]。《春秋》经文过于简略，仅用16000字讲述了242年的历史，后世又有解释《春秋》的"传"，流传至今有《春秋左氏传》《春秋公羊传》《春秋穀梁传》。

综上所述，孔子办起私学后，也以过去官学的教材"六经"作为孔门私学的教材。孔子在教学过程中，对"六经"也有过部分删削改订。

进入战国，儒家与"六经"的联系愈发密切。孔门后学多为著名教育家。如孔门弟子子夏以"文学"而受到孔子赞许，经学史上子夏传经之功甚伟。孟子和荀子与"六经"的关系问题，前人所论甚详。孔门后学并未停止对"六

---

① 《孟子·滕文公下》，阮元校刻《十三经注疏》，中华书局1980年版，第2751页。
② 《孟子·离娄下》，阮元校刻《十三经注疏》，中华书局1980年版，第2728页。
③ 《国语·晋语七》，上海古籍出版社1998年版，第445页。
④ 《国语·楚语上》，上海古籍出版社1998年版，第528页。
⑤ 《公羊传·鲁庄公六年》，阮元校刻《十三经注疏》，中华书局1980年版，第2228页。
⑥ 孙诒让：《墨子间诂·明鬼》，《诸子集成》（第四册），中华书局1954年版，卷八。
⑦ 《左传·鲁昭公二年》，阮元校刻《十三经注疏》，中华书局1980年版，第2029页。
⑧ 司马迁：《史记·孔子世家》，中华书局1982年版，第1943页。
⑨ 司马迁：《史记·孔子世家》，中华书局1982年版，第1943页。

经”的整理、改编和传授。在儒生对“六经”进行整理和改编过程中,贯穿了儒家理念。

总之,孔子之前“六经”作为官书,只有官学的贵族子弟才能得见。孔子办私学后“六经”逐渐成为各家私学的教材。孔子及其后学不仅用“六经”作为教材,而且也不断对“六经”进行改编。传世“六经”基本上出于孔门后学。“后来儒家仍因旧贯,仍继续用六艺教人,恰又因别家只讲自家新说,不讲旧书,因之六艺似为儒家所专有。”①本为诸子百家共同文化资源的“六经”,逐渐被儒家垄断。

(三)“六经”与洛阳

洛阳作为历史文化名城,是中华文明最重要的诞生地。“六经”等中华元典的形成都与洛阳关系密切。

《周易》的起源非常复杂,迄今并无定论,《周易》与河图洛书的关系也仅是传说。不过河图洛书的传说也并非全然无据,至少它象征了华夏先民在河洛地区受到自然的天启,开始了中华文明伟大的历史征程。从这个意义上,把《周易》的源头追溯到河图洛书,并非毫无道理。

学界普遍认为《周易》文本出现于西周中期,传统的说法认为周文王作卦辞,周公作爻辞。如顾颉刚所言,卦辞和爻辞中都有文王和周公身后的事情。因此,卦、爻辞绝非他们父子所作。但文王、周公父子与《周易》的关系也不能完全否定,《周易》中应有他们父子思想的若干体现。只不过其详情无从考证。《周易》文本的形成并非一朝一夕,应是众多史官在长期占卜过程中不断积累而成。周平王东迁洛邑后,东周史官对《周易》做了进一步完善和整理。

《尚书》是上古各种政治文告的汇编。《尚书》的记事从尧、舜、禹开始,事实上在那个时代绝不可能出现如此长文。旧说这种文献有3000多篇,被孔子删为102篇,这也绝不可信。今传《今文尚书》29篇,被顾颉刚划分为三类:反映文献所指时代真实可靠的作品、东周史官追记作品,以及战国至秦汉间儒生的作品。② 顾颉刚的划分大体可信。在这三组文献中,第一组文献

---

① 冯友兰:《中国哲学史》,华东师范大学出版社2000年版,第44页。

② 顾颉刚主编:《古史辨》第一册,上海书店据朴社1930年版影印,第201页。

除《盘庚》《吕刑》《费誓》《秦誓》外，都是周初周公等政治家在洛阳颁布的文告。《大诰》是周公摄政时为平定“三监之乱”出兵前，以成王的名义颁布的誓师词。《多士》是周公营洛后对被迁移到洛阳的殷商残余分子发布的文告。第二组追记的文献是平王东迁后，周王室的史官在洛阳城中完成的。由此可知，《今文尚书》大多数篇章诞生于洛阳。

据文献记载周代有“采诗”制度，《汉书·食货志》记载：“孟春之月群居者将散，行人振木铎徇于路以采诗，献于太师，比其音律以闻于天子。”[①]东汉何休《春秋公羊传解诂》也说：“男年六十女年五十无子者，官衣食之，使之民间采诗。乡移于邑，邑移于国，国以闻于天子。”[②]就其性质而言，《诗经》国风部分大多是民歌。《大雅》《小雅》中也有部分民歌。其次为史诗，如《大雅·生民》等。再有就是各种颂歌。《诗三百》多数篇章的作者是普通民众，“饥者歌其食，劳者歌其事”[③]，具体则不可详考。《王风》的 10 篇都是春秋时期洛阳地区的诗歌。《黍离》表达了亡国之悲，《君子于役》表达了一位妇女对远方服役亲人的思念……《周南》的情况较复杂，其产生的区域也应离洛阳不远。

关于《诗经》的编订，朱自清曾说：“春秋时的乐工和后世阔人家的戏班子一样，老板叫太师。那时各国都养着一班乐工，各国使臣往来，宴会时都得奏乐唱歌。太师们不但得搜集本国乐歌，还得搜集别国乐歌。不但搜集乐词，还得搜集乐谱。……他们搜得的歌谣，有些是乐歌，有些是徒歌。徒歌得合乐才好用。合乐的时候，往往得增加重叠的字句或章节，便不能保存歌词原来的样子。除了这种搜集来的歌谣外，太师们所保存的还有贵族们为了各种事情，如祭祀、宴客、房屋落成、出兵、打猎等作的诗，这些可以说是典礼的诗。又有讽谏、颂美等的献诗。献诗是臣下作了献给君上，准备让乐工唱给君上听的，可以说是政治的诗。太师们保存下这些唱本儿，带着乐谱、唱词儿共有三百来篇，当时通称《诗三百》。到了战国时代，贵族逐渐没

---

① 班固：《汉书》，中华书局 1962 年版，第 1123 页。

② 何休注：《春秋公羊传宣公十五年传》，阮元校刻《十三经注疏》，中华书局 1980 年版，第 2287 页。

③ 何休注：《春秋公羊传宣公十五年传》，阮元校刻《十三经注疏》，中华书局 1980 年版，第 2287 页。

落，平民渐渐抬头，新乐代替了古乐，职业的乐工纷纷散走，乐谱就此亡失，但是还有三百来篇唱词儿流传下来，便是后来的《诗经》了。”①宴会赋诗是贵族的基本技能。钟鸣鼎食之家，各种仪式上都要奏乐。今本《诗经》在当时都能演唱，《诗经》好比歌本。如前所述，孔子八岁时《诗经》已大体成型。而《诗经》中最晚的作品诞生于春秋中期。《诗经》的最后编订肯定不早于春秋中期。洪湛侯说：“从《左传》‘季札观乐’的记载来看，各国‘风诗’被统称为‘周乐’，可见这些诗篇已经为周王朝集中掌管。周太师不仅是诗的保管者、教习者、演奏者、整理者，而且也是《诗三百》的最后编订者。”②《诗经》应是周王室史官春秋中期在洛阳编订而成。

《礼记》是战国秦汉间儒家后学整理的作品。《周礼》旧说是周公所作，“周公致太平之迹迹具在斯”③。目前学界一般认为《周礼》成书于战国。《周礼》的作者也非向壁虚构，他借鉴的材料和周公之间应不无关系。《仪礼》旧说也是周公所作，学界普遍认为《仪礼》成书于战国。不过，礼的源头要追溯到周公在洛阳的制礼作乐。而且，孔子入周问礼时应见过周王室史官保存的《礼》的文本，后来孔子授课所用《礼》的文本也应与入周问礼有关。只不过，其详情已不可考。

一般认为《春秋》是孔子的作品。《严氏春秋》引用古本《孔子家语·观周篇》说：“孔子将修《春秋》，与左丘明乘如周，观书于周史，归而修《春秋》之经，而丘明为之传。”④可见孔子修《春秋》也与洛阳有关，而且连《左传》的源头也要追溯到洛阳。古文经学家认为孔子修《春秋》依据了周公当年所制定的规则——见于《左传》的“五十凡”。事实上，孔子修《春秋》所参考的肯定不仅有《鲁春秋》。孔子在入周问礼，以及周游列国过程中，有意搜集一些逸闻故事，也在情理之中。所以将《春秋》溯源到洛阳，也并非一厢情愿地自说自话。

总之，《诗》《书》《礼》《易》《春秋》等典籍的形成都与洛阳城有着密切的

---

① 朱自清：《经典常谈》，上海古籍出版社1999年版，第24页。

② 洪湛侯：《诗经学史》，中华书局2002年版，第18页。

③ 《周礼注疏》中贾公彦写过一篇《序周礼废兴》，引自阮元校刻《十三经注疏》，中华书局1980年版，第636页。

④ 《左传注疏》引《严氏春秋》，阮元校刻《十三经注疏》，中华书局1980年版，第1705页。

关系，这是任何人都无法否定的基本史实。

第二节　两汉经学与洛阳太学

儒学与洛阳关系最为密切的时代是在秦汉时期，而洛阳太学则是两汉儒学的重镇。

一、西汉太学的发展

儒学获得官学的地位始于汉武帝。汉武帝罢黜百家，并非仅是听从了董仲舒的建议而已，需要从政治、学术等多个角度进行阐释。[①] 汉武帝之前政权合法性论证缺失，也是汉武帝表彰经学的一个重要原因。[②]

建元五年（前 136 年），汉武帝设立五经博士之初，五经博士只是朝廷的顾问官。元光元年（前 134 年），董仲舒在给皇帝的对策中说："臣愚以为，诸不在六艺之科，孔子之术者皆绝其道，勿使并进，邪僻之说灭息，而纲纪可一。"[③]汉武帝采纳这一建议后，博士官就逐渐被儒生独占。10 年后，元朔五年（前 124 年），董仲舒的同门太常公孙弘向汉武帝建议给博士官设弟子员："为博士官置弟子五十人，复其身。太常择民年十八以上仪状端正者，补博士弟子。郡国县官有好文学，敬长上，顺乡里，出入不悖，所闻。令相长丞上所属二千石。二千石谨察可者，常与计偕，诣太常，得受业如弟子。一岁皆辄课，能通一艺以上，补文学掌故缺，其高第可以为郎中，太常籍奏。即有秀才异等，辄以名闻。其不事学，若下材及不能通一艺，辄罢之，而请诸能称者。"[④]设弟子员的重要性，远在 10 年前的罢黜百家之上。此后，博士官的职能从顾问官变为教育官，开始承担起教育职责。尤其重要的是，自此儒生垄断了候补文官的教育。司马迁就说，从设立博士弟子员后，朝廷官员"彬彬

---

① 朱维铮：《儒术独尊的转折过程》，收《中国经学史十讲》，复旦大学出版社 2002 年版。

② 吴涛：《"为汉制法"——汉武帝时期经学兴起的原因》，收《华中国学》2017 年秋之卷，华中科技大学出版社 2017 年版。

③ 班固：《汉书 · 董仲舒传》，中华书局 1962 年版，第 2523 页。

④ 班固：《汉书 · 儒林列传》，中华书局 1962 年版，第 2594 页。

多文学之士”①。自此,读朝廷指定的书,参加朝廷举行的考试,考试合格之后就能做官了。广义的科举即始于汉武帝时期。当然,考试并非西汉唯一的入仕渠道。

汉武帝时期太学招生 50 人,汉昭帝时期增至 100 人,汉宣帝时期增至 200 人,汉元帝时期增至 1000 人,汉成帝时期一度扩招到 3000 人,到王莽干脆取消了太学招生员额的限制。

前人考证可知,汉武帝初建太学时,因《诗经》的三个学派齐诗、鲁诗、韩诗都被立于学官,五经博士实际有 7 个学派。之后,一方面出于统治者的需要,一方面由于学术自身的发展分化,到西汉末年被立于学官的共有 14 个学派:《周易》有施雠、孟喜、梁丘贺、京房四派,《尚书》有欧阳、大夏侯、小夏侯三派,《诗经》有齐诗、鲁诗、韩诗,《礼》学有大戴和小戴,《春秋公羊》学有严、颜两家。这些家派又分化出更小的学术派别,当时可以在太学中合法传授的学说有 30 多家。② 这些太学中合法传授的学派统称今文经学派。

秦始皇焚书坑儒,民间藏书大量被焚。汉惠帝二年(前 193 年)西汉废黜了对书籍的禁令,于是一些隐匿的书籍纷纷出现。山东《尚书》学者伏胜曾在秦朝担任博士。焚书令颁布后,他把《尚书》砌于墙壁里。西汉建立后,伏胜把所藏《尚书》找出来时,却只有 29 篇。汉文帝听说仅有八九十岁的伏胜能讲《尚书》,只得派晁错去伏胜那里学习,并把《尚书》带到长安,之后学习《尚书》的人逐渐增多。汉武帝时御史大夫倪宽就是《尚书》学者。后来欧阳和伯、夏侯胜、夏侯建等人开创的《尚书》学派都可追溯到伏胜。

《周易》因是占卜之书,不在被焚之列,得以幸免。西汉建立后,儒生田何在长安将《周易》传授给洛阳人周王孙,施雠、孟喜、梁丘贺都是周王孙的后学。

《诗经》虽也被秦始皇重点查抄,但《诗经》很容易背诵,完全可以靠口耳相传。西汉建立后,很多人都能讲《诗经》,刘邦少弟楚元王刘交就曾写过一部研究《诗经》的《元王诗》。所有《诗经》学者中,影响较大的有齐人辕固、鲁人申培以及赵人韩婴,他们分别开创了“齐诗”“鲁诗”“韩诗”。

---

① 司马迁:《史记·儒林列传》,中华书局 1982 年版,第 3120 页。

② 可参看班固在《汉书·儒林传》中对“某家有某氏之学”的有关记述,这里不再罗列。

先秦关于《礼》的文献很多，经秦始皇焚书坑儒，损失较多。西汉建立后，鲁人高堂生所传《仪礼》17 篇，主要是关于士阶层的礼，因而也称“士礼”[①]。高堂生后学戴德、戴胜叔侄所开创的学派进入太学。

《春秋》在秦朝也遭到严厉查禁。西汉建立后，儒生胡毋子都与其师公羊寿一同将过去口耳相传的《春秋公羊传》书于竹帛，整理出固定文本。董仲舒、公孙弘等都是《春秋公羊》学者，太学初设《公羊》学家自然就占据了太学讲席。董仲舒后学颜安乐、严彭祖分别开创了《春秋公羊》学的颜氏学派和严氏学派。

上述学派所传经典文本，都是前辈学者流传下来用汉代通行隶书写成的。这些经典被称为今文经，这些学者即今文经学派。

今文经学派称呼的出现，显然是有了“古文”的称呼以后的事情。古文经的出现颇具传奇色彩。汉武帝的兄长鲁恭王刘余封地在曲阜，刘余在扩建王宫时霸占了部分孔子旧宅。在拆除孔子旧宅时，从墙壁中发现了用先秦古文字写成的《周礼》《逸礼》《古文尚书》等经籍，他不敢继续再拆，所得典籍也还给孔家后人孔安国。孔安国是司马迁老师之一。孔安国后来将这些典籍献给朝廷。而恰逢时局动荡，孔安国所献典籍被放在皇家藏书室内无人问津。这些典籍因最初是用先秦古文字写成，所以被称为古文经。孔安国在把书籍献给朝廷的同时，还把《古文尚书》传给都尉朝，都尉朝又传给胶东庸生。司马迁于孔安国处也见过这些典籍。

与此同时，民间也先后发现了一些秦始皇焚书期间被埋藏在各地的典籍，这些典籍也都是用先秦古文字书写。如“孝宣皇帝之时，河内女子发老屋，得逸《易》《礼》《尚书》各一篇，奏之。宣帝下示博士，然后《易》《礼》《尚书》各益一篇，而《尚书》二十九篇始定矣”[②]。

汉武帝另一位兄长河间献王刘德也喜欢读书，他被《汉书》誉为“实事求是”。刘德高价从民间征集图书，他不仅获得了大量图书，而且聚集了一批学者，“繇是四方道术之人，不远千里，或有先祖旧书，多奉以奏献王者。故

---

① 其实，进入战国后，诸侯国君、卿大夫这两个阶层都在逐渐地消亡，士人却成为最活跃的阶层，因而国君之礼、卿大夫之礼的消亡与士礼的留存，并非偶然。

② 王充：《论衡·正说》，《诸子集成》（第七册），中华书局 1954 年版，第 269 页。

得书多与汉朝等。是时淮南王安亦好书,所招致率多浮辩。献王所得书,皆古文先秦旧书:《周官》《尚书》《礼》《礼记》《孟子》《老子》之属,皆经传说记,七十子之徒所论。其学举六艺,立毛氏《诗》《左氏春秋》博士。修礼乐,被服儒术,造次必于儒者。山东诸儒多从而游"①。刘德也曾将所得典籍献给朝廷,他的献书同样没有受到朝廷重视,静静地躺在皇宫的某个角落里。

总之,《毛诗》《左传》《周礼》《古文尚书》《逸礼》等文献,由于种种原因并未受到朝廷重视,仅在民间传播。官办太学所传典籍用汉代通行的隶书书写,称今文经,民间所传典籍最初用古文字书写,称古文经。起初它们之间仅有文字的差异,其后解经路径也产生巨大差异。在解经方法上,今文经学注重微言大义的阐发,古文经学注重经典文本的诠释。今文经学注重思想学术,古文经学注重典章制度文字训诂。相对而言,今文经学比较积极,带有强烈的理想主义特色,古文经学比较保守质朴。今文经学更多继承了孟子学派,古文经学更多继承了荀子学派。他们都自认为是真儒学,以孔子真传自居。今文经学家心目中孔子是政治家,古文经学家心目中孔子是学者。

今文经学派在西汉不仅占据太学全部博士官的席位,更有董仲舒、刘向等中国文化史上重量级的学者。相反,民间的古文经学家则默默无闻。如研究《诗经》的毛公,到底是毛亨还是毛苌?他们二人有什么关系?今本《诗经》的序是何人所作?今传"毛传"又是谁的作品?迄无定论。

古文经典进入皇宫后一直无人问津,直到西汉后期汉成帝准备读书时,发现皇家藏书非常凌乱,无法阅读,于是朝廷派学者刘向整理皇家藏书。刘向这次整理图书,在中国文化史上影响深远。《战国策》《荀子》等许多传世典籍都是刘向根据皇家藏书整理出来的。刘向在整理图书时,每本书都写有叙录,介绍其基本情况和整理过程。他把这些叙录整理成书,名为《别录》。后来,刘向之子刘歆也参与图书整理,并在《别录》的基础上写出《七略》,首次对图书进行了分类。《别录》和《七略》都已失传。东汉班固修《汉书》时,在《七略》的基础上删削而成《汉书·艺文志》,《汉书·艺文志》大体

---

① 班固:《汉书·河间献王传》,中华书局1962年版,第2410页。

上保有《七略》的基本面目。

刘歆在协助父亲整理藏书时，发现了藏在宫中的古文经典。刘歆认为古文经价值不在今文经之下。汉哀帝即位后，刘歆在皇帝支持下，提议将《左传》《毛诗》《逸礼》《古文尚书》立于学官，汉哀帝让他与博士们商议，博士们却根本不予理会。刘歆激愤之余写了《移让太常博士书》。在这封著名的公开信里，刘歆首先强调了古文经的来历，它们或者出于孔壁，或者传于民间，而且先帝和当今皇帝都有过认真的研究。其次刘歆指出立古文经于学官出于哀帝的旨意。再次刘歆认为古文经的学术价值不可忽视。刘歆此举引起轩然大波，既得利益者纷纷对刘歆进行攻击，今文经学和古文经学之间就此结仇。

刘歆的朋友王莽称帝后，为装点门面尽可能拉拢人心，将古文经也立于学官。但王莽新朝的历史闹剧散场后，古文经学再度回到在野的地位。不过，在野也不意味着失落，东汉学术史上古文经学却完胜今文经学。

二、东汉太学的建立

建武元年（25 年），刘秀登基称帝建立东汉。东汉和西汉，虽都以汉为国号，却也差异明显。有很多秦汉史学者称，东、西两汉的差别无异于异姓王朝。不过，刘秀在登基称帝之初，极力宣扬自己是西汉的合法继承者，处处彰显其“汉官威仪”。为此，东汉恢复了西汉末年十四家今文经学博士，古文经学再度处于在野的地位。

建武五年（29 年），东汉政权已站稳脚跟，文化事业开始纳入刘秀的视野。当年 10 月，在开阳门外正式兴建太学，距皇宫仅 8 里之遥。太学恢复后，光武帝非常重视，曾多次亲临太学，指导教学工作，考核师生学业，观看学生的典礼活动，赏赐太学师生。建武五年太学刚刚建立，出征归来的光武帝来到太学，“赐博士弟子各有差”①。有一次，光武帝到太学亲自主持学术辩论，博士桓荣以其突出表现受到刘秀赏识，刘秀特地下诏褒奖并予赏赐。接着光武帝观看了太学生的音乐表演，很晚才回宫。光武帝非常重视太学

① 范晔：《后汉书・光武帝纪》，中华书局 1965 年版，第 40 页。

博士的选拔。建武七年(31 年)太仆朱浮建议:“博士之官,为天下宗师,使孔圣之言传而不绝。”[①]博士官应在尽可能广阔的范围内选取优秀人才。光武帝采纳了他的建议。光武帝虽因维护朝廷正统性而恢复了西汉末年十四家今文博士,但他还试图进一步扩展太学传授内容,一度设《左传》学博士,虽因反对太过强烈而作罢,但此举有力地支持了《左传》学的发展。光武帝在位期间,太学博士多硕学鸿儒,在东汉学术史上占有一席之地。

平时,光武帝经常和群臣讨论儒家经典。《后汉书》记载:“数引公卿、郎、将讲论经理,夜分乃寐。”[②]有一次朝会上群臣就位后,郎中戴凭却站着,光武帝问他为什么不就位。戴凭说:“博士说经皆不如臣,而坐居臣上,是以不得就席。”[③]光武帝立即下令让他与群儒辩论。光武帝对戴凭非常欣赏,有一次过年大朝会,光武帝下令群臣辩论儒家经典,失败者要被别人夺去坐席。戴凭最后竟夺得 50 多个坐席。光武帝比较关心太学博士的生活。《东观汉记》记载,建武年间过腊节时都会赏赐每位博士一只羊。有一年,皇帝赏赐太学博士的羊被送到后,大家发现羊肥瘦不均,有人提议干脆杀羊分肉,还准备用秤来称。《春秋》学者甄宇深以为耻,直接牵走最瘦的一只。后来在朝会上,光武帝还问“‘瘦羊博士’所在”[④]。于是甄宇就被人们称为“瘦羊博士”。

不仅光武帝高度重视太学,之后汉明帝、汉章帝也都非常重视太学,东汉太学达到古代教育史上空前的顶峰。皇帝的视察虽未必能解决实际问题,但至少表明皇帝重视文教的态度。《后汉书》记载汉明帝“游意经艺,每飨射礼毕,正坐自讲,诸儒并听,四方欣欣”[⑤]。“诸儒执经问难于前,冠带缙绅之人圜桥而观听者盖亿万计。”范晔《后汉书》赞道:“济济焉,洋洋焉,盛于永平矣!”[⑥]汉明帝亲临太学授课,听众多达万人。甚至匈奴族都派遣子弟来洛阳学习。

---

① 范晔:《后汉书·朱浮传》,中华书局 1965 年版,第 1144 页。
② 范晔:《后汉书·光武帝纪》,中华书局 1965 年版,第 85 页。
③ 范晔:《后汉书·儒林列传》,中华书局 1965 年版,第 2453 页。
④ 范晔:《后汉书·儒林列传》,中华书局 1965 年版,第 2580 页。
⑤ 范晔:《后汉书·樊准列传》,中华书局 1965 年版,第 1125 页。
⑥ 范晔:《后汉书·儒林列传》,中华书局 1965 年版,第 2546 页。

汉安帝即位后，太学相对衰落，“今学者盖少，远方尤甚。博士倚席不讲，儒者竞论浮丽”[①]，但很快就有所恢复。甚至太后临朝时太学的发展也没有太大停滞。汉顺帝死后梁太后执政，诏令自大将军以下至六百石官员皆遣子弟受业，并规定每年以春三月、秋九月举行两次乡射大礼，以太学生充当礼生，盛况空前。自此游子日盛，学生人数猛增至3万多。

东汉朝廷非常关心太学学业的设置。光武帝曾立《左传》于学官。汉明帝下令对太学“章句”进行删减，使之更适于教学。汉章帝建初四年(79年)下令召集白虎观会议整理太学章句。太学博士讲席虽都被今文经学派占据，但事实上太学教授的内容早已突破今文经学的藩篱。《古文尚书》《毛诗》《春秋穀梁传》《春秋左氏传》等古文经虽未设博士，但都能在太学自由传授，学古文经通过考试照样可以做官。汉灵帝时为方便太学生学习和防止作弊，朝廷还在太学门外立了“熹平石经”。

东汉朝廷大体能够给予太学较好的教学条件，朝廷多次修缮太学房舍。如汉顺帝继位后采纳翟酺建议，修缮太学开拓房舍，共修建240房、1850室，其讲堂长10丈、广2丈(一说3丈)。考古发掘也证实了东汉太学规模之巨。作为太学教师的博士官待遇优厚，皇帝经常给予博士官以额外赏赐。汉代太学不但不收学费，朝廷还会给太学生一些优待和赏赐。如元和二年(85年)汉章帝下令：“赐博士员弟子见在太学者布，人三匹。”[②]永元十二年(100年)汉和帝下令：“赐博士员弟子在太学者布，人三匹。”[③]

在中国古代教育史上占据着重要地位的东汉太学，因董卓之乱而被毁，直到曹魏建立后才又重新在洛阳恢复了太学。

三、东汉太学生的游学——以王充为例

洛阳太学建立后，吸引了四方学者来洛阳学习。著名学者王充即可视为游学洛阳的典型例证。

王充(约27—约97年)，字仲任，会稽上虞(今浙江上虞市)人。王充出

① 范晔：《后汉书·樊准列传》，中华书局1965年版，第1126页。

② 范晔：《后汉书·章帝纪》，中华书局1965年版，第152页。

③ 范晔：《后汉书·和帝纪》，中华书局1965年版，第187页。

身于破落贵族家庭，家境贫寒。王充聪颖好学，受到乡里瞩目。大约在建武二十年(44年)，王充被地方州郡推荐到洛阳太学学习。家境贫寒的王充买不起书，就经常去洛阳集市上的书店读书。对于好学不倦的王充而言，太学里的章句之学不能满足他的求知欲，“好博览而不守章句”①。

当时洛阳城学者云集。王充除在太学学习，还利用各种机会向其他学者学习。王充非常推崇桓谭和班彪，受他们的影响也最深。在班彪家王充见到了少年班固。李贤注引《谢承书》：“固年十三，王充见之，拊其背谓彪曰：‘此儿必记汉事！’”②王充在《论衡》中多次赞扬班彪。王充尤其推崇桓谭，他说人世间著书立说者虽多，但多是不辨是非的俗儒。只有桓君山的作品堪称实在之作，他的文章都能在实践中得到验证。他甚至认为桓谭水平在董仲舒之上：“仲舒之文可及，君山之论难追。”③即便与司马迁、扬雄等人相比，也是“君山为甲”④。由此可知，王充在洛阳与桓谭应有过密切交往。贾逵、傅毅、杨终等学者，王充也有所交往，他称赞道：“兰台之史，班固、贾逵、傅毅、杨终，名香文美。”⑤广泛的交游涉猎，开阔了王充的眼界，为其学术发展奠定了根基。

王充在洛阳游学长达14年。汉明帝即位之初，曾亲自到灵台、辟雍举行了告朔礼和养老礼。王充非常幸运地赶上了这一旷世盛典。他满怀激动之情写了《大儒论》歌颂其事。后来，王充在《论衡》中称赞汉代肯定比一些儒生鼓吹的“三代”要强盛。王充这一观点的产生，与他在洛阳的见闻是分不开的。

王充在洛阳的学习范围十分广泛，还曾进行过天文观测。他还向从东汉边陲日南郡(今越南中部)回到洛阳的人询问在那里观测日影和洛阳的不同。

在洛阳的游学经历，开阔了王充的视野，促进了王充思想体系的成熟，

---

① 范晔：《后汉书・王充列传》，中华书局1965年版，第1629页。
② 范晔：《后汉书・班固列传》，中华书局1965年版，第1330页。
③ 王充著，黄晖校释：《论衡校释・案书》，中华书局1990年版，第1172页。
④ 王充：《论衡・超奇》，《诸子集成》(第七册)，中华书局1954年版，第136页。
⑤ 王充：《论衡・别通》，《诸子集成》(第七册)，中华书局1954年版，第134页。

所以王充才会说："人之游也，必欲入都！"[①]

四、熹平石经

太学里所传典籍在流传过程中形成多个版本。不仅有今古文之别，甚至同一学派各分支之间也有分歧。太学对太学生的考核以皇家所藏兰台漆书为标准。为了能在考试中占优，甚至有人行贿以求修改兰台漆书。于是宦官李巡、五官中郎将堂溪典、光禄大夫杨赐、谏议大夫马日磾、议郎张驯、韩说、太史令单飏等人向汉灵帝提议，正式刊布五经标准文本刻石立碑。熹平四年（175 年），"诏诸儒正五经文字，刻石立于太学门外"[②]。这就是著名的熹平石经。[③]

《后汉书・儒林列传》章怀太子李贤注中引谢承《后汉书》云："碑立太学门外，以瓦屋覆之，四面栏障，开门于南，河南郡设吏卒视之。"其遗址在今河南洛阳佃庄镇太学村附近。李贤还介绍："石经文都似碑，高一丈许，广四尺，骈罗相接。"[④]《隋书・经籍志》记载，熹平石经所刻典籍是《周易》《尚书》《诗经》《仪礼》《春秋》《春秋公羊传》《论语》。熹平石经共 46 块。杨龙骧《洛阳记》记载的排列顺序是：西边所立《尚书》《周易》和《春秋公羊传》，28 块；南边《礼记》，15 块；东边《论语》，3 块。杨龙骧《洛阳记》并未说明《诗经》在哪里。按六经的顺序，似乎应在西边。杨龙骧还提到在《礼记》的碑上有谏议大夫马日磾和议郎蔡邕的姓名。[⑤]《隋书・经籍志》还记载，熹平石经中所刻《诗经》为今文经学《鲁诗》。《后汉书・儒林列传》记载，在校订经典文本过程中，充分参考了古文、篆书和隶书的文本[⑥]，并非单独依照某一派所

---

① 王充：《论衡・别通》，《诸子集成》（第七册），中华书局 1954 年版，第 131 页。

② 范晔：《后汉书・桓帝纪》，中华书局 1965 年版，第 336 页。

③ 马衡《汉石经集存》认为熹平石经的完成时间应该是汉灵帝光和六年（183 年）。

④ 范晔：《后汉书・儒林列传》，中华书局 1965 年版，第 2548 页。

⑤ 在汉代《礼记》被视为传，尚未上升为经，熹平石经所刻应为《仪礼》。

⑥ 马衡《汉石经集存》引用北魏郦道元之说，认为范晔《后汉书》记录有误，正始石经才是"三体石经"，"熹平石经"是一体石经。出土文物已证实"熹平石经"的确是一体石经。但细揣《后汉书・儒林列传》文意，范晔只是说在刻碑过程中"三体书法以相参检"，并非说熹平石经用三种不同字体书写成。太学中所传授虽是今文经，但东汉末年今古文已呈现融合之势，熹平石经刊刻参考古文经典也在情理之中。

传文本,所以熹平石经成为历代学者珍视的权威文本。石经由著名书法家蔡邕亲自书写,具有极高艺术价值。① 石经落成后,“其观视及摹写者,车乘日千馀两,填塞街陌”②。

熹平石经在历史上影响深远。首先,这是中国历史上第一次对经典文本进行大规模整理并正式刊布。古籍经典的形成经历了漫长的历史过程,出现很多文字歧异。这次整理后,传世经典的文本大体定型。唐初朝廷又一次大规模整理经典文本,将隶书转写成楷书。唐初的整理,即是在熹平石经的基础上进行的。其次,熹平石经第一次将经典刻石,开启了后世刊刻石经的传统。熹平石经取得很好的社会效果,后世君王出于统一意识形态、装点盛世门面的考虑,都会将经典刻石立碑,并且都刻意效法熹平石经。西安碑林所藏即唐开成年间所刻开成石经。再次,熹平石经的刊刻,对印刷术的发明也颇有启发。熹平石经刊刻后,人们纷纷传抄,而在纸张普及后出现了捶拓石经之风。捶拓石经可视为印刷术的雏形。

诞生于东汉末年的熹平石经命运多舛,石经刊刻完成不久即在董卓之乱中受损。曹魏在刊刻三体石经时,也对熹平石经有所修复。出土石经上部分修补的痕迹清晰可见。西晋末年永嘉之乱后,洛阳陷入长期战乱,石经再次遭难。尤其是北魏时期,冯熙和常伯夫担任洛州刺史时,石经遭受空前破坏。杨龙骧《洛阳记》记载,被毁石经超过半数。534 年北魏分裂后,熹平石经被迁到东魏首都邺城(今河北临漳县),搬迁过程中部分沉没于黄河。后来隋朝又将熹平石经搬回洛阳,最终部分石经被迁到长安。迁到长安的石经后来被当成建筑构件用于建房。就这样,盛极一时的熹平石经消失在历史长河之中!

后世,洛阳及长安不断有熹平石经残石出土。宋代欧阳修《集古录》、洪适《隶释》等金石学著作中都有著录。清代经学研究繁盛背景下,熹平石经也受到重视。先后有顾炎武《石经考》、万斯同《石经考》和张国淦《历代石经考》等著作对熹平石经进行研究。近代以来,随着熹平石经残石不断被发

---

① 出土石经上也有别人的名字,证明书丹者可能不是蔡邕一人,但是主要的执笔者是蔡邕则是无疑的。

② 范晔:《后汉书》卷六十《蔡邕列传》,中华书局 1965 年版,第 1990 页。

现，熹平石经研究更成为学界热点之一，高水平成果不断涌现。其中马衡先生《汉石经集存》是熹平石经研究的集大成之作。马衡穷30余年，多方搜求传世拓片和出土残石，一共收集8000多字。马衡还对熹平石经残石进行了细致考订，使今人能大体了解熹平石经的概貌。《汉石经集存》还第一次将熹平石经拓片刊印出版。

五、作为太学教师的五经博士

汉代太学隶属九卿之一的太常，太常主要负责有关礼制、教育等文化方面的事务。西汉太学实际负责人是博士仆射，东汉改称祭酒，其级别为六百石。

太学教师是五经博士。博士官的设置最早可追溯至战国的养士之风。秦朝统一后，所设博士官一度有70多人，主要承担皇帝的顾问工作。汉承秦制，西汉也设立顾问性质的博士。汉武帝建元五年（前136年）设立五经博士，此后博士官逐渐成为儒家的专利。元朔五年（前124年）汉武帝采纳公孙弘的建议，为博士设弟子员，博士官发挥了太学教师的职能。汉武帝时五经博士只有7人，后来不断增加，汉宣帝黄龙元年（前49年）增至12人，西汉末年博士官增至14人，即前述十四家今文经学博士。作为朝廷正式官员，博士官的级别从最初的四百石提高到比六百石。西汉博士官虽级别不高，但地位非常重要，有很好的政治前程。不少人从博士官起步，位至卿相。[①]

东汉初博士官依然承担着顾问官和教育官的双重职责，并有权对朝廷各种事务发表意见，皇帝也经常就某一问题主动咨询博士官的意见。永元七年（95年）夏四月发生日食，汉和帝下令博士官在内的大臣以书面形式对朝政发表意见。但东汉中期以后，博士官的顾问职责被逐渐淡化，议政越来越少，其文化职能则不断强化。他们在教学之外，还承担起校对皇家藏书等职责。永初四年（110年）邓太后下令："谒者刘珍及五经博士，校定东观五经、诸子、传记、百家艺术，整齐脱误，是正文字。"[②]朝廷礼制建设更离不开博士官，无论宗庙制度，还是祭天礼仪、制订历法，都有博士官的积极参与。太

---

① 吴涛：《西汉博士杂考》，《洛阳师范学院学报》2014年第3期。

② 范晔：《后汉书·安帝纪》，中华书局1965年版，第215页。

学博士除在太学授课外还可在业余时间自由授课。许多学者门下弟子数千,《尚书》学者牟长甚至弟子著录过万。

东汉朝廷十分重视太学博士的选拔,制订有明确的标准和选拔程序,且有年满五十的限制。东汉政府规定太常每选任博士都要经过测试,强调"德行高妙,志节清白,经明行修"的选任标准,最后由皇帝审定。选任博士要有官员保举,其举状要写明被举人的品行、礼法、学识、身体状况及家族行为是否合乎礼度等。《汉官仪》中博士官保举状说:"'生事爱敬,丧没如礼。通《易》、《尚书》、《孝经》、《论语》,兼综载籍,穷微阐奥。隐居乐道,不求闻达。身无金痍痼疾,卅六属不与妖恶交通、王侯赏赐。行应四科,经任博士。'下言某官某甲保举。"[①]汉和帝时朝廷采纳司空徐防的建议:"臣以为,博士及甲乙策试,宜从其家章句开五十难以试之。解释多者为上第,引文明者为高说。若不依先师,义有相伐,皆正以为非。五经各取上第六人。《论语》不宜射策。虽所失或久,差可矫革。"[②]博士在任职前必须接受考试。

博士官级别虽不高,但却享有较高礼遇。重大朝会中他们处于很显赫的位置,甚至宗室及公主子孙都要在博士之后。他们也可以和二千石高官一样佩戴两梁进贤冠。蔡邕曾说:"博士秩卑,以其传先王之训,故尊而异之,令服大夫之冕。"[③]博士也会有较好的政治前程,其中鲁恭、伏恭官至三公,洼丹、高诩、郭宪、丁恭、桓荣、周泽、魏应、爰延等官至九卿,官至二千石者不胜枚举。

政府始终没有放松对博士在太学教学的控制。《公羊》学者张玄的教学风格是尽可能把各种异说都讲给学生,让学生自己选择,"及有难者,辄为张数家之说,令择从所安。诸儒皆伏其多通"。这种教学方法,开阔了学生的学术视野,有利于学术的发展。但当张玄把其教学风格带到太学,却遭到学生举报。"诸生上言:玄兼说严氏、宣氏,不宜专为颜氏博士。光武且令还署,未及迁而卒"[④]。光武帝在接到学生举报后,立即将张玄免职,张玄也很

---

① 范晔:《后汉书·朱浮列传》,中华书局1965年版,第1145页。

② 范晔:《后汉书·徐防列传》,中华书局1965年版,第1501页。

③ 范晔:《后汉书·舆服志下》,中华书局1965年版,第3667页。

④ 范晔:《后汉书·儒林列传》,中华书局1965年版,第2581页。根据《汉书》,这里的"宣氏"当为"冥氏"之误。

快病死。

六、今古文纷争的继续

东汉王朝建立后，今古文经学之争还在继续。建武四年(28 年)尚书令韩歆提议设立《左传》博士，遭到今文经学博士范升的激烈反对。双方往返辩论多次，最终光武帝下令设《左传》博士。但反对之声从未消失，新任命的《左传》博士李封不久病故，朝廷也没有再任命新的《左传》博士。《左传》博士立而复废。朝廷虽不再设立古文经学博士，但对古文经学的扶持并未停止，杜林、郑众等古文经学家也都受到重用。

汉章帝时古文经学家贾逵再度发难，他说："《左氏》义深于君父，《公羊》多任于权变。"他还引用谶纬结合《左传》，以论证汉家皇帝血统的神圣性。汉章帝非常满意，"帝嘉之，赐布五百疋，衣一袭，令逵自选《公羊》严、颜诸生高才者二十人，教以《左氏》，与简、纸、经、传各一通"①。汉章帝毫不掩饰对古文经学的扶持态度。

东汉后期《公羊传》与《左传》的第三次交锋在著名学者何休和郑玄之间展开。何休首先发难，他为攻击古文经典而写了《公羊墨守》《左氏膏肓》《穀梁废疾》，意谓《公羊》家像墨家守城一样不可战胜，《左传》病入膏肓，《穀梁》已经残废。郑玄针锋相对地写了《发墨守》《针膏肓》《起废疾》。显然击中何休的痛处，何休惊呼："康成！入吾室，操吾矛，以伐我乎？"②这些书都已失传，前人虽有辑佚，今人也仅能了解其大概而已。在何休并未来得及对郑玄的反驳做出进一步回应就病死后，出现了"古学遂明"的局面。③

七、白虎观会议和《白虎通义》

汉武帝罢黜百家后，儒家被立于一尊，成为意识形态的核心，朝廷一定要掌握意识形态解释权。早在西汉宣帝时，为统一经典的解释，控制意识形态，朝廷召开石渠阁会议讨论经学。石渠阁会议上汉宣帝是最高权威，掌握

---

① 范晔:《后汉书》卷三十六《郑范陈贾张列传》，中华书局 1965 年版，第 1239 页。

② 范晔:《后汉书》卷三十五《张曹郑列传》，中华书局 1965 年版，第 1208 页。

③ 吴涛:《东汉〈春秋〉学发展史上的三次纷争》，《洛阳师范学院学报》2014 年第 12 期。

着最终裁决权。东汉建立后,朝廷依然十分重视控制意识形态。正是在这一历史背景下,汉章帝召开了白虎观会议。会后形成的共识体现了汉章帝的意志,由班固整理成书,这就是《白虎通义》。

(一)白虎观会议的召开

建初四年(79年),《春秋》学者杨终建议:"宣帝博征群内儒,论定五经于石渠阁。方今天下少事,学者得成其业,而章句之徒,破坏大体,宜如石渠故事,永为后世则。"①于是汉章帝下诏在白虎观召开会议,讨论经义异同。

会议召开的直接原因是为解决章句的烦琐。今文经学自西汉被立于学官后,逐渐朝着烦琐的方向发展,甚至解说"曰若稽古"四个字就用两万余言,显然不利于统治者利用经学维护其统治。东汉建立后,朝廷多次下诏简省章句。白虎观会议的召开,即删减章句的继续。不过,会议的成果并不止于简省章句。

会议的具体经过是这样的:"于是下太常,将大夫、博士、议郎、郎官及诸生诸儒会白虎观,讲议五经同异,使五官中郎将魏应承制问,侍中淳于恭奏,帝亲称制临决,如孝宣甘露石渠故事,作《白虎议奏》。"②可见与会人员范围广泛,数量想必也不会太少。据《后汉书》记载,参加白虎观会议的有贾逵、丁鸿、杨终、班固、李育、楼望、成封、桓郁等数十人,有今文经学家,亦有古文经学家。史书并未记录白虎观会议的细节,从最终成果看,会议应当进行了相当长时间。其间辩论也很激烈,如《公羊》学家李育和《左传》学者贾逵的辩论:"育以《公羊》义难贾逵,往返皆有理证,最为通儒。"③

(二)《白虎通义》

白虎观会议贯彻了汉章帝的意志,会议成果编成《白虎议奏》一书。关于此书前人多有争议。有人认为它早已亡佚,有人认为《白虎议奏》即今传《白虎通义》。不管《白虎议奏》是否就是《白虎通义》,可以肯定的是,今传《白虎通义》是一部体现汉章帝意志的钦定经学总论。《白虎奏议》大概是白虎观会议的原始记录,而《白虎通义》则是在原始记录的基础上整理出的

---

① 范晔:《后汉书·杨终传》,中华书局1965年版,第1599页。
② 范晔:《后汉书·章帝纪》,中华书局1965年版,第138页。
③ 范晔:《后汉书·儒林列传》,中华书局1965年版,第2582页。

定本。

《后汉书》等著作并未说明《白虎通义》的执笔者是谁,《新唐书·艺文志》把《白虎通义》的著作权归在班固名下。班固具备完成《白虎通义》的才学,也曾参与白虎观会议,并且负责撰述《白虎通德论》一书。后世认为,《白虎通德论》即《白虎通义》。

《白虎通义》是集两汉今文经学大成之作,记述了白虎观会议关于经学的议论,涉及政治、经济、文化、宗教以及社会生活等诸多方面。全书采用条目体,共汇集 43 条名词解释。其中有些条目汇集了不同的学术观点,甚至还罗列了相反的观点,如"王者不臣"条、"王霸"条等。《白虎通义》熔神学、经学为一炉,在董仲舒改造儒学的基础上,进一步附加谶纬迷信成分,把儒学改造为神学,把孔子改造为学者与教主的双重身份,把儒家著作改造为"圣经"。《白虎通义》对研究汉代思想史、学术史具有重要学术价值,对后世也有较大影响。

(三)"三纲""六纪"

《白虎通义》大部分在复述董仲舒学说的基本观点,并有所发挥,构建了"三纲法天地人,六纪法六合"的伦理体系。

"三纲"即:君为臣纲,父为子纲,夫为妻纲。"六纪"即:诸父有善,诸舅有义,族人有序,昆弟有亲,师长有尊,朋友有旧。"六纪"主要是指亲友关系,影响有限。对后世影响深远的主要是"三纲"。董仲舒虽已形成"三纲"的思想观念,但尚未有明确表述,而《白虎通义》首次清晰地表达了"三纲"的观念。

在先秦儒家,君臣关系、父子关系、夫妻关系,都是相对的。如孔子曾说:"君使臣以礼,臣事君以忠。"[①]《礼记·礼运》也宣称:"何谓人义?父慈,子孝,兄良,弟悌,夫义,妇听,长惠,幼顺,君仁,臣忠。"[②]孟子也说:"父子有亲,君臣有义,夫妇有别。"[③]形成于战国的君主专制独裁制度,成为秦汉以后 2000 年的基本政治制度。于是,君臣、父子、夫妻关系就从相对变成了绝对!

---

① 《论语·八佾》,阮元校刻《十三经注疏》,中华书局 1980 年版,第 2468 页。
② 《礼记·礼运》,阮元校刻《十三经注疏》,中华书局 1980 年版,第 1422 页。
③ 《孟子·滕文公上》,阮元校刻《十三经注疏》,中华书局 1980 年版,第 2705 页。

秦汉以后，臣之于君，子之于父，妻之于夫，只能绝对服从和顺从。即便君、父、夫有错，也只能柔声劝谏。“三纲”观念的形成，是君主专制制度的反映。“三纲”观念反过来又进一步强化了专制集权制度。

八、太学的清议之风与党锢之祸

早在先秦，士人阶层就有强烈的参政意愿。士人不仅是知识的传播者，也是道义的承载者。汉代士人参政议政之风并未明显衰减。政府虽不断加强中央集权，试图控制意识形态，控制舆论，但士人与专制政府间的矛盾始终存在。东汉建立后，政府从奖励名节、控制太学授课内容等多方面钳制思想和舆论，在一定程度上收到了预期效果，效忠朝廷的观念深入人心。然而，东汉后期外戚与宦官的交替专权，严重威胁到国家利益。出于对朝廷的忠，士人与外戚、宦官等权贵之间展开了激烈斗争。士人的主体是太学的青年学子。最初的斗争形式是借助舆论的力量，品评公卿，从而在太学形成一股清议之风。

太学生通过学习经学，获取了道义的力量，占据了道德制高点，对公卿的道德品评，获得社会高度认可。东汉，经学的广泛普及使儒家倡导的伦理观念获得空前社会认同，舆论显示出巨大的力量。范晔《后汉书·党锢列传》小序中说：“逮桓、灵之间，主荒政谬，国命委于阉寺，士子羞与为伍。故匹夫抗愤，处士横议，遂乃激扬名声，互相题拂，品核公卿，裁量执政。”[①]郭泰、贾彪等太学领袖，与李膺、陈蕃等正直的士大夫，在一定程度上掌握了舆论导向，给黑暗的东汉政治带来些许光明。

东汉太学生也多次参与到具体政治斗争中。永兴元年（153年），冀州刺史朱穆因打击横行州郡的权贵和宦官，被汉桓帝罚做刑徒。太学生刘陶等数千人上书朝廷替朱穆伸冤，汉桓帝被迫赦免朱穆。延熹五年（162年），议郎皇甫规论功应当封侯，却因拒绝中常侍徐璜、左悺等的索贿被罚做苦役。正直官员和太学生张凤等300余人前往营救，皇甫规也被赦免。但掌握朝政的宦官与外戚势力，并不甘于就此俯首，而是进行了激烈反扑，终于酿成党

---

① 范晔：《后汉书·党锢列传》，中华书局1965年版，第2185页。

锢之祸。

党锢之祸有两次。延熙九年(166 年)河内人张成以占卜结识宦官,他听说国家将要大赦却谎称自己推算将有大赦,于是让儿子故意杀人。河南尹李膺抓获凶手后不久,大赦令就颁布了。李膺非常愤怒,不顾赦令,依然将凶手处以死刑。宦官集团以此为借口,唆使张成门徒控告李膺等人收买太学生,串连郡国学生,结成死党,诽谤朝廷,扰乱风俗。早已被宦官集团控制的汉桓帝大怒,下诏逮捕“党人”,200 余人受到牵连。汉桓帝将他们全部罢免,禁锢终身,永不叙用。这就是第一次党锢之祸。但党锢根本吓不倒正义的士人,被罚的士人受到世人的高度景仰,“天下士大夫皆高尚其道,而污秽朝廷”[①]。

汉桓帝去世后,皇后窦氏及其父亲大将军窦武妄图专权而拥立年少的汉灵帝。汉灵帝的昏聩程度相对于汉桓帝有过之而无不及,他对宦官给予了绝对信任。宦官势力存在,成为窦氏外戚专权的最大障碍,所以窦氏外戚与士人站在一起积极反对宦官专权。汝南平舆人陈蕃自幼就有“扫除天下”之志,进入仕途后,无论在地方州郡任职,还是在京城为官,对各种黑恶势力决不姑息,他的正直赢得世人的尊敬。汉桓帝去世后,陈蕃升任太傅,与掌握实权的窦武一起辅政。陈蕃多次劝窦武趁大权在握之机,彻底铲除宦官以除后患。关键时刻窦太后却犹疑不决,走漏了风声,宦官集团先下手为强发动政变。窦武兵败自杀,陈蕃遇害。接着宦官集团展开了血腥屠杀,窦武及其主要部属都被诛灭。李膺等人也被免官禁锢。建宁二年(169 年),山阳郡都邮张俭检举宦官侯览,侯览便指使人控告张俭与同乡 24 人结党危害社稷,汉灵帝立即下令逮捕张俭等人。紧接着宦官势力展开大规模株连,李膺、杜密、范滂等百余人都死于狱中,六七百人受到牵连。

逮捕范滂的诏书下达后,范滂主动投案,县令郭揖表示愿意弃官不做与范滂一起逃亡。范滂说:“滂死,则祸塞。何敢以罪累君,又令老母流离乎?”在与母亲诀别时,范滂说:“仲博孝敬,足以供养。滂从龙舒君归黄泉,存亡各得其所。惟大人割不可忍之恩,勿增感戚。”他母亲说:“汝今得与李杜齐

---

① 范晔:《后汉书·党锢列传》,中华书局 1965 年版,第 2195 页。

名,死亦何恨?既有令名,复求寿考,可兼得乎?”后来范晔在《后汉书》中不禁发出“壮矣哉”的感慨![1] 党锢之祸中,可歌可泣的感人事迹比比皆是。党人对黑恶势力的抗争,在中国史上书写了辉煌的一页。他们的抗争精神成为宝贵的精神财富,激励一代代仁人志士为伸张正义而前赴后继。

党锢之祸并未就此停止,后来还不断扩大打击面。中平元年(184年)二月,黄巾起义爆发后,正直宦官吕强对汉灵帝说:“党锢久积,人情多怨,若久不赦宥,轻与张角合谋,为变滋大,悔之无救!”[2]汉灵帝被吕强的话吓着了,下令大赦天下。不过这次大赦并不彻底,只免除了与党人亲属关系在小功以外者的禁锢。直到汉献帝即位后,派人祭祀窦武和陈蕃,才算彻底为党人平反。不过此时的东汉王朝也已日薄西山。

专制时代结党从来都是要被严厉打击的重罪。古代专制体制下,绝不能形成皇帝之外任何其他权威。专制帝王最害怕臣民组织起来,臣民最好都是一盘散沙。当时太学生和士人引领舆论,威胁到专制皇权,统治集团绝对不能容忍。宦官和外戚都是依附于皇权的毒瘤,他们获得了皇权的绝对信任,汉灵帝甚至说:“张常侍是我公,赵常侍是我母。”[3]皇帝纵容他们牵制士人,保证自己绝对专权。皇权不受威胁才是皇帝最关心的。宦官、外戚何以多是元恶大憝呢?有人认为宦官出身卑贱以及身体遭受摧残,导致心理变态而报复社会。虽有这层因素,但也不尽然,宦官中也有多次劝谏汉灵帝的中常侍吕强。宦官外戚的残暴荒淫,是由专制权力的邪恶本质决定的,他们只是在代表皇帝作恶,罪恶的根源就是皇帝。

九、东汉太学的历史贡献

东汉太学在中国教育史上书写了空前的辉煌,在中国古代思想史、教育史、政治史、社会生活史等诸多领域内,都影响深远。

无论今文经学还是古文经学,纷争并不在儒家倡导的伦理道德上。东汉是儒家思想真正确立其独尊地位的200年。而这一地位的取得,与太学关

---

① 范晔:《后汉书·党锢列传》,中华书局1965年版,第2207页。
② 范晔:《后汉书·党锢列传》,中华书局1965年版,第2189页。
③ 范晔:《后汉书·宦者列传》,中华书局1965年版,第2536页。

系密切。

与东汉王朝相始终的今古文之争，推动了学术的发展。东汉经学成就的取得，很大程度上得益于太学。很多经学家曾授业太学，太学也培养出郑玄这样兼通今古文的大师。东汉太学大师云集，在中国文化史上留下了浓墨重彩的一笔。

东汉太学，在中国教育史上占据着重要地位。儒生关于上古国家教育的描绘，有太多虚构。国家真正开始重视教育，就在东汉。太学的教学、考核、管理等，都给后世官办学校以很大借鉴。直到近代教育兴起以前，后世官学始终未超越东汉太学的框架。而且，今人也可从东汉太学的兴衰中借鉴到很多历史智慧。

东汉政治史上，太学的作用也不可忽视。东汉后期太学生对各种黑暗势力的抗争，成为东汉政治史上的闪光点。太学在东汉官吏选拔中发挥了重要作用。从汉代开始，读儒家经典，通过政府的考试，就能入仕。后世科举制度，始终与学校教育制度密切相关，而这一切都始于汉代。太学为东汉政府培养了大量人才。太学的存在，使社会各阶层间有足够的流动性，使下层民众有上升的空间和可能，政府也能吸纳各阶层的优秀分子，有利于维护政权的稳定和国家的长治久安。

同时，东汉太学对社会生活方面也产生了深远影响。来自天下各地的太学生仅有少数能进入仕途，多数人返乡后以教书为生，极大地促进了河洛地区先进文化在全国范围内的普及，改变了其他地区落后的文化面貌。太学也对地方政府办学发挥了巨大的引领作用。太学的存在，还极大地改善了东汉社会风气，顾炎武曾感慨“三代以下风俗之美，无尚于东京者”[①]。以太学为媒介，儒家伦理得到普及，进而对东汉社会结构产生影响。随着孝道伦理的提倡，一些大家族逐渐出现。世家豪强形成很强的宗族势力，而孝道观念是维护宗族团结的重要纽带。

---

① 顾炎武著，黄汝成集释：《日知录集释》，上海古籍出版社 2006 年版，第 752 页。

第三节　理学与伊洛渊源

理学是儒学的重要发展阶段，而理学的发展也离不开河洛文化的滋养。

一、魏晋南北朝儒学的衰微

东汉末年董卓之乱后，兴盛一时的经学逐渐衰落。魏晋太学，不过是东汉太学的尾声。西晋末年永嘉之乱，洛阳再次成为狐兔纵横之所。孝文帝迁都前的百余年，洛阳城都处于“名都”空而不居的状态之中。北魏后期，洛阳城经历了三四十年的回光返照，这时的洛阳城发挥了民族融合核心的作用。

从十六国到南北朝，大量游牧民族进入中原后逐渐与中原民众融合，接受中原文化，成为中原民众的一员。鲜卑族从东北地区兴起，鲜卑慕容部最先进入中原，之后又有拓跋部、宇文部等。原先进入中原的鲜卑人，在接受中原农耕文明后，被后来的鲜卑人称为“汉人”，而他们自己也接受这一称呼。在民族融合过程中，不同族源的人民接受了共同的文化，形成了一个新文化体。融合过程中，他们相互影响，最终你中有我，我中有你，无法分割。

魏晋南北朝的民族融合过程中，不同族群的文化发挥的作用不完全对等。游牧民族对中原民众的影响，主要体现在物质文化层面。而中原民众对游牧民族的影响，主要体现在精神文化层面。民族融合中，儒学发挥了重要作用。不同地区的民众进入中原后，逐渐接受以儒学为代表的中原文化。韩愈曾说：“诸侯用夷礼则夷之，夷而进于中国则中国之。”[①]他们接受中原文化之后，最终成为中原民众的一员。

西晋末年，首先起兵的匈奴人刘渊、刘聪父子都曾在洛阳学习，结交士大夫。刘渊父子都有很深的儒学造诣，刘渊“幼好学，师事上党崔游，习《毛诗》、京氏《易》、马氏《尚书》，尤好《春秋左氏传》《孙吴兵法》，略皆诵之，

---

① 韩愈：《原道》，刘真伦、岳珍校注《韩愈文集汇校笺注》卷一，中华书局2010年版，第3页。

《史》《汉》诸子无不综览”①,其文化程度之高在汉人士大夫中也堪居上流。刘渊之子刘聪更是“年十四究通经史,兼综百家之言,《孙吴兵法》靡不诵之。工草隶,善属文,著述怀诗百余篇,赋颂五十余篇”②。

北魏统一北方后,南北对峙的政权都以“中国”自居。宋、齐、梁、陈宣称其法统来自东晋,当然是“中国”。而北魏和后来的北周、北齐,也以地处中原而自居“中国”。北朝称南朝为“岛夷”,南朝则称北朝为“索虏”。早在北魏建国之初,统治者就注重文化建设。北魏孝文帝即位后,更对中原文化充满向往。493 年北魏孝文帝迁都洛阳。迁都洛阳的北魏,强调只有自己才是“中国”。

北魏孝文帝以改革而闻名,他的改革可以分为两个阶段。平城时期,由其祖母冯太后主持的改革主要在政治和经济领域。迁都洛阳后,改革主要体现在文化领域。孝文帝迁都洛阳后恢复了洛阳太学,还有国子学、四门小学、皇亲之学等。地方学校制度也较汉代有明显进步。北朝私学也很发达,李延寿《北史》记载:“天下承平,学业大盛。故燕齐赵魏之间,横经著录不可胜数,大者千余,小者数百。”③北魏也出现了一些著名经学家。

孝文帝迁都洛阳后还对国家礼制进行改革。对古代王朝而言,礼制建设不仅可以增加其政权的文明色彩,而且也是政权合法性的体现。平城时期,北魏礼制带有明显的鲜卑色彩。而迁都洛阳后,孝文帝根据儒家经典对国家礼制进行全面改革。鲜卑传统是西郊祭天,迁都洛阳后祭天就改在南郊。据说万安山下的禹宿孤堆就是当年祭天的委粟山。

南北政治割据导致南北学风差异巨大。《世说新语》记载:“褚季野语孙安国云:‘北人学问,渊综广博。’孙答曰:‘南人学问,深通简要。’支道林闻之,曰:‘圣贤固所忘言,自中人以,还北人看书,如显处视月,南人学问,如牖中窥日。’”④李延寿则称:“南人约简,得其英华;北学深芜,穷其枝叶。”从总体看,北朝政局要比南朝动荡许多,学术环境不如南方。因而,北方学者的

---

① 房玄龄:《晋书·刘元海载记》,中华书局 1974 年版,第 2645 页。
② 房玄龄:《晋书·刘聪载记》,中华书局 1974 年版,第 2657 页。
③ 李延寿:《北史·儒林传》,中华书局 1974 年版,第 2704 页。
④ 刘义庆著,徐震堮校笺:《世说新语校笺·文学第四》,中华书局 1984 年版,第 117 页。

研究不如南方深入，北方学者对儒学的贡献重在传承，而非创新。经学领域内更是如此，“大抵南北所为章句，好尚互有不同。江左《周易》则王辅嗣，《尚书》则孔安国，《左传》则杜元凯。河洛《左传》则服子慎，《尚书》《周易》则郑康成，《诗》则并主于毛公，《礼》则同遵于郑氏”①。汉魏经学更多被北方学者继承，尤其是郑玄之学，在北方占据了主导地位。

北魏迁都洛阳后，统治阶层迅速腐化堕落。而且，迁都后北魏王朝统治重点也移到中原，北方留守贵族山高皇帝远，克扣边镇士兵军饷，最终导致大规模兵变，史称“六镇之变”。动乱平定后，朝政却落入权臣手中。534 年，魏孝武帝不堪高欢的逼迫，从洛阳逃往关中，不久被宇文泰杀害。之后，高欢和宇文泰各自拥立傀儡皇帝，北魏分裂为东魏和西魏。洛阳成为双方争夺的前沿，高欢为确保东魏政权的安全，将首都迁往邺城。高欢还下令拆毁洛阳城，将建筑材料运往邺城。汉魏洛阳城至此一蹶不振，稍见起色的儒学也中断了发展势头。动荡中很多学者死于非命，如北学代表性人物经学家徐遵明就被乱兵所杀。

总之，东晋南北朝是儒学发展的低落阶段。儒学发展直到唐代才有所转机。

二、韩愈对道统的提倡

589 年，分裂数百年后，天下再度统一。虽说隋朝末年曾短暂动荡，但唐朝很快恢复了局面。隋唐 300 余年的稳定为学术发展提供了不可或缺的外部条件。

隋朝统一后，为维护其统治，对儒学也有所扶持。“自正朔不一，将三百年，师说纷纭，无所取正。高祖膺期纂历，平一寰宇，顿天网以掩之，贲旌帛以礼之，设好爵以縻之。于是，四海九州强学待问之士，靡不毕集焉。天子乃整万乘，率百僚，遵问道之仪，观释奠之礼。博士罄悬河之辩，侍中竭重席之奥。考正亡逸，研核异同，积滞群疑，涣然冰释。于是，超擢奇隽，厚赏诸儒。京邑达于四方，皆启黉校。齐、鲁、赵、魏学者尤多，负笈追师，不远千

① 李延寿：《北史·儒林传》，中华书局 1974 年版，第 2709 页。

里。讲诵之声,道路不绝。中州儒雅之盛,自汉魏以来,一时而已"[1]。实际上,隋朝统治者更倾向于佛教。

值得一提的是,隋炀帝开创科举制,对后世儒学发展起到重要推动作用。隋朝统一后,为加强中央集权,将地方用人权收归中央。早在隋文帝时,朝廷经常以各种名目要求地方举荐人才,隋炀帝正式设立进士、明经、秀才等科来取士。隋代秀才科最重要,隋代中秀才者仅10余人。隋代科举刚刚创立,虽有诸多缺陷,但开创科举制度的影响十分深远,从此科举成为平民入仕的主渠道。开创科举,对儒学发展起到巨大推动作用。

隋炀帝还曾下令整理图书,"炀帝即位,秘阁之书,限写五十副本,分为三品,上品红瑠璃轴,中品绀瑠璃轴,下品漆轴。于东都观文殿东西厢构屋以贮之。东屋藏甲乙,西屋藏丙丁。又聚魏已来古迹名画,于殿后起二台,东曰妙楷台,藏古迹;西曰宝台,藏古画"[2]。这些藏书后来虽都已散佚,但在当年无疑对学术恢复和发展功不可没。

唐朝建立后,朝廷高度重视儒学对维护其统治的重要作用。唐太宗李世民进一步完善了科举制度,其中明经科要考《诗》《书》《礼》《易》《春秋》等典籍。唐太宗的治国理念,无论其民本思想,还是礼制建设,都是儒家政治思想的体现。唐太宗也认识到整理经义的必要性,他先是任命著名学者颜师古整理出五经定本,接着委派著名学者孔颖达主编《五经正义》。当时参与《五经正义》编撰的都是天下一流学者,至少从表面看,经历数百年分裂后,经学得以统一。但请注意,这是在国家政令强制下的统一。李斯曾对秦始皇说:"天下无异议则安宁之术也!"后代帝王无不渴望能够统一人心。越是在大一统政治格局下,帝王越渴望能够统一人心。以政治强制力做后盾,通过科举考试等手段,一定范围内确实能收到统一人心的效果。唐太宗李世民曾得意地说:"天下英雄入吾彀中矣!"

唐初统治者对儒学的整顿,表面取得了统一,其实这种僵化的学问,只是士人入仕的敲门砖而已。僵化的、经学化的儒学并不能餍足人心,于是佛教、道教、道家就乘虚而入。最高统治者出于种种目的,也对佛、道二教有所

---

① 魏徵:《隋书·儒林传》,中华书局1973年版,第1706页。

② 魏徵:《隋书·经籍志》,中华书局1973年版,第908页。

扶持,有时扶持力度超越了儒学。如武则天就曾捐出脂粉钱开凿卢舍那大佛,但她从未对儒家如此慷慨。唐玄宗还下令开设道科,以《道德经》等取士,虽说仅录取数人,但其象征性意义不可低估。李唐皇室甚至规定,道冠都是皇家同宗,归宗正管理。面对佛道咄咄逼人之势,一直有儒生站出来捍卫儒学,韩愈即其典型代表。

韩愈(768—824 年),字退之,河阳(今河南孟州)人。韩愈 14 岁到洛阳城求学,在洛阳度过了 7 年幸福时光,21 岁离开洛阳前往长安求取功名。

韩愈仕途始终不顺,中进士 10 年后始得入仕,但不久就因上书言事得罪权贵,被贬为广东阳山县令。唐宪宗即位,韩愈被赦回京,出任国子博士。为避祸,韩愈请求到东都任职。可他在洛阳却因得罪宦官而再次被降为河南县令。811 年韩愈回到长安,819 年唐宪宗为给自己增加功德而将佛指舍利迎入宫中。韩愈上书劝谏皇帝,他在《谏迎佛骨表》中称佛为夷狄,称舍利为"凶秽之余",主张"以此骨付之水火,永绝根本"。结果宪宗大怒,韩愈几乎因此送命,被贬为潮州刺史,"一封朝奏九重天,夕贬潮州路八千"。韩愈在潮州仅两年,并无建树。但潮州人民仍以能有韩愈做刺史而感到自豪,潮州人民把当地一条河改名为"韩江"以纪念韩愈。824 年,韩愈在长安去世。

韩愈的历史功绩主要在于思想史和文化史领域内。思想史上的韩愈对理学的诞生起到导夫先路的作用。韩愈思想中最重要的是道统思想。陈寅恪《论韩愈》中指出韩愈道统思想分别受到孟子和禅宗祖统说的启发。韩愈早年随长兄在岭南时,禅宗正在岭南快速传播,韩愈受其影响也在所难免。陈寅恪说:"然则退之道统之说表面上虽由孟子卒章之言所启发,实际上乃因禅宗教外别传之说所造成。"[①]韦政通进一步认为韩愈在 35 岁被贬阳山县令时受禅宗影响的可能性更大。韦政通还认为,古文运动先驱柳冕曾提出以尧、舜、周、孔为文学的正统,暗示了以道统为正的文学观。作为古文运动主力的韩愈受柳冕影响也在情理之中。

韩愈说:"曰:斯道也,何道也?曰:斯吾所谓道也,非向所谓老与佛之道也。尧以是传之舜,舜以是传之汤,汤以是传之文、武、周公,文、武、周公以

① 陈寅恪:《金明馆丛稿初编》,生活·读书·新知三联书店 2001 年版,第 321 页。

是传之孔子，孔子以是传之孟轲，轲之死不得其传焉。”[①]韩愈编织的道统即道的传授系统。通过道统的传承使自己所承担之道的合法性获得历史依据。“道”在中国古代是一个共名，各家学派都讲道。韩愈清晰地界定了儒家之道：“博爱之谓仁，行而宜之之谓义，由是而之焉之谓道，足乎已无待于外之谓德。仁与义为定名，道与德为虚位。……凡吾所谓道德云者，合仁与义言也。”[②]他特别强调儒家之道并非仅可用于个人修养，而且还能用于治国理民。韩愈特别推崇《大学》，陈寅恪说：“退之首先发见《小戴记》中《大学》一篇，阐明其说，抽象之心性与具体之政治社会组织可以融会无碍。”[③]对《大学》的标榜无疑为宋代理学的发展奠定了文献基础，朱熹充分肯定韩愈对《大学》的表彰：“《大学》之条目，圣贤经传，所以教人为学之次第，至为纤悉。然汉魏以来，诸儒之论，未闻有及之者。至于韩子，乃能援以为说，而见于《原道》之篇，则庶几其有闻矣。”[④]对《大学》的强调使道统获得了经学的支援。

韩愈道统说十分推崇孟子。孟子本就是韩愈道统思想的重要来源。韩愈道统说以孟子继承孔子。韩愈说：“故求观圣人之道，必自孟子始。”[⑤]韩愈高度评价孟子辟杨墨的斗争为自己的排佛老提供来自道统的支持。韩愈提出道统论的直接动机正是与佛道斗争以振兴儒学。他用道统说确立的中华正道与佛道两家的外道相对抗。韩愈道统论的提出可视为儒学复兴的重要转折。

韩愈道统论中，自孔子以前都是帝王，而孔子以后则是平民。从孔子起，王统与道统分离，大“道”就靠儒生传承。儒家本有重道不重王的传统，韩愈道统论实际是把道统置于王统之上，以道统限制王统。韩愈自己更是勇敢地以道统继承人自居，把当朝皇帝完全放在一边。因此，韩愈特别重视

---

① 韩愈：《原道》，刘真伦、岳珍校注《韩愈文集汇校笺注》卷一，中华书局 2010 年版，第 4 页。

② 韩愈：《原道》，刘真伦、岳珍校注《韩愈文集汇校笺注》卷一，中华书局 2010 年版，第 1 页。

③ 陈寅恪：《金明馆丛稿初编》，生活·读书·新知三联书店 2001 年版，第 322 页。

④ 朱熹著，黄坤点校：《四书或问》卷一，上海古籍出版社、安徽教育出版社 2001 年版，第 8 页。

⑤ 韩愈：《送王埙秀才序》，刘真伦、岳珍校注《韩愈文集汇校笺注》卷十，中华书局 2010 年版，第 1115 页。

师的作用，师是道统的具体载体，“师者，所以传道、授业、解惑者也”①。师者所传之道即儒家圣人之道。韩愈把教育提到传承道统的高度，发前人所未发。韩愈不仅以道统继承人自居，还主动寻找接班人，自觉承担起传道之责。在唐代，韩愈以培养选拔人才而为人称道。《新唐书》本传说：“成就后进士，往往知名。经愈指授，皆称韩门弟子。”②陈寅恪在《论韩愈》中指出，韩愈官职不如元稹，寿命不及白居易长，而影响却超越他们，“其生平奖掖后进，开启来学”应是主要原因。③

韩愈对儒学发展的另一大贡献是其人性学说。人性问题始终是儒学关注的重点话题之一。孔子对人性问题并未详细展开，仅说“性相近也，习相远也”④。孟子讲人性善，荀子则针锋相对地讲人性恶。董仲舒把人性分为三品：圣人之性、中人之性和斗筲之性。董仲舒认为“中民之性”“可上可下，可善可恶”，“性待渐于教训，而后能为善”⑤。但两汉经学的重点不在人性，关于人性的讨论逐渐消歇。具有极高思辨色彩的佛教到来后，不仅显著提高了中国人的思辨水平，而且魏晋时期对佛性的讨论，也对儒学人性论有所启迪。韩愈在董仲舒“性三品”说基础上，提出“性情论”。韩愈以为：“性也者，与生俱生也。情也者，接于物而生也。”⑥性与生俱来，而情是与外界事物发生关系后产生的。性的本质是“仁义礼智信”，情的本质则是“喜怒哀惧爱恶欲”。性是至善的，情无善无恶。只要情能做到“发而中节”，就是善。如果情背离儒家提倡的道德，即是恶。情的善恶标准是内在的性。现实中人与人的差距，乃个体禀赋不同所致。天资高的人，可以“主于一而行于四”，天资差的人则“反于一而悖于四”⑦。韩愈关于性情的讨论，直接启迪了李翱的“复性说”。韩愈的“禀赋”说，更是启迪了宋儒。

韩愈道统思想对其文学实践也产生重要影响，他为扩大宣传效果而主

---

① 韩愈：《师说》，刘真伦、岳珍校注《韩愈文集汇校笺注》卷二，中华书局 2010 年版，第 139 页。

② 欧阳修：《新唐书·韩愈传》，中华书局 1975 年版，第 5265 页。

③ 陈寅恪：《金明馆丛稿初编》，生活·读书·新知三联书店 2001 年版，第 332 页。

④ 《论语·阳货》，阮元校刻《十三经注疏》，中华书局 1980 年版，第 2524 页。

⑤ 董仲舒：《春秋繁露·深察名号》，苏舆撰、钟哲点校《春秋繁露义证》，中华书局 1992 年版，第 312 页。

⑥ 韩愈：《原性》，刘真伦、岳珍校注《韩愈文集汇校笺注》卷一，中华书局 2010 年版，第 47 页。

⑦ 韩愈：《原性》，刘真伦、岳珍校注《韩愈文集汇校笺注》卷一，中华书局 2010 年版，第 47 页。

张对文体进行改进。陈寅恪称韩文“在当时为最便宣传,甚合实际之文体”①。不仅要回归圣贤的道统,而且还要回归圣贤的文统,“宜师古圣贤人”②。

韩愈道统说对后世影响巨大。韩愈所列从尧到孟子的道统被宋儒全盘接受。北宋初一度承认韩愈道统继承人的身份,石介就以其师孙复上接韩愈以来的道统。韩愈自觉承继道统的精神不断被宋儒仿效。理学兴起后,韩愈虽被排除在道统之外,但其筚路蓝缕之功不可抹杀。程、朱等都对韩愈称赞有加,朱熹说“韩愈亦近世豪杰之士”,“如《原道》一篇,自孟子后,无人似它见得”③。韩愈对孟子的推崇推动了北宋思想史上的孟子升格运动。

总之,韩愈在中国思想文化史上的地位,如陈寅恪所言,是“唐代文化学术史上承先启后转旧为新关捩点之人物也”④。

三、北宋时期的洛阳及文治局面的形成

唐朝灭亡后,后梁、后唐、后晋、后汉、后周 5 个朝代,53 年间更迭了 8 姓 13 个皇帝。周边先后有前蜀、后蜀、南平、楚、南汉、闽、吴越、吴、南唐、北汉等 10 个割据政权存在。一般思想史、文化史著作,提到五代十国,基本上是一片空白,不着一字。最早的经典刻本就诞生在五代乱世。

敦煌卷子《金刚经》和唐末历书的发现证明雕版印刷在唐代业已出现,五代雕版印刷进一步普及。后唐明宗长兴三年(932 年),丞相冯道提议校勘并刻印“九经”、《孝经》、《尔雅》、《论语》、《经典释文》、《五经文字》、《九经字样》。经文用大字,每半页 8 行,每行 16 个字。注用双行小字,每行 21 个字。这一空前的出版工作,直到后周广顺三年(953 年)才完成,历时 20 年。因刻印工作由国子监负责,后人称这套书为五代监本。现在这套书已全部失传,日本内府藏有一本翻刻的《尔雅》。这一出版工作从洛阳开始,之后从洛阳转移到开封,它对于经典的普及意义大于以往的石经刊刻。

---

① 陈寅恪:《金明馆丛稿初编》,生活·读书·新知三联书店 2001 年版,第 330 页。

② 韩愈:《答刘岩夫书》,刘真伦、岳珍校注《韩愈文集汇校笺注》卷八,中华书局 2010 年版,第 865 页。

③ 黎靖德编,王星贤点校:《朱子语类》卷一百三十七,中华书局 1986 年版,第 3254 页。

④ 陈寅恪:《金明馆丛稿初编》,生活·读书·新知三联书店 2001 年版,第 332 页。

洛阳人赵匡胤建立北宋后，曾有意迁都洛阳：“上生于洛阳，乐其土风，尝有迁都之意……晋王又从容言迁都非便，上曰：‘迁河南未已，久当迁长安。’王叩头切谏，上曰：‘吾将西迁者无它，欲据山河之胜，而去冗兵，循周汉故事以安天下也。’王又言：‘在德不在险。’上不答。王出，上顾左右曰：‘晋王之言固善，今姑从之，不出百年，天下民力殚矣。’”[①]建都开封的确不是上选，开封无险可守，外敌一旦入侵就能兵临城下。但多年战乱导致北方残破，在经济上对南方的依赖很强，只得把国都向经济中心靠拢。

陪都洛阳虽不是政治中心，但却成为文化中心。政治中心的东京汴梁，政治风云波诡云谲。一些无意于仕途者，如邵雍，来到洛阳；一些与当局政见不合者，如司马光，来到洛阳；一些新科进士，如欧阳修，来到洛阳；一些退休高官，如文彦博，也来到洛阳。在洛阳形成了一个西京文人集团。

北宋比较重视文治，北宋初年赵匡胤曾制定三条祖制：“（一）柴氏子孙有罪，不得加刑，纵犯谋逆，止于狱中赐尽，不得市曹刑戮，亦不得连坐支属。（二）不得杀士大夫及上书言事人。（三）子孙有渝此誓者，天必殛之。”[②]当然并非北宋没有文字狱，而是文字狱不太严酷，至少罪不至死。如陈寅恪所言：“六朝及天水一代，思想最为自由，故文章亦臻上乘。”[③]陈寅恪之说或许不无夸张，但北宋社会风气重文轻武却是事实。北宋建立后赵匡胤等人认为五代乱局祸起于武将不受控制，因而从各方面鼓励重文轻武之局。宋太宗也说：“王者虽以武功克定，终须用文德致治。”[④]

北宋统治者极力表彰文士，对隐居不仕者，朝廷也给予表彰。如宋太宗下令褒奖隐居于钟南山的洛阳人种放。宰相陈尧叟向宋真宗推荐了在中条山隐居的洛阳人李渎，宋真宗下诏征召李渎入朝，李渎以足疾为由而拒绝，宋真宗不仅没有怪罪，反而派人去慰问，还要求地方官经常探视，给予关照。

北宋科举制度进一步完善，为北宋文治的兴盛创造了条件。唐朝虽已有科举，但多为权贵操纵。北宋科举向文人更广泛地开放，制度也进一步完

① 李焘撰，黄以周等辑补：《续资治通鉴长编》卷十七，上海古籍出版社 1986 年版，第 141 页。

② 陶宗仪编：《说郛》卷三十九，上海古籍出版社 1988 年版，第 1784 页。

③ 陈寅恪：《寒柳堂集 · 论再生缘》，生活 · 读书 · 新知三联书店 2001 年版，第 72 页。

④ 李焘撰，黄以周等辑补：《续资治通鉴长编》卷二十三，上海古籍出版社 1986 年版，第 201 页。

善,992 年将进士分为五等,一、二、三等赐进士及第,四、五等赐进士出身。1007 年颁布《考试进士新格》,完全以考试成绩定录取和等级。宋仁宗时又改为一、二等赐进士及第,三等赐进士出身,四、五等赐同进士出身。后来为解决官员队伍的膨胀,规定科举考试 3 年一次,每次录取进士 300 人,其他科目人数不能超过进士。进士出身成为官员的主流。有人考证,唐朝登科人数为 6603 人,而两宋则是 45640 人。

北宋的文官制度也空前发达。宗室、外戚、宦官等各种非理性政治因素在政治领域被成功抑制。宋朝可说是历代王朝中"家天下"色彩最薄弱的朝代。士大夫集团和皇权间形成了相对合理的制约关系。北宋文官制度对皇帝的制约之一就是经筵制度,通过对皇帝的教育使其扮演好属于自己的角色。程颐在给宋哲宗上课时,坚持要坐着讲,此时哲宗并非皇帝而是学生,他说:"天下重任唯宰相与经筵,天下治乱系宰相,君德成就责经筵。"①

四、孟子升格运动和宋代的疑孟思潮

理学发生过程中,伴随着一场孟子升格运动。从韩愈开始,孟子不断受到重视,《孟子》一书本是子书,后来逐渐被朝廷定为经书,孟子本人也从贤人升格为圣人,被尊为"亚圣",获封邹国公,堂而皇之地进入孔庙。但与此同时,也形成了一场疑孟思潮。

早在韩愈尊孟时就有人开始疑孟。林慎思就对《孟子》十分不满,认为这绝非孟子本人的著作。林慎思还曾写有《续孟子》。在两宋孟子升格运动过程中始终有人提出反对意见。邵雍之孙邵博的《邵氏闻见后录》卷十一到卷十三中共列举了 10 家批评孟子的言论,除荀子外全为宋人。

疑孟言论中以司马光影响最大,他在《疑孟》中对孟子提出诸多批评和质疑。他特别强调:"夫君臣之义,人之大伦也。"②司马光疑孟意在反对王安石。司马光用他强调的"贵贵"与王安石推崇的孟子"尊德乐道"相对抗。朱维铮说:"司马光疑孟也有具体的对象,那就是他的政敌王安石。"③

① 程颢、程颐著,王孝鱼点校:《二程集》,中华书局 1981 年版,第 540 页。
② 司马光:《传家集》卷七十三,文渊阁四库全书本。
③ 朱维铮:《中国经学史十讲》,复旦大学出版社 2002 年版,第 22 页。

王安石早年作品《易解》中就已经推崇孟子，他关于“权”“时”“才”“心”等论述就在孟子思想基础上有所发展，构成其改革思想的理论根基。孟子被王安石改造为变法的依据。于是，孟子就成为王安石政敌司马光攻击的对象。

司马光不仅直接批评孟子而且还抬出扬雄与孟子对抗。他说：“扬子云真大儒邪！孔子既没，知圣人之道者，非子云而谁？孟与荀殆不足拟，况其余乎！”[①]俨然以扬雄接孔子之道统，而自己则接扬雄之道统。司马光穷30余年之功撰写《太玄集注》和《法言集注》。他还撰有《潜虚》一书以模仿《太玄》。司马光在人性论方面也赞同扬雄的“性善恶混”反对孟子性善说。徐洪兴认为：“思想渊源的不同或说学术选择的不同，也应是司马光之所以要‘疑孟’的原因之一。”[②]司马光的努力在当时也效果显著，王安石抱怨说：“今学者是孟子则非扬子，是扬子则非孟子。”[③]司马光的疑孟导致其本人被后世理学家排除在道统之外。

南宋王安石新学派的影响逐渐降低。司马光的疑孟失去现实意义。理学家关注的重点转向道统的确立。南宋后期理学成为官学后，孟子的道统地位最终确立，孟子取代颜回成为“亚圣”。

五、理学的发生与演变

（一）理学的缘起

理学别称“道学”，《宋史》为程颐等人修有《道学传》。那么何为理学呢？冯友兰认为：“道学从人生的各个方面阐述了人生中的各种问题。这些问题归总为两个问题：一个是什么是人，一个是怎样做人。”[④]姜广辉说：“理学是一种‘学圣人’的思想运动。”[⑤]陈来从以下几个方面对理学进行总结：“一、以不同方式为发源于先秦的儒家思想提供了宇宙论、本体论的论证。二、以儒家的圣人为理想人格，以实现圣人的精神境界为人生的终极目的。

① 司马光：《传家集》卷六十七，文渊阁四库全书本。

② 徐洪兴：《思想的转型——理学发生过程研究》，上海人民出版社1996年版，第130页。

③ 王安石著，唐武标校：《王文公文集》，上海人民出版社1974年版，第314页。

④ 冯友兰：《道学通论》，《中国社会科学》1986年第2期。

⑤ 姜广辉：《走出理学》，辽宁教育出版社1997年版，第1页。

三、以儒家的仁义礼智信为根本道德原理，以不同方式论证儒家的道德原理具有内在的基础，以存天理、去人欲为道德实践的基本原则。四、为了实现人的精神的全面发展，而提出并实践各种‘为学功夫’，即具体的修养方法。这些方法的条目主要来自《四书》及早期道学的讨论，而特别集中于心性的功夫。”[①]著名宋史专家邓广铭说：“北宋一代的儒学家们……所具有的共同特点是：1. 都力图突破前代儒家们寻章摘句的学风，向义理的纵深处进行探索；2. 都怀有经世致用的要求。理学是从宋学中衍生出来的一个支派。”[②]“理学家则是专讲求修养身心性命之学的那一部分人……是把宋学更加深邃化、抽象化了的一些学人。”[③]

北宋初年已开始对儒学有所提倡和扶持。仁宗时，胡瑗、孙复、石介三人聚徒讲学，摒弃汉唐注疏，不重章句训诂，而是通过讲论形式探索经书义理，力求把握儒家学说的实质。已与汉唐儒学有所不同，开宋代儒学新气象。仁宗后期，刘敞《七经小传》在经学史上具有标志性的开创意义，反映了宋代经学重义理轻注疏的基本特点。《四库全书总目》称“好以己意改经，变先儒淳实之风者，实自敞始”[④]。《七经小传》问世后，宋人以义理说经之风渐盛。

到神宗前后，学坛上先后出现以王安石为代表的王学或者新学，以“二程”兄弟为代表的洛学，以张载为代表的关学，以“三苏”父子为代表的蜀学，以司马光为代表的朔学等几个较大的学派。其中，尤以北宋五子奠基发展的理学思想对后世影响最大。南宋理学集大成者朱熹在其《伊洛渊源录》中梳理理学源头时，将理学的正源追溯至“二程”兄弟的洛学。

（二）周敦颐

周敦颐（1017—1073 年），字茂叔，因晚年建濂溪书堂于庐山，被称为濂溪先生，其学术被称为“濂学”。

作为理学体系最早的奠基人，周敦颐襟怀飘洒，雅有高趣，精神境界颇

---

① 陈来：《宋明理学》，辽宁教育出版社 1991 年版，第 14 页。

② 邓广铭：《略谈宋学》，收录于《宋史十讲》，中华书局 2008 年版，第 190 页。

③ 邓广铭：《略谈宋学》，收录于《宋史十讲》，中华书局 2008 年版，第 191 页。

④ 永瑢等撰：《四库全书总目》卷三十三，中华书局 1965 年版，第 270 页。

为不凡,如《爱莲说》中所言“出淤泥而不染,濯清涟而不妖”。当时人称他“人品甚高,胸怀洒落,如光风霁月”[①]。周敦颐注重从本体论高度论证儒家伦理道德及统治方略,为理学的建立奠定了基础。

周敦颐以儒家的伦常道德为核心,吸收佛道的宇宙生成论模式和哲学思辨,建立了一个融会佛道思想与理论成果的儒学体系。周敦颐《太极图说》中,构建了一个庞大而精密的宇宙生成模式,将无与有、动与静结合,以说明宇宙的本原,为理学奠定了本体论基础。在《易通》中,周敦颐着重阐述人性论、道德论及修养论问题。他认为,人具有超然的本性“诚”,纯粹至善的“诚”源于世界最初的本原,是太极的属性和道德的源泉。圣人以诚为立身之本,人们的修养只要能达到诚,就能进入至善的道德境界成为圣人。周敦颐《太极图说》提出了“主静”的修养方法,《易通》中进一步指出“主静”的关键在于寡欲,提出“惩忿窒欲,迁善改过”的修养论。

周敦颐生前学术地位并不高,影响也不很大。他虽影响了“二程”,但“二程”拒绝承认与他有师承关系。直到南宋,在朱熹、胡宏、张栻等人推尊下,其理学奠基者地位才得到确认。

(三)邵雍

邵雍(1011—1077年),字尧夫,人称康节先生。青年时邵雍发愤自学,《宋史》本传称“夜不就席者数年”[②]。邵雍39岁时到洛阳以教书为生。洛阳西京留守王拱辰等人集资为邵雍在天津桥头购置一所宅子。邵雍非常满意,将它命名为“安乐窝”。安乐窝即今洛阳桥南的安乐村。表面看邵雍把住宅命名为“安乐窝”,仿佛大隐隐于市,实际他并未远离政治。他与司马光、富弼、程氏兄弟等人往来密切,是洛阳城的风云人物。邵雍去世后,安葬于今伊川县平等乡。

邵雍主要以其象数学体系把握天地万物之理,在北宋理学中别具一格。关于邵雍的思想来源,《宋史·朱震传》记载:“陈抟以先天图传种放,种放传穆修,修传李之才,之才传邵雍。”[③]可见邵雍受道教影响很深。由于邵雍之

---

① 脱脱等撰:《宋史·道学一·周敦颐传》,中华书局1963年版,第12711页。
② 脱脱等撰:《宋史·邵雍传》,中华书局1963年版,第12726页。
③ 脱脱等撰:《宋史·朱震传》,中华书局1963年版,第12908页。

学主要乃天地万物之理，与其他理学诸子学术主旨一致，故仍被视为理学中人。朱熹《伊洛渊源录》也将邵雍作为早期理学的代表人物。

邵雍在其主要代表作《皇极经世书》中试图创造一个囊括宇宙、自然、社会、人生的完整体系，还企图找到贯穿其中的最高法则，其中充满了附会和想象。但也反映出当时中国思想家已开始尝试探索天地、宇宙、万物之间的关系。

邵雍提出一套宇宙本体与生成理论。他将宇宙本体称为"太极"或"道"："太极一也，不动生二，二则神也，神生数，数生象，象生器。"①"太极"或是"道"是产生宇宙万物的本原。太极中包含着阴阳两个方面，阴阳相互作用，丰富多彩的变化，产生了决定万物进程和品类的"数"及世间万物。

邵雍更注意研究宇宙演进和历史演变的规律性，即所谓"数"。邵雍在《皇极经世书》中提出"元""会""运""世"等时间概念，试图总结人类发展史。他说："一元经十二会，三百六十运，四千三百二十世。一世三十年，则一十二万九千六百年。"每一元数完以后，旧天地毁灭，新天地产生。如此循环以至无穷。元之后还有更高的进位。他认为"一元"在"大化"中又相当于一年。30 元为一个元之世，12 元之世为一个元之运，30 个元之运为一个元之会，12 个元之会为一个元之元，一个元之元包含了 129600 个元，16796160000 年，元之元满以后，宇宙就会发生更大的变化。邵雍试图以之揭示宇宙演化的周期性规律，把握宇宙及其本质。邵雍还把"元""会""运""世"等概念与"皇""王""帝""霸"等概念相结合以解释历史。其用意在证明北宋是可以复兴"王道"的时代。他把五代比作"日未出之星也"，实则把宋朝比作太阳。

后世对邵雍的评价颇有争议。程氏兄弟说对邵雍的学问没有时间研究，实则是委婉的批评。整体看邵雍的历史地位不容忽视，《皇极经世书》开创了宋明以来象数学的规模与传统，是象数学的开山。朱熹之所以将邵雍作为理学的开创者之一，即因为邵雍所提诸多概念都成为后来理学讨论的核心内容。虽说邵雍思想中掺有许多道教的内容，但其伦理道德和社会政

① 邵雍：《皇极经世书》卷十四，文渊阁四库全书本。

治思想还在儒家范围内。

(四)张载

张载(1020—1077 年),字子厚,后来定居关中横渠镇,学者称横渠先生。张载因开创了理学的重要支派关学而被视为理学创始人之一。

张载少年时代意气纵横,喜欢谈论兵书,后来在范仲淹劝导下开始读《中庸》,对性与天道产生兴趣。张载以"为天地立心,为生民立命,为往圣继绝学,为万世开太平"的宏大志向,构建了他的思想体系,成为理学发展的主要人物。

张载的核心理念是"太虚即气"的本体理论。他指出:"太虚无形,气之本体,其聚其散,变化之客形耳。"[①]而气是一种极细微的物质,有聚有散。气聚为万物,散为太虚。太虚并非是虚无,而是气之散而不可见的状态,是气的本体。整个世界都由气的各种状态组成,在气的基础上形成统一。张载以本体论抨击佛道。张载对本体论的深入探究为理学天理本体论的最终建立开辟了道路。

张载将人性区分为天地之性与气质之性,认为"形而后有气质之性,善反之,则天地之性存焉"[②]。先天的天地之性纯粹至善,由后天气禀产生的气质之性则有善有恶。人们不断自省,去除气禀之恶而存养天地之性。张载还提出了心统性情说,认为性与喜怒哀乐惧爱恶欲之情是相对而言,二者都包括于人心之中。张载还将人的认识区分为德性之知和闻见之知。闻见之知源于感官对于外界事物的反映,而德性之知是不萌于见闻的超感性先验知识。闻见之知有限,不可能穷尽无限世界,通过德性之知则能达到对天理的神秘贯通。张载这些观点被认为有功于圣门,有补于后学,在理学发展史上具有重要意义。

张载在《西铭》中称:"乾称父,坤称母,予兹藐焉,乃浑然中处。故天地之塞吾其体,天地之帅吾其性。民吾同胞,物吾与也。大君者,吾父母宗子,其大臣,宗子之家相也。尊高年,所以长其长,慈孤弱,所以幼吾幼。圣其合德,贤其秀也。凡天下疲癃残疾,茕独鳏寡,皆吾兄弟之颠连而无告者

---

① 张载著,章锡琛点校:《张载集》,中华书局 1978 年版,第 7 页。

② 张载著,章锡琛点校:《张载集》,中华书局 1978 年版,第 23 页。

也。……富贵福泽，将厚吾之生也，贫贱忧戚，庸玉汝于成也。存，吾顺事，没，吾宁也。”[①]他将人间伦理规范与天道相联系，将事君事亲与事天等同起来，体现出理学为现实伦常道德规范提供最终理论依据的特点。张载“民胞物与”的精神境界，受到当时以及历代理学家的普遍认同与推崇。冯友兰先生也给予很高评价：“《西铭》所讲的是一种精神境界，也是一种生活方式。”[②]“它只要求在不足百年的有生之年，人尽其作为宇宙成员和社会成员所应负的责任与义务。”[③]

（五）“二程”

程颢、程颐兄弟是洛阳人，故居在今嵩县田湖镇程村，墓园在伊川县程园。程颢（1032—1085 年），字伯淳，学者称明道先生。程颢进士及第后，早年任职地方，政绩卓著。后来曾一度参与王安石变法，其后又因反对新法，被贬官至洛阳。程颢与先后来到洛阳的文彦博、吕公著、司马光等联系，继续反对新法。宋哲宗即位，司马光荐程颢为宗正寺丞，他未到任即病逝。程颢对理学构建贡献卓著，但却没有任何专著，其思想主要体现在讲学语录中。

程颐（1033—1107 年），字正叔，学者称伊川先生。27 岁参加科举失意后，绝意科场，与兄长程颢在洛阳讲学。司马光执政期间，被荐为崇政殿说书，教授宋哲宗。在为宋哲宗上课时，敢以天下为己任，议论褒贬无所顾忌。程颐不仅要争坐讲，而且也注重以师道自处。“程颐正叔为崇政殿说书……以师道自居。每侍上（哲宗）讲，色甚庄，继以讽谏，上畏之。正叔曰：‘吾以布衣为上师傅，其敢不自重？’”[④]甚至皇帝折树枝他都要批评：“哲宗御讲筵所，手折一柏枝玩。程颐为讲官，奏曰：‘方春万物发生之时，不可非时毁折。’”[⑤]新党得势后，程颐被划为元祐党人不断贬窜，被遣送至四川涪州交地方管制。程颐在被贬期间，完成《程氏易传》，标志着理学的建立。徽宗即位后程颐被赦免放归，但不久其又受排斥，遂隐居龙门，病死家中。程颐一生

① 张载著，章锡琛点校：《张载集》，中华书局 1978 年版，第 62 页。
② 冯友兰：《中国哲学史新编》（下），人民出版社 1999 年版，第 155 页。
③ 冯友兰：《中国哲学史新编》（下），人民出版社 1999 年版，第 156 页。
④ 程颢、程颐著，王孝鱼点校：《二程集 · 外书》，中华书局 1981 年版，第 423 页。
⑤ 陶宗仪编：《说郛》卷二十（下），上海古籍出版社 1988 年版，第 988 页。

坎坷。在他努力下,理学理论体系大体完备。“北宋五子”中,程颐地位最突出。程颢程颐兄弟思想相近,后人多以“二程”并称。他们兄弟长期在洛阳讲学,弟子众多,他们开创的洛学被认为是理学正宗。明代后期徐必达将他们的著作合编为《二程全书》。有中华书局校点本《二程集》。

程颢对理学最大的贡献是提出“天者,理也”的命题。[①] 他说:“吾学虽有所受,‘天理’二字却是自家体贴出来。”[②]程颢把“理”作为宇宙的本原。程颢认为“天道”的内容即是“生”,世界生生不已充满生意,“天只是以生为道”[③]。他认为生是天道,是天地之心,于是称天道为仁。程颢高度肯定人的价值,“人与天地一物也”[④],将人抬高到与天地同等的地位。因此人们首先要认识天地万物本来就与我一体之理。人能明白此道,达到这种精神境界,即为“仁者”,故说“仁者浑然与万物同体”[⑤]。所以,朱熹用“超迈”形容程颢的境界。程颢并不重视观察外物,认为人心自有“明觉”,具有良知良能。程颢“识仁”“定性”等主张,对后来理学,尤其对陆王心学,影响很大。

程颐与程颢都以“理”为最高范畴,以“理”为世界本原。程颐认为,理是创造万事万物的根源,既在事物之中,又在事物之上。他认为,道即理在形而上,阴阳之气在形而下。离开阴阳就无道,但道并不阴阳,而是阴阳之所以然,“所以阴阳者,是道也。阴阳,气也。气是形而下者,道是形而上者”[⑥]。他明确区分了形而上与形而下,以形而上之理为形而下之器存在的根据。

程颐又从体用关系论证理和事物的关系,认为理是“体”,而事物是“用”。程颐承认事事物物都有其规律,万事万物之所以然都有其理。天地万物之用的依据即天地万物之理,而天地万物之理也在天地万物之用中得以显现。他进而认为,“一物之理即万物之理”[⑦],万事万物之理是相通的,每个事物的理加在一起构成天地万物的理。而每个事物的理,与天地万物之

---

① 程颢、程颐著,王孝鱼点校:《二程集·遗书》,中华书局1981年版,第132页。
② 程颢、程颐著,王孝鱼点校:《二程集·外书》,中华书局1981年版,第424页。
③ 程颢、程颐著,王孝鱼点校:《二程集·遗书》,中华书局1981年版,第29页。
④ 程颢、程颐著,王孝鱼点校:《二程集·遗书》,中华书局1981年版,第120页。
⑤ 程颢、程颐著,王孝鱼点校:《二程集·遗书》,中华书局1981年版,第17页。
⑥ 程颢、程颐著,王孝鱼点校:《二程集·遗书》,中华书局1981年版,第160页。
⑦ 程颢、程颐著,王孝鱼点校:《二程集·遗书》,中华书局1981年版,第13页。

理，并不是整体与部分的关系，在每一个事物中都蕴含着整体的万物之理。天地间只有一个亘古长存的理。

程颐思想中也有辩证法。他承认事物发展到一定限度即向反面转化。他说："物极必反，其理须如此。有生便有死，有始便有终。"[①]他还提出"物皆有对"："天地之间皆有对，有阴则有阳，有善则有恶。"[②]

程颐以为人性即人所禀受之理，提出"性即理也"的命题。[③] 他认为，从天理的角度上看性无不善。人的善与恶，是由于才的不同。才是由气而来，气有清浊不同，故才也有善恶之分。换言之，从道理上讲人性是善的，但由于每个人的构成材料不同导致个体差异，产生善恶之分。只讲本然的善性，不能说明人何以有恶；只讲气禀之性，则不能说明人性本善。人的修养，即逐渐克服气禀之性的恶，恢复到天理之性的善。

程颐的认识论即"格物致知"。他认为格物即是穷理，即穷究事物之理；最终达到豁然贯通，就可直接体悟天理。他说："格，至也。穷理而至于物，则物理尽。"[④]此后理学认识论的发展即主要围绕着"格物致知"而展开。关于知、行关系问题，程颐主张以知为本，先知后行，能知即能行，行是知的结果。程颐提出的新概念和命题，对宋明哲学产生了很大影响。

虽然"二程"都以理作为哲学的最高范畴，但他们兄弟亦有所不同；程颢以心解理，开了陆王心学一派；程颐把理与气相对来论述，开了朱学一派。

"二程"不仅将天理作为宇宙本体，同时又将天理与世间伦理纲常直接联系起来，认为"人伦者，天理也"，"父子君臣，天下之定理"。在"二程"看来，伦理纲常就是天理。实际上是把世间道德原则上升为世界本体。使儒家伦常原则与天道本体通过天理得到统一，论证了儒家伦常原则的合理性与神圣性。这种天理本论，成功地为儒家伦常道德原则提供本体论依据，表现出较高的理论思维水平。先秦儒家提出诸多道德规范，但并未进行论证。先秦儒家对哲学思辨并不感兴趣。极具思辨色彩的佛教传入中国后，佛教

① 程颢、程颐著，王孝鱼点校：《二程集·遗书》，中华书局1981年版，第167页。
② 程颢、程颐著，王孝鱼点校：《二程集·遗书》，中华书局1981年版，第153页。
③ 程颢、程颐著，王孝鱼点校：《二程集·遗书》，中华书局1981年版，第292页。
④ 程颢、程颐著，王孝鱼点校：《二程集·遗书》，中华书局1981年版，第21页。

本土化过程中，中国文化也吸收了佛教哲学思辨的精髓。宋儒不像韩愈那样简单排斥佛老，而是吸取其文化成果，为儒家主张的伦理道德进行形而上的论证。

“二程”不仅是著名思想家，而且也是著名教育家，他们培养了很多优秀弟子，“程门立雪”即程颐及其弟子游酢、杨时的故事。“程门立雪”首见于《程氏外书》第十二卷《传闻杂记》，其中引用程颐内弟侯仲良所编《侯子雅言》：“游、杨初见伊川，伊川瞑目而坐，二子侍立。既觉，顾谓曰：‘贤辈尚在此乎？日既晚，且休矣。’及出门，门外之雪深一尺。”①“程门立雪”亦见于《宋史·杨时传》：“（杨时）又见程颐于洛，时盖年四十矣。一日见颐，颐偶瞑坐，时与游酢侍立不去，颐既觉，则门外雪深一尺矣。”②“程门立雪”强调了杨时、游酢二人尊师重道之情，他们侍立在老师身旁而非门外。“程门立雪”所立之“门”乃“师门”。程门，即程颐之门。

南北朝菩提达摩来到中土传播禅法，住在少室山的山洞里。慧可前去拜师，却遭到达摩拒绝。慧可整日恭敬地站在门外，丝毫不敢懈怠。有一年腊月初九夜，陡然下起鹅毛大雪。慧可依旧站在那里，待到天亮，雪已没膝。达摩被慧可的虔诚打动，问道：“汝久立雪中，当求何事？”慧可答道：“惟愿和尚慈悲，开甘露门，广度群品。”慧可甚至不惜断臂明志。最终，达摩接纳慧可为弟子，慧可成为禅宗二祖。至今少林寺中还建有“立雪亭”以纪念这段往事。

后人既误解了“程门立雪”的“门”，又把“程门立雪”和“慧可立雪”混为一谈，遂误以为杨时与游酢侍立在门外雪中。

今人对“二程”最大的争议在“饿死事极小，失节事极大”。程颐确实说过这话：“或问：‘孀妇于理，似不可取（娶），如何？’伊川先生（程颐）曰：‘然！凡取（娶），以配身也。若取（娶）失节者以配身，是己失节也。’又问：‘人或居孀贫穷无托者，可再嫁否？’曰：‘只是后世怕寒饿死，故有是说。然饿死事极小，失节事极大。’”③在此，程颐并非专对女性而发议论，在他看来，无论男

① 程颢、程颐著，王孝鱼点校：《二程集·外书》，中华书局 1981 年版，第 429 页。

② 脱脱等：《宋史·道学二·杨时传》，中华书局 1963 年版，第 12738 页。

③ 程颢、程颐著，王孝鱼点校：《二程集·遗书》，中华书局 1981 年版，第 301 页。

子娶寡妇,或者寡妇再嫁,都是失节。其实,程颐此论也是有所为而发。晚唐五代社会的动荡源于纲常伦理的崩解。如冯道等人在王朝更迭中的表现,无异于寡妇再嫁的失节。而宋代社会城市经济发达背景下的消费和娱乐,在道学家程颐看来也是应当谴责的失节。宋代程颐"饿死事小,失节事大"的主张,并未产生很大影响。宋代女性再嫁很正常,也不会遇到阻拦。政府仅规定,寡妇再嫁必须丈夫去世一个月后。程颐本人也未能做到,外甥女丧夫之后,他怕姐姐过度悲伤,就把外甥女接到家中安排其再嫁。只是在后世理学上升为官学,程、朱所言,皆为金科玉律,就成为对人性的扼杀。

宋代理学家对于人性的讨论,在很大程度上受到佛教关于佛性探讨的启发。孟子讲人性善,说明本然之我与应然之我的一致性,强调人向善的可能性。荀子讲人性恶,从人的动物属性出发,论证了加强修养的必要性。宋儒协调了孟子性善说和荀子性恶说,既论证了向善的可能,又论证了加强修养的必要。但实际上,宋儒是性善说表象下的性恶说。纯粹由天理构成的概念性的人并不存在,现实生活中的人都是肉体凡胎。宋儒强调,气质之性中的恶即源于肉体凡胎的各种欲望。除非彻底抛弃肉体凡胎,否则人无法克服原罪。理学成为官学后,"存天理,灭人欲"就成为对人性的桎梏。朱熹解释天理人欲之辨,吃饭是天理,但要求吃美食即是人欲。娶妻是天理,要娶美女即是人欲。发展到后来,理学成为杀人的工具。如戴震所说:"人死于法,犹有怜之者;死于理,其谁怜之。"①

现实社会中并非所有人都能成为道德完人。如果要求所有人都成为道德完人,必然造就全社会的虚伪。理学家天理与人欲的对立,把绝大多数人推到圣人的反面。虽不能从理论上否认宋儒心中圣人境界的真实性,也仅是存在于理论上。如同后世评价宋儒"天地之性"和"气质之性"的划分,没有眼睛,何来的视力?按宋儒所论,人只有彻底放弃与肉体有关的一切,才能达到宋儒的圣人境界。而没有了人的肉体,圣人的境界又安放于何处呢?不承认普通人世俗生活的合理性,是理学人生理论最大的败笔。

后儒明明达不到"圣人"标准,却又不敢公开承认。于是造就出众多口

---

① 戴震著,何文光整理:《孟子字义疏证》卷上,中华书局1961年版,第10页。

是心非之徒，金庸笔下“君子剑”岳不群即其真实写照。他们往往做的不说，说的不做。人前一套，背后一套；台上一套，台下一套；嘴上一套，心里一套；对人一套，对己一套。随时在两套话语体系中自如地转换而毫无羞愧之心。晚明思想家李贽就曾在一封信里揭露过他们的嘴脸：“以此而观，所讲者未必公之所行，所行者又公之所不讲，其与言顾行、行顾言何异乎？以是谓非孔圣之训可乎？翻思此等，反不如市井小夫，身履是事，口便说是事，作生意者但说生意，力田作者但说力田，凿凿有味，真有德之言，令人听之忘厌倦矣。”①

经历新文化运动之后，世人逐渐看清了大大小小“君子剑”的本来面目。鲁迅第一篇小说《狂人日记》就告诉我们“圣人”幌子之下吃人的事实。对此我们应有清醒的认识。

第四节　道家与河洛

儒道互补是中国文化的重要特色之一，道家文化也与河洛地区关系密切。

一、老子的生平简介

通常，道家之源都被追溯到春秋后期的老子。然而老子的神秘使孔子都感慨“老子，其犹龙邪”。《史记·老子韩非列传》留有诸多谜团，司马迁说老子为“楚苦县厉乡曲仁里人也”②，仿佛说得很详细，实则并未指明“苦县”的具体位置。于是引发后世诸多纷争，至少有河南鹿邑和安徽涡阳都以老子故里自居，相对而言安徽涡阳说明显缺乏历史依据。③

司马迁称老子：“姓李氏，名耳，字伯阳，谥曰聃。”④既然老子姓李名耳，

---

① 李贽：《焚书·答耿司寇》，岳麓书社 1990 年版，第 30 页。

② 司马迁：《史记》卷六十三《老子韩非列传》，中华书局 1982 年版，第 2139 页。

③ 《老子里籍考》，载杨丙安等主编《老学新论——老子与华夏文明》，中州古籍出版社 1994 年版，第 433—467 页。

④ 司马迁：《史记》卷六十三《老子韩非列传》，中华书局 1982 年版，第 2139 页。

他何以不称“李子”而称为“老子”？通常谥号是贵族阶层的专利，老子何以会有谥号？

司马迁对老子职务的记载也稍有出入，《史记·老子韩非列传》称老子为“周守藏室之史也”，而《史记·张丞相列传》称老子为“柱下史”。总之可以肯定的是：老子是周王室的史官。正是这一职业便利使老子接触到众多典籍文献，而这对老子思想体系的形成十分重要。

春秋末年，由王位争夺引发的子朝之乱使老子被迫离开洛阳。“居周久之，见周之衰，乃遂去。至关，关令尹喜曰：‘子将隐矣，强为我著书。’于是老子乃著书，上下篇，言道德之意，五千余言而去，莫知其所终。”①司马迁并未详细说明老子所过之关。东汉学者李尤认为，老子所过之关即河南灵宝的函谷关。但春秋时期，秦国的主要威胁来自晋国，秦函谷关并不在秦晋相争的路线上，春秋后期的秦国并无在灵宝建关的必要。相反，作为周王室所在地，洛阳周围也应建有关隘。西汉中期汉武帝将函谷关迁移到今新安县附近，关址的选择应非随意，极有可能是在春秋时期洛阳周围某一关隘的基础上修建新的函谷关。假如司马迁所载老子确曾出关，老子所出之关是汉函谷关的可能性应大于秦函谷关。

司马迁并未记载老子在关前写下《道德经》五千言后的行踪。道教兴起后，为神化老子而宣称老子出关后去印度点化了佛陀，引起佛教徒的强烈不满，唐朝道宣和尚说老子死于陕西扶风，恐怕也是附会。

司马迁在写完这些后，继续写道：“或曰老莱子亦楚人也，著书十五篇，言道家之用，与孔子同时云。盖老子百有六十余岁，或言二百余岁，以其修道而养寿也。自孔子死之后百二十九年，而史记周太史儋见秦献公……或曰儋即老子，或曰非也，世莫知其然否。”②最后司马迁也无从判断，他本着“信以传信，疑以传疑”的原则把自己知道的都写下来，事实的真相只能由后人去判断。

总之，老子就是这样一位神龙见首不见尾的人物。

---

① 司马迁：《史记》卷六十三《老子韩非列传》，中华书局1982年版，第2141页。

② 司马迁：《史记》卷六十三《老子韩非列传》，中华书局1982年版，第2142页。

二、老子与《老子》

其实,不仅老子生平充满了谜团,《道德经》的著作权也充满争议。过去普遍将《道德经》视为老子所作,所以《道德经》也称《老子》。但是近代以来,随着研究的深入,对《老子》的作者及成书时代也产生了争议。吕思勉在《先秦诸子概论》中认为《老子》是上古时期流传下来的古籍,老子在春秋后期整理成书。梁启超认为《老子》应是战国时人所作,因为从思想体系上说,感觉老子的话太过自由和激烈。如“上将军”“取天下”“侯王”等词汇,不可能出现在春秋时期。冯友兰在《中国哲学史》中也持类似观点。清代学者崔述在《洙泗考信录》中认为《老子》应是战国时杨朱一派托伪的作品。钱穆在《庄老通论》中认为《老子》应是庄子后学的伪托。郭沫若认为《老子》是战国时齐国稷下黄老学派环渊所作,他在《十批判书·稷下黄老学派的批判》中说:“《道德经》晚出是不成问题的,在我认为就是环渊所著上下篇。”[①]罗根泽在《诸子考索》中认为老子即太史澹。20世纪90年代《郭店楚墓竹简》的发现,又有人对《老子》提出新的看法。众说纷纭,莫衷一是。

结合传世文献的记载和近代的考古发现,就会发现《老子》并非一时一地由一人单独完成。先秦出土竹简本《老子》与传世本之间差异巨大,西汉初《帛书老子》依然与今本不同。这都说明《老子》的成书,经历了漫长的过程,其源头可能是春秋后期的老子,大体定型在战国晚期,而最终定型在西汉前期。虽说《老子》的文本定型要到西汉,但从先秦出土文献看,出土《老子》的思想和传世本之间一脉相承。因此,如任继愈《中国哲学史》所说今人大体可以根据《老子》解说老子的思想。

三、老子的思想体系

(一)“道”

老子最基本的观念是“道”。但老子却未清晰地界定“道”的概念,他只是说“道可道,非常道。名可名,非常名”[②]。“道”只可意会而不可言传。但

① 郭沫若:《十批判书》,《中国古代社会研究》(下册),河北教育出版社2000年版,第747页。
② 《老子》第一章。王弼:《老子注》,《诸子集成》(第三册),中华书局1954年版,第1页。

老子又必须说明道为何物,他只能勉强说:“有物浑成,先天地生,寂兮寥兮,独立而不改,周行而不怠,可以为天地母,吾不知其名,强名之曰道,强为之名曰大……”①人们无法用感官把握“道”,“道之为物,惚兮恍兮,其中有象;恍兮惚兮,其中有物。窈兮冥兮,其中有精;其精甚真,其中有信”②。

老子认为道是天地万物的本原,“道生一,一生二,二生三,三生万物”③。就其性质而言,道是无:“天下万物生于有,有生于无。”④万物在“有”之前必然是“无”。老子并未说明“无”中如何生出“有”来。

至于有和无的关系,老子说:“埏埴以为器,当其无,有器之用。凿户牖以为室,当其无,有室之用。故有之以为利,无之以为用。”⑤只有房子里面是空的才能住人。

(二)无为而治

老子的政治观点是无为而治。无为是道的基本特点,“道常无为而无不为”⑥。人类社会不能超越道的规律:“人法地,地法天,天法道,道法自然。”⑦因而人类社会也应无为。老子认为依靠法律并不能实现天下大治,他说:“人多利器,国家滋昏;法令滋彰,盗贼多有。”⑧一个社会法律的发达程度与已经出现的罪恶数量是成正比的,法律永远落后于犯罪行为。有新罪恶出现,才会有新法律出台。所以,老子主张无为:“我无为,而民自化;我好静,而民自正;我无事,而民自富;我无欲,而民自朴。”⑨老子的社会理想是:

---

① 《老子》第二十五章。王弼:《老子注》,《诸子集成》(第三册),中华书局1954年版,第4页。
② 《老子》第二十一章。王弼:《老子注》,《诸子集成》(第三册),中华书局1954年版,第12页。
③ 《老子》第四十二章。王弼:《老子注》,《诸子集成》(第三册),中华书局1954年版,第26页。
④ 《老子》第四十章。王弼:《老子注》,《诸子集成》(第三册),中华书局1954年版,第25页。
⑤ 《老子》第十一章。王弼:《老子注》,《诸子集成》(第三册),中华书局1954年版,第6页。
⑥ 《老子》第三十七章。王弼:《老子注》,《诸子集成》(第三册),中华书局1954年版,第21页。
⑦ 《老子》第二十五章。王弼:《老子注》,《诸子集成》(第三册),中华书局1954年版,第14页。
⑧ 《老子》第五十七章。王弼:《老子注》,《诸子集成》(第三册),中华书局1954年版,第35页。
⑨ 《老子》第五十七章。王弼:《老子注》,《诸子集成》(第三册),中华书局1954年版,第35页。

“小国寡民,使民有什伯之器而不用,使民重死而不远徙。虽有舟舆,无所乘之;虽有甲兵,无所陈之。使民复结绳而用之,甘其食,美其服,安其居,乐其俗。邻国相望,鸡犬之声相闻,民至老死不相往来。”[①]重回田园牧歌式的宁静状态。

无为而治,首先要不生事,不扰民,使百姓感受不到君主的存在。“太上,不知有之。其次,亲而誉之;其次,畏之;其次,侮之。”[②]尤其要保持政策的连续性和稳定性,“治大国若烹小鲜”[③]。其次,统治阶级必须要节俭、无私。他说:“治人事天,莫若啬。”[④]一定要“少私寡欲”[⑤]。统治者还要仁慈。他说:“故飘风不终朝,骤雨不终日。孰为此者? 天地。天地尚不能久,而况人乎? 故从事于道者,同于道;德者,同于德;失者,同于失。同于道者,道亦乐得之;同于德者,德亦乐得之;同于失者,失亦乐得之。”[⑥]连天地所为的暴风骤雨都不能长久,人为的暴政也不可能长久。同于道和德,会得天助,残暴压迫人民不可能长久,依靠暴力不可能长治久安,他说:“民不畏死,奈何以死畏之?”[⑦]统治者残暴的剥削是社会混乱的根源,“民之饥,以其上食税之多,是以饥。民之难治,以其上之有为,是以难治。民之轻死,以其上求生之厚,是以轻死”[⑧]。

毋庸讳言,老子思想中也有愚民和反智主义倾向:“古之善为道者,非以明民,将以愚之。民之难治,以其智多。是以智治国,国之贼;不以智治国,

---

① 《老子》第八十一章。王弼:《老子注》,《诸子集成》(第三册),中华书局 1954 年版,第 47 页。

② 《老子》第十七章。王弼:《老子注》,《诸子集成》(第三册),中华书局 1954 年版,第 36 页。

③ 《老子》第六十章。王弼:《老子注》,《诸子集成》(第三册),中华书局 1954 年版,第 36 页。

④ 《老子》第五十九章。王弼:《老子注》,《诸子集成》(第三册),中华书局 1954 年版,第 36 页。

⑤ 《老子》第十九章。王弼:《老子注》,《诸子集成》(第三册),中华书局 1954 年版,第 10 页。

⑥ 《老子》第二十三章。王弼:《老子注》,《诸子集成》(第三册),中华书局 1954 年版,第 13 页。

⑦ 《老子》第七十四章。王弼:《老子注》,《诸子集成》(第三册),中华书局 1954 年版,第 44 页。

⑧ 《老子》第七十五章。王弼:《老子注》,《诸子集成》(第三册),中华书局 1954 年版,第 44 页。

国之福。”[①]老子从维护人类社会稳定和谐、道德纯洁出发反对人类文明的进步,他认为文明进步带来道德败坏:“六亲不合有孝慈,国家混乱有忠臣。”[②]老子反对追求文明,他说:“绝圣弃智,民利百倍;绝仁弃义,民复孝慈;绝巧弃利,盗贼无有。”[③]文明进步伴随着民智开发,导致思想混乱,欲望膨胀,社会混乱。虽说唯物史观认为这是人类历史发展的必然阶段,但不能因此否定老子批判文明的价值。

处于乱世中的老子当然反对战争。他说:“以道佐人主者,不以兵强天下。其事好还。师之所处,荆棘生焉;大军过后,必有凶年。”[④]不过老子并非一味反对战争,他认为战争只能是在不得已的情况下采取的最后手段:“兵者不祥之器,非君子之器,不得已而用之。”[⑤]

(三)老子的辩证法

辩证法是老子思想的闪光点。他认识到事物的相对性,“有无相生,难易相成,长短相形,高下相盈,声音相和,前后相随,恒也”[⑥]。不能被事物的表面现象迷惑,“大成若缺,其用不弊;大盈若冲,其用不穷。大直若屈,大巧若拙,大辩若讷”[⑦]。事物的发展都经历了由小到大的过程,“合抱之木,生于毫末;九层之台,起于累土;千里之行,始于足下”[⑧]。事物的发展一旦越过顶峰,就开始下降,“物壮则老,是谓不道,不道早已”[⑨]。处于萌芽阶段的事物虽然弱小,但却是有生命力的。处于顶峰状态的事物纵然强大,却已接近消亡。“人之生也柔弱,其死也坚强。草木之生也柔脆,其死也枯槁。故坚强

---

① 《老子》第六十五章。王弼:《老子注》,《诸子集成》(第三册),中华书局 1954 年版,第 40 页。

② 《老子》第十八章。王弼:《老子注》,《诸子集成》(第三册),中华书局 1954 年版,第 10 页。

③ 《老子》第十九章。王弼:《老子注》,《诸子集成》(第三册),中华书局 1954 年版,第 10 页。

④ 《老子》第三十章。王弼:《老子注》,《诸子集成》(第三册),中华书局 1954 年版,第 17 页。

⑤ 《老子》第三十一章。王弼:《老子注》,《诸子集成》(第三册),中华书局 1954 年版,第 18 页。

⑥ 《老子》第二章。王弼:《老子注》,《诸子集成》(第三册),中华书局 1954 年版,第 1 页。

⑦ 《老子》第四十五章。王弼:《老子注》,《诸子集成》(第三册),中华书局 1954 年版,第 28 页。

⑧ 《老子》第六十四章。王弼:《老子注》,《诸子集成》(第三册),中华书局 1954 年版,第 39 页。

⑨ 《老子》第五十五章。王弼:《老子注》,《诸子集成》(第三册),中华书局 1954 年版,第 33 页。

者死之徒，柔弱者生之徒。是以兵强则灭，木强则折。强大处下，柔弱处上”[①]。由此他得出“柔弱胜刚强”的结论。他认识到事物有向其对立面转化的可能：“反者，道之动；弱者，道之用。”[②]世间的福祸也可以相互转化：“祸兮，福之所倚；福兮，祸之所伏。孰知其极？其无正也。正复为奇，善复为妖。人之迷，其日固久。”[③]

老子将其辩证法运用到人际关系中，反对处处争先，他说：“企者不立，跨者不行；自见者不明，自是者不彰。自伐者无功，自矜者不长。”[④]所以要“将欲弱之，必固强之；将欲废之，必固兴之；将欲取之，必固与之”[⑤]。他主张在处理人际关系时应少私寡欲：“罪莫大于多欲，祸莫大于不知足，咎莫大于欲得，知足之足常足矣。”[⑥]为避免超过顶峰后的衰落，老子主张功成身退，他说：“持而盈之，不如其已。揣而锐之，不可长保。金玉满堂，莫之能守。富贵而骄，自遗其咎。功成身退，天之道也。”[⑦]

四、玄学的兴盛

不仅道家学派的起源与河洛地区关系密切，而且道家学派的发展也离不开河洛地区。道家学说在魏晋时期发展而为玄学，洛阳就是玄学发展的中心区域。

所谓玄学，是对道家思想特定发展阶段的称谓，是道家与儒家融合而出现的一种文化思潮，是道家之学新的表现方式，故有新道家之称。玄学主要

---

① 《老子》第七十六章。王弼：《老子注》，《诸子集成》（第三册），中华书局 1954 年版，第 45 页。

② 《老子》第四十章。王弼：《老子注》，《诸子集成》（第三册），中华书局 1954 年版，第 25 页。

③ 《老子》第五十八章。王弼：《老子注》，《诸子集成》（第三册），中华书局 1954 年版，第 35 页。

④ 《老子》第二十四章。王弼：《老子注》，《诸子集成》（第三册），中华书局 1954 年版，第 13 页。

⑤ 《老子》第三十六章。王弼：《老子注》，《诸子集成》（第三册），中华书局 1954 年版，第 20 页。

⑥ 《老子》第五十八章。王弼：《老子注》，《诸子集成》（第三册），中华书局 1954 年版，第 35 页。

⑦ 《老子》第四十六章。王弼：《老子注》，《诸子集成》（第三册），中华书局 1954 年版，第 28 页。

研究的经典《周易》《老子》《庄子》被称为“三玄”。

兴起于曹魏正始年间的正始玄风是玄学兴起的标志，玄学早期代表人物是王弼和何晏。王弼(226—249年)，字辅嗣。王弼出身名门，其继祖父是“建安七子”之一的王粲，嫡亲祖父王凯是刘表的女婿。王弼原籍山阳郡，但自幼生活在洛阳。《三国志·魏志·钟会传》裴注引何劭《王弼传》记载王弼“幼而察慧，年十余，好老氏，通辩能言”。何晏称赞他：“仲尼称后生可畏，若斯人者，可与言天人之际乎！”①正始年间王弼曾出任尚书郎，正始十年(249年)高平陵之变后，王弼受案件牵连罢职。同年秋天病卒。

王弼短短一生中著述不辍，其《老子注》和《周易注》是研究《老子》和《周易》的权威注本。林尹在《中国学术思想大纲》中说：“王弼《周易注》，尤能校正汉儒符瑞灾异之弊，发挥天地间自然之理。”②《周易》本是占卜之书，但战国儒生把它改造为讲哲理之书。但两汉经学看重《周易》的占卜功能。王弼《周易注》改变汉儒以象数解易的传统，系统阐发了《周易》蕴含的哲理，开创了《周易》研究的哲理派。

王弼《老子注》全面阐发老子“以无为本”的思想。王弼以老子“有生于无”和“道”是宇宙根本的思想作为思辨起点，改造《老子》。他认为“无”即老子的“道”，“道”是“无”之名，而非宇宙本体，宇宙本体是“无”。无形的宇宙本体虽无定名，但能从不同角度称为“道”“玄”“深”“大”“微”“远”等。王弼把宇宙本体从老子的“道”，改造为“无”。“无”并不是没有，“无中生有”的“无”是“有”之前更根本的状态。

王弼还把孔子作为其理论来源。何邵《王弼传》：“时裴徽为吏部郎，弼未弱冠，往造焉，徽一见而异之，问弼曰：‘夫无者，诚万物之所资也，然圣人莫肯致言，而老子申之无已者何？’弼曰：‘圣人体无，无又不可以训，故不说也。老子是有者也，故恒言无，所不足。’”③孔子虽不说“以无为本”，其实孔子认可的正是“以无为本”。因为孔子境界高，所以孔子不需要说。何晏曾提出了圣人无情之论，“圣人无喜怒哀乐”，王弼则说：“圣人茂于人者，神明

---

① 陈寿撰，裴松之注：《三国志·魏志·钟会传》，中华书局1959年版，第795页。

② 林尹：《中国学术思想大纲》，华东师范大学出版社2006年版，第77页。

③ 陈寿撰，裴松之注：《三国志·魏志·钟会传》，中华书局1959年版，第795页。

也。同于人者，五情也。神明茂，故能体冲和以通无。五情同，故不能无哀乐以应物。然则圣人之情，应物而无累于物者也。今以其无累，便谓不复应物，失之多矣。”[①]“圣人有情而无累”，圣人也有普通人的情感，不过圣人并不会被情感牵累罢了。

王弼还论述了“本与末”“一与多”“动与静”“意与象”等哲学范畴，在很大程度上引领了此后数百年学术发展的方向。

何晏（？—249 年），字平叔，南阳宛（今河南南阳）人。何晏也出身名门，他是东汉末年大将军何进之孙。[②] 其父早逝，其母尹氏被曹操纳为妾室，何晏也被曹操收养并深受曹操宠爱，还娶了曹操之女金乡公主。正始年间宗室曹爽秉政，何晏党附曹爽不断升官。高平陵之变后，他因党附曹爽而被司马懿杀害。

著名美男何晏有“傅粉郎”之称。据说他肤色很白，男子擦粉成风的魏晋时期，很多人都以为他擦了粉，魏明帝也有怀疑，“何平叔美姿仪，面至白，魏明帝疑其傅粉。正夏月，与热汤饼，既啖，大汗出，以朱衣自拭，色转皎然”[③]。

何晏是当世文坛领袖，著述颇丰，现存《论语集解》以及一些文章片段。其中《论语集解》是现存最早的《论语》注本，被收入《十三经注疏》，成为历代士人学习的权威版本。何晏说“无也者，开物成务，无往不存者也”[④]。“道”或“无”能够创造一切，“无”是最根本的，“有”靠“无”才能存在，由此建立起“以无为本”“贵无”“贱有”的思想体系。何晏还主张“圣人无情”，认为圣人可完全不受外物影响，而是以“无为”为体。在思想上重“自然”而轻“名教”。在何晏、王弼等人影响下，清谈逐渐成为一时风尚，“以无为本”被普遍接受。

由于何晏后来未能善终，由司马氏所主导的历史记录中，何晏基本以负面形象出现，但何晏对于玄学发展作出的贡献却是无人可以否定的。

---

① 陈寿撰，裴松之注：《三国志·魏志·钟会传》，中华书局 1959 年版，第 795 页。

② 裴松之《三国志》注引《魏略》认为何晏有可能是何进弟何苗之孙。

③ 刘义庆著，徐震堮校笺：《世说新语校笺》卷下之上《容止》，中华书局 1984 年版，第 333 页。

④ 房玄龄等：《晋书》卷四十三《王衍列传》，中华书局 1974 年版，第 1236 页。

五、“竹林七贤”与魏晋风度

何晏、王弼等正始名士死后玄学并未中断，“竹林七贤”继承了正始玄风，成为魏晋风度的代表。过去有人误以为“竹林七贤”隐居在修武、辉县一带，其实由《三国志》《晋书》记载可知，他们主要活动在洛阳。据陈寅恪考证，“竹林”二字很可能取自佛经，当年佛陀在世时曾在竹林精舍讲经。“竹林七贤”身处魏晋之际激烈政治斗争中，极度蔑视统治者提倡的虚伪礼教，拒绝与统治者合作，其中以嵇康和阮籍最为典型。

嵇康(223—262 年)，字叔夜，早年丧父，家境贫困，但仍励志勤学，文学、玄学、音乐等无不博通。他娶曹操曾孙女长乐亭主为妻。嵇康也是著名的美男，《晋书》记载其“身长七尺八寸，美词气，有风仪，而土木形骸，不自藻饰，人以为龙章凤姿，天质自然”[①]。《世说新语·容止》也说：“嵇康身长七尺八寸，风姿特秀。见者叹曰：‘萧萧肃肃，爽朗清举。’或云：‘肃肃如松下风，高而徐引。’山公曰：‘嵇叔夜之为人也，岩岩若孤松之独立；其醉也，傀俄若玉山之将崩。’”[②]

在司马昭准备代魏称帝时，嵇康公开表达不合作的态度。“竹林七贤”之一的山涛接受司马氏任命而出仕，嵇康写了《与山巨源绝交书》表达抗议。嵇康友人吕安被诬不孝，嵇康出面为吕安辩护，钟会劝司马昭乘机除掉嵇康，最后嵇康以不孝之罪被杀。临刑之际，嵇康神色自若，奏《广陵散》一曲毕，说道：“昔袁孝尼尝从吾学《广陵散》，吾每靳固之，《广陵散》于今绝矣！”[③]从容赴死。

嵇康的著作被后人编为《嵇中散集》。嵇康继承了老庄的养生思想，进行实践，颇有心得，其《养生论》是中国养生学史上第一篇全面系统的养生专论。他在《管蔡论》《声无哀乐论》《难自然好学论》等文章中，对名教自然之辩进行论述，他在《与山巨源绝交书》中总结道：“越名教而任自然，非汤武而

---

① 房玄龄等：《晋书》卷四十九《嵇康传》，中华书局 1974 年版，第 1369 页。

② 刘义庆著，徐震堮校笺：《世说新语校笺》，《世说新语校笺》卷下之上《容止》，中华书局 1984 年版，第 335 页。

③ 房玄龄：《晋书》卷四十九《嵇康传》，中华书局 1974 年版，第 1361 页。

薄周孔。”[①]在当时无疑是离经叛道的大胆言论。

阮籍(210—263 年),字嗣宗,其父是“建安七子”之一的阮瑀。阮籍曾任步兵校尉,其文章被后人编为《阮步兵集》。阮籍 3 岁丧父,家境清苦,勤学成才。阮籍在政治上本有济世之志,曾登广武城观楚汉古战场,慨叹:“时无英雄,使竖子成名!”[②]魏晋禅代之际,阮籍也对司马氏采取不合作的态度。不过相比于嵇康,阮籍更善于自我保护。阮籍将自己沉溺于酒,司马昭曾想与他联姻,结果他连续大醉 60 多天,司马昭根本没有机会,最终作罢。激烈的政治斗争中,他或闭门读书,或登山临水,或酣醉不醒。被迫要发言时,也总是发言玄远,口不臧否人物。

阮籍极度蔑视统治者提倡的虚伪礼教,据记载他能为“青白眼”,见到“礼俗之士”他就用白眼相向,俗语“遭白眼”即源于阮籍。阮籍时常违“礼”,他说:“礼岂为我设邪!”阮籍母亲临终时,他正在与人下棋,对方要求立即停止,阮籍坚持将棋下完,饮酒二斗,然后恸哭到吐血数升。到母亲下葬时,他又“食一蒸肫,饮二斗酒”,然后临葬之际,“举声一号,因又吐血数升”[③],几乎丧命。当时丧礼期间饮酒食肉都是礼法所不许的。

山涛(205—283 年),字巨源,他也曾和阮籍等人一起隐居,但后来被迫出仕。这或许与其家庭出身有关,其父与司马师、司马昭兄弟是姑表亲。而且山涛有着明显不同于“竹林七贤”其他人的性情,山涛虽在年轻时崇尚老庄思想,加入“竹林七贤”之列,可其本质上却并非浪漫的文学家或忘情的哲学家,而是拘守世俗礼法的彬彬君子。当山涛再次出仕时,嵇康写了《与山巨源绝交书》以示抗议。不过在嵇康临刑之际,却嘱咐子女遇到困难可向山涛求助,而山涛也在嵇康身后承担起照顾其子女的责任。可见他们之间纷争是次要的,友谊是真挚的。

向秀(约 227—272 年),字子期,官至散骑常侍。向秀曾注释《庄子》,“于旧注外为解义,妙析奇致,大畅玄风”[④],仅剩下《秋水》《至乐》两篇尚未

---

① 严可均:《全上古三代秦汉三国六朝文》,中华书局 1958 年版,第 1374 页。

② 房玄龄:《晋书》卷四十九《阮籍传》,中华书局 1974 年版,第 1361 页。

③ 房玄龄:《晋书》卷四十九《阮籍传》,中华书局 1974 年版,第 1361 页。

④ 刘义庆著,徐震堮校笺:《世说新语校笺》,《世说新语校笺》卷上《文学》,中华书局 1984 年版,第 111 页。

完成就去世了。据说后来其草稿被洛阳人郭象窃得,郭象完成《秋水》《至乐》两篇后又替换《马蹄》一篇,其他各篇也略有修订,这就是流传至今最早的《庄子》注本。今传《庄子注》可视为向秀和郭象共同的作品。他们重在调和名教与自然的冲突,主张名教与自然统一,合儒、道为一。认为万物自生自化,各任其性,即是"逍遥","君臣上下"亦皆出于"天理自然",故不能因要求"逍遥"而违反"名教"。为臣者尽其为臣的本分就是逍遥。

刘伶字伯伦,以擅长饮酒和品酒而闻名。他反对司马氏的黑暗统治和虚伪礼教。为避免政治迫害,他遂嗜酒佯狂任性放浪,放荡不羁表现出对名教礼法的否定。刘伶还著有《酒德颂》。《晋书》本传记载,他经常"乘鹿车,携一壶酒,使人荷锸而随之,谓曰:'死便埋我'"。他嗜酒如命,有一次醉酒后与人发生争吵,对方生气地卷起袖子要动手,"伶徐曰:'鸡肋不足以安尊拳。'其人笑而止"①。

阮咸是阮籍的侄子,字仲容,为人旷放,不拘礼法。善弹直颈琵琶。直颈琵琶后改称"阮咸",简称"阮"。阮咸不仅擅长演奏,也精于作曲,唐代流行的琴曲《三峡流泉》据说即他所作。阮咸和阮籍一样,鄙视礼法以抗议权贵的虚伪,追求老庄崇尚的自由。阮咸也酒量惊人,甚至饮酒都不用酒杯而用酒瓮。

王戎(234—305 年),字濬冲。王戎生于琅琊王氏,自幼聪颖,神采秀彻,是"竹林七贤"中最轻的。王戎 9 岁时便认识嵇康,同时还交往甚密。王戎 15 岁时结识阮籍,其父亲王浑官任尚书郎与阮籍是同事并有亲交。王戎住在父亲的官舍中,阮籍每次拜访王浑,谈不到几句话,就转到王戎房间畅谈半天。王戎后来官至司徒,不过在西晋乱世中,他并没有突出的表现。

鲁迅在《魏晋风度及文章与药及酒之关系》中对"竹林七贤",尤其嵇康、阮籍有过深入分析。鲁迅指出,他们实质上是信仰礼教的,不过因为看不惯别人利用礼教的虚假表演才采取激烈的反对,表现出对礼法的蔑视。别人不明白其良苦用心,反而效仿他们的举止,不过是东施效颦罢了。

---

① 房玄龄等:《晋书》卷四十九《刘伶传》,中华书局 1974 年版,第 1376 页。

六、道家思想对河洛文化的影响

道家思想体系的形成得益于河洛地区深厚的文化积淀，同样道家思想也对河洛文化的发展产生了巨大影响。当代河洛文化中依然有道家思想的元素。

首先，老子提出的“道”在相当长的历史时期内，成为河洛先民理解世界的根基。世界由道发生而来，成为人们普遍的观念。无论是道家还是儒家，他们的世界发生模式，都是从老子的“道生一，一生二，二生三，三生万物”发展而来的。如周敦颐《太极图说》就有明显的道家思想成分。

其次，老子对道的描绘方式，也影响了河洛先民认识事物的方式。河洛先民总是习惯于对事物进行整体的宏观把握，而不喜欢，或者不习惯对实物进行细致的分析。也有人将这种思维模式称为模糊性的直觉思维，是感性和理性、具体和抽象辩证统一的思维方式，是一种心智直接觉悟的思维活动。所以，河洛先民在认识事物时，心智活动不是明显地依靠概念、判断和逻辑推理，而是靠灵感、顿悟直接把握事物的本质特征和规律。

再次，尤其重要的是，老子无为、知足、守雌等思想，对河洛先民的生活产生了重要影响。在“无为”思想的影响下，造就了河洛先民恬淡自然的生活模式。老子“知足不辱”思想，造就了河洛先民知足常乐的乐观豁达。老子“治人事天，莫若啬”的思想，也造就了河洛先民勤俭节约的生活习惯。在河洛先民谦恭退让的处世态度中，也可以看到老子思想的影响。而且，在传统农耕生产方式下，乡村生活也的确有“小国寡民”自然闲适的感觉，在“日出而作，日暮而息”的规律中，河洛人民过着与世无争的幸福生活。

进入汉代，道家一度与法家结合，西汉初年“黄老之学”指导下的无为而治一度成为西汉前期的国策。汉武帝罢黜百家后，道家地位有所下降，逐渐从政治领域转向人们的精神世界。东汉末年的战乱，摧毁了儒家经学的威权，曹魏建立后，玄学逐渐受到士人青睐，士人开始在玄学中寻找精神寄托。后世中国知识分子的儒道互补成为思想史上的常态，当士人积极进取时，支撑其奋进的是儒学的入世，而当士人受挫后，则往往转向道家，寻求精神的超越。

第五节　法家文化

中国传统文化中不仅存在着儒道互补,也存在着儒法互补。虽说汉武帝以后历代帝王都尊孔子为先师,但骨子里却多是韩非子的信徒。儒家对于帝王而言,不过是华丽的外衣而已,韩非子的帝王术才是帝王们的最爱。今人回看河洛文化时,法家文化的历史影响也是不能忽视的。

一、韩非子的生平

韩非(约前280—前233年),在唐以前,被称为韩子。但唐朝以后,韩子成为韩愈的尊称,于是韩非也就成了韩非子。先秦诸子中,作为韩国疏远宗室的韩非出身最高贵。韩非在韩国并不受重用,只得将主张书诸笔端。战国秦汉时人著作权意识不强,作品往往不署名,秦王政在读韩非作品时感慨道:“寡人得与此人游,死不恨矣!”[①]恰巧韩非的同学李斯在秦王身边,李斯告知秦王这些作品出自韩非之手。秦王立即下令出兵韩国,抢夺韩非。这大概是世界历史上唯一一次为夺取一个学者而发动的战争。就这样韩非被“请”到秦国。

韩非来到秦国后,李斯感到巨大的威胁,韩非还得罪了秦王宠臣姚贾。韩非不仅批评姚贾,而且还讥讽其出身卑微。于是姚贾和李斯合伙陷害韩非。他们对秦王说,韩非是韩国贵族,最终只会帮助韩国,于是韩非被投入狱中。韩非还试图上书秦王为自己辩护,但他迎来的是姚贾送来的药酒。韩非刚死,秦王就后悔了,赦免韩非的使者来到监狱时,看到的是韩非冰冷的尸体。

韩非的命运与商鞅有些相同,虽说其主张被采纳,但其本人却下场凄惨。

---

① 司马迁:《史记》卷六十三《老子韩非列传》,中华书局1982年版,第2155页。

二、《韩非子》

今传《韩非子》55篇，和《汉书·艺文志》的记录相同。胡适认为《韩非子》中只有十分之一二是可靠的，除《显学》《五蠹》《定法》《难势》《诡使》《六反》《问辩》外，多不可靠。[①] 梁启雄《韩非子浅解》认为今本《韩非子》大部分篇章是韩非子的作品，只有少数伪作混入。任继愈把55篇划分为五组，第一组确认不是韩非的作品：《初见秦》《存韩》《难言》《爱臣》。《初见秦》可能是范雎或者是蔡泽的作品。《存韩》讲到了齐魏将亡，显然是韩非身后之事。第二组是韩非子后学所作：《忠孝》《人主》《饬令》《心度》《制分》。第三组是关于古代历史故事的传说，疑为韩非等人所引用的工具书，或是资料汇编：《说林上》《说林下》《内储说上》《内储说下》《外储说左上》《外储说左下》《外储说右上》《外储说右下》。第四组是韩非对老子思想的解说：《解老》《喻老》。第五组是韩非的中心思想，是全书的主体：《五蠹》《六反》《诡使》《说疑》《八说》《八经》《显学》《主道》《有度》《二柄》《扬权》《八奸》《十过》《孤愤》《说难》《和氏》《奸劫弑臣》《亡征》《三守》《备内》《南面》《饰邪》《观行》《安危》《守道》《用人》《功名》《大体》。[②] 任先生的划分大体可靠。《韩非子》是研究韩非子思想的主要材料，《韩非子》的编订应是其后学在秦灭六国前后完成，其中有韩非未完成的作品。

秦朝崇尚法家，《韩非子》获得很高的地位。无论是皇帝还是大臣经常引用它。《史记·秦始皇本纪》中就记载秦二世曾引用过《韩非子》：

> 二世曰："吾闻之《韩子》曰：'尧舜采椽不刮，茅茨不翦，饭土熘，啜土形，虽监门之养，不觳于此。禹凿龙门，通大夏，决河亭水放之海，身自持筑臿，胫毋毛，臣虏之劳，不烈于此矣。凡所为贵有天下者，得肆意极欲，主重明法，下不敢为非，以制御海内矣。夫虞、夏之主，贵为天子，亲处穷苦之实，以徇百姓，尚何于法？'"[③]

---

① 胡适：《中国哲学史大纲》（上），上海古籍出版社1997年版，第263页。

② 王宏斌：《中国帝王术——〈韩非子〉与中国文化》，河南大学出版社1995年版，第3—4页。

③ 司马迁：《史记·秦始皇本纪》，中华书局1982年版，第271页。

李斯在上书中也引用《韩非子》：

故《韩子》曰“慈母有败子，而严家无格虏”者。何也？则能罚之加焉必也。故商君之法刑弃灰于道者。夫弃灰，薄罪也，而被刑重罚也，彼唯明主为能深督轻罪。夫罪轻且督深，而况有重罪乎？故民不敢犯也。是故《韩子》曰“布帛寻常，庸人不释，铄金百镒，盗跖不搏”者，非庸人之心重寻常之利深，而盗跖之欲浅也；又不以盗跖之行，为轻百镒之重也。搏必随手刑，则盗跖不搏百镒；而罚不必行也，则庸人不释寻常。是故城高五丈，而楼季不轻犯也。泰山之高百仞，而跛牛羊牧其上。夫楼季也而难五丈之限，岂跛牛也而易百仞之高哉？峭渐之势异也。①

不过西汉建立后，韩非子遭到非议。汉武帝建元元年（前140年）丞相卫绾在汉武帝的授意下提议：“所举贤良，或治申商，韩非，苏秦，张仪之言，乱国政，请皆罢之。”②扬雄《法言·问道》对韩非提出了批评，而王充则在《论衡》中专门写有《非韩》以全面批驳韩非。即便一些倾向于法家的士人，也不便明目张胆地宣扬《韩非子》，因而专门研究韩非的人并不多。流传至今宋以前的旧注仅有一家，而且作者也无从考证。清代汉学复兴，清儒在治经之余也开始旁及诸子，对韩非子的研究才逐渐多了起来，如王先慎和梁启雄等人。

三、法家思想的源头

（一）法、术、势的集大成者

韩非被认为是法家的集大成者，集法、术、势于一体。那么何谓法、术、势？

一般认为，法家思想的源头可追溯到春秋时的晋国，或者郑国的子产。春秋时，晋国最先开始变革，显然具备法家产生的土壤。战国变法的序幕也

① 司马迁：《史记·李斯列传》，中华书局1982年版，第2556页。

② 班固：《汉书·武帝纪》，中华书局1962年版，第156页。

由李悝首先在原晋国继承者魏国展开，之后魏将吴起在楚国也进行了变法。商鞅在魏国接受了法家理论，商鞅在秦孝公支持下进行的变法达到战国变法的高潮。李悝的《法经》已经亡佚，今传吴起《吴子》是兵书。只有商鞅后学所编《商君书》体现了早期法家思想。他们鼓吹应有完整的法制，依靠严刑峻法治国。

所谓“术”，是指申不害倡导的权谋术。申不害的著作也已失传，仅有只言片语见于后人的引用。韩非子曾对“术”进行总结，他说：“术者，因任而授官，循名而责实，操杀生之柄，课群臣之能者也，此人主之所执也。”[①]申不害是专制独裁的鼓吹者，他说：“君如身，臣如手。君设其本，臣操其末。为人君者，操契以责其名。名者天地之纲，圣人之符。张天地之网，用圣人之符，则万物无所逃矣。”[②]在《吕氏春秋·任数》里有一段故事：

> 韩昭釐侯视所以祠庙之牲，其豕小。昭釐侯令官更之，官以是豕来也。昭釐侯曰：“是非向者之豕邪？”官无以对，命吏罪之。从者曰：“君王何以知之？”君曰：“吾以其耳也。”申不害闻之曰：“何以知其聋？以其耳之听也。何以知其盲？以其目之明也。何以知其狂？以其言之当也。故曰：‘去听无以闻则聪去，视无以见则明去，智无以知则公去。三者不任则治，三者任则乱。’以此言耳目心智之不足恃也。耳目心智其所以知识甚阙，其所以闻见甚浅，以浅阙博，居天下，安殊俗，治万民，其说固不行。十里之间而耳不能闻，帷墙之外而目不能见，三亩之宫而心不能知。其以东至开梧，南抚多婴页，西服寿靡，北怀儋耳，若之何哉？故君人者不可不察此言也。治乱安危，存亡其道，固无二也。故至智弃智，至仁忘仁，至德不德，无言无思，静以待时，时至而应。心暇者胜。凡应之理，清净公素，而正始卒焉。此治纪，无唱有和，无先有随。古之王者，其所为少，其所因多。因者，君术也。为者，臣道也。为则扰矣，因则静矣。因冬为寒，因夏为暑，君奚事哉？故曰：君道无知、无为而贤

---

① 王先慎：《韩非子集解》卷十七《问田》，中华书局 1998 年版，第 397 页。

② 严可均：《全上古三代秦汉三国六朝文》，中华书局 1958 年版，第一册，第 33 页。

于有知、有为，则得之矣。”①

他还说：“独视者谓明，独听者谓聪，能独断者，故可以为天下主。”②

所谓“势”，是慎到的思想，其著作已残缺。“势”主要指掌握政权。他说：“尧为匹夫不能使邻家化，至为主则令行禁止。由此观之，贤未足以服不肖，而势位足以屈贤。”③又说：“飞龙乘云，腾蛇游雾。云罢雾霁，而龙蛇与螾蚁同矣，则失其所乘也。故贤人而诎于不肖者，则权轻位卑也。不肖而能服乎贤者，则权重位尊也。尧为匹夫不能治三人，而桀为天子能乱天下。吾以此知势位之足恃，而贤智之不足慕也。夫弩弱而矢高者，助于凤也。身不肖而令行者，得助于众也。尧教于隶属而民不听，至于南面而王天下，令则行禁则止，由此观之，贤智未足以服众，而势位足以任贤者也。”④充分强调了政权的重要性。

韩非的思想体系综合了前人所讲法、术、势。他批评申不害“徒术而无法”，批评商鞅“徒法而无术”。韩非还受到其师荀子的影响，荀子对礼的强调已呈现出若干规定性，礼也被视为习惯法或者不成文法。

（二）由道到法的转折

韩非思想体系还受到道家思想的影响。道家与法家表面差别很大，实则渊源很深，司马迁《史记·老子韩非列传》说：“申子之学本于黄老而主刑名。”⑤“申子卑卑，施之于名实。韩子引绳墨，切事情，明是非，其极惨礉少恩。皆原于道德之意，而老子深远矣。”⑥道家对法家的影响主要体现在以下几个方面：

第一，道家思想为法家思想提供了哲学基础。

如前所述，道家的“道”作为万物的本原和规律，具有自然规范的意义，是客观存在的绝对权威，人类社会作为自然的组成部分必须服从“道”的规

① 许微遹：《吕氏春秋集释》卷十七《任数》，中华书局2009年版，第446页。
② 王先慎：《韩非子集解》卷十三《外储说右上》，中华书局1998年版，第321页。
③ 欧阳询：《艺文类聚》卷五十四，上海古籍出版社1998年版，第968页。
④ 王先慎：《韩非子集解》卷十七《难势》，中华书局1998年版，第388页。
⑤ 司马迁：《史记·老子韩非列传》，中华书局1982年版，第2146页。
⑥ 司马迁：《史记·老子韩非列传》，中华书局1982年版，第2156页。

范。范文澜在《中国通史》中说,“人对自然只能任(顺从)和法(效法),不能违背它”,“后来法家引申这种思想为极端的专制主义,就是君主制定法令,臣民绝对服从,象服从自然规律一样”。[①] 韩非继承了老子关于“道”的思想,把“道”看成万物的根本,“道者,万物之始,是非之纪也”[②]。他把“道”理解为万物之所以存在的根本依据:“天得之以高,地得之以藏,维斗得之以成其威,日月得之以恒其光……轩辕得之以擅四方,赤松得之与天地统,圣人得之以成文章。”[③]与《老子》第三十九章如出一辙。韩非还把“道”视为事物发展变化的规律,“凡道之情,不制不形,柔弱随时,与理相应”[④]。宏达无边的“道”无所不在,“夫道者,弘大而无形”[⑤]。韩非对老子思想也有所发展。他明确区分了“道”和“德”,“德”是“道”的实际功用,“德者,道之功”[⑥]。

韩非把“道”作为其法家思想的依据。韩非在强调“道”对万物的控制后,进一步指出人也要依“道”而行,“夫缘道理以从事者,无不能成。无不能成者,大能成天子之势尊,而小易得卿相将军之赏禄。夫弃道理而妄动者,虽上有天子诸侯之势尊,而下有猗顿、陶朱、卜祝之富,犹失其人民而亡其资财也。众人之轻弃道理而易妄举动者,不知其祸福之深大而道阔远若是也”[⑦]。他心目中的圣人就是能“从于道而服于理者也”[⑧]。“道”已由绝对的规律性引申为外在的规定性,由“道”引出法是很自然的事。韩非把“道”扩展到治国,把“道”视为国家生存的根本,他说:“所谓有国之母,母者道也。道也者,生于所以有国之术。”[⑨]他还把“道”的绝对独尊作为君主独裁的依据,他说:“道无双,故曰一,是故明君贵独道之容。”[⑩]君就是“道”在人间的体现者,是活生生的“道”。

---

① 范文澜:《中国通史》(第一册),人民出版社 1994 年版,第 248 页。
② 王先慎:《韩非子集解》卷一《主道》,中华书局 1998 年版,第 26 页。
③ 王先慎:《韩非子集解》卷六《解老》,中华书局 1998 年版,第 147 页。
④ 王先慎:《韩非子集解》卷六《解老》,中华书局 1998 年版,第 147 页。
⑤ 王先慎:《韩非子集解》卷二《扬权》,中华书局 1998 年版,第 46 页。
⑥ 王先慎:《韩非子集解》卷六《解老》,中华书局 1998 年版,第 133 页。
⑦ 王先慎:《韩非子集解》卷六《解老》,中华书局 1998 年版,第 136 页。
⑧ 王先慎:《韩非子集解》卷六《解老》,中华书局 1998 年版,第 139 页。
⑨ 王先慎:《韩非子集解》卷六《解老》,中华书局 1998 年版,第 140 页。
⑩ 王先慎:《韩非子集解》卷二《扬权》,中华书局 1998 年版,第 46 页。

第二,道家为法家提供了辩证法的方法论依据。

首先是术。道家思想,尤其是老子思想中的辩证法体现于政治思想,就已有权谋的影子。《汉书·艺文志》说:“道家者流,盖出史官,历记成败存亡祸福古今之道,然后知秉要执本,清虚以自守,卑弱以自持,此君人南面之术也。”[①]老子说:“将欲歙之,必固张之;将欲弱之,必固强之;将欲废之,必固兴之;将欲取之,必固与之。”[②]从中不难看出权诈的色彩。

老子非常注重实际功用,他说:“是以丈夫处其厚,不居其薄;处其实,不居其华。”[③]但为实现功利目的又不能不采取必要的手段,他说:“是以圣人后其身而身先,外其身而身存。非以其无私耶,故能成其私。”[④]可见“私”是目的,而“无私”只是手段。同样“无为”也只是手段,而“有为”才是目的,他说:“道常无为而无不为。”[⑤]重点在“无不为”而非“无为”。“为无为,则无不治”[⑥],“无为”就是“有为”。他又说“不敢为天下先”[⑦],他并非“不愿”而是“不敢”,在他看来“为天下先”将得不偿失。又曰:“以正治国,以奇用兵,以无事取天下。”[⑧]老子心中念念不忘的正是“取天下”。所以李泽厚在《中国古代思想史论》中说:“《老子》把兵家的军事斗争学上升为政治层次的‘君人南面之术’,以为统治者的侯王圣人服务。”[⑨]

老子的辩证法被法家继承并改造为“法术势”的组成部分。韩非也讲无为,但他所说的无为也决非无所作为,国君一定要让臣下捉摸不透,他说:“明君无为于上,群臣竦乎下。”无为只是表象,关键在暗地里的功夫,“道在

---

① 班固:《汉书》卷三十《艺文志》,中华书局 1962 年版,第 1732 页。

② 《老子》第三十六章。王弼:《老子注》,《诸子集成》(第三册),中华书局 1954 年版,第 21 页。

③ 《老子》第三十八章。王弼:《老子注》,《诸子集成》(第三册),中华书局 1954 年版,第 23 页。

④ 《老子》第七章。王弼:《老子注》,《诸子集成》(第三册),中华书局 1954 年版,第 4 页。

⑤ 《老子》第三十七章。王弼:《老子注》,《诸子集成》(第三册),中华书局 1954 年版,第 21 页。。

⑥ 《老子》第三章。王弼:《老子注》,《诸子集成》(第三册),中华书局 1954 年版,第 2 页。

⑦ 《老子》第六十七章。王弼:《老子注》,《诸子集成》(第三册),中华书局 1954 年版,第 41 页。

⑧ 《老子》第五十七章。王弼:《老子注》,《诸子集成》(第三册),中华书局 1954 年版,第 34 页。

⑨ 李泽厚:《中国古代思想史论》,安徽文艺出版社 1994 年版,第 91 页。

不可见,用在不可知,虚静无事,以暗见疵”①,“术者,藏之于胸中,以偶众端,而潜御群臣者也,故法莫如显而术不欲见”②。国君行“术”要以“势”作为基础,“抱法处势则治”③。老子曾说:“鱼不可脱于渊,国之利器不可示人。”④韩非精辟地阐释道:“势重者,人君之渊也。君人者势重于人臣之间,失则不可复得也。简公失之于田成,晋公失之于六卿,而邦亡身死。故曰:‘鱼不可脱于渊’。赏罚者邦之利器也,在君则制臣,在臣则制君。君见赏,臣则损之以为德;君见罚,臣则益之以为威。人君见赏而人臣用其势,人君见罚而人臣用其威。故曰:‘邦之利器,不可以示人。’”⑤老子思想彻底成了帝王术。

第三,道家对社会人性的认识与法家极端性恶论有一定的渊源关系。

道家认为上古存在一个至德之世,文明智能的发展破坏了原始的宁静平和。道家从“全生保真”观点出发,在处理人际关系上采取以自我为本位的立场,这很容易发展为利己主义。《庄子·养生主》中说:“为善无近名,为恶无近刑,缘督以为经,可以保身,可以全生,可以养亲,可以尽年。”⑥同时道家对人性在文明发展过程中的堕落进行激烈的批判,反映了处于长期混乱中的人们对秩序的向往,而这种向往也为法家专制思想的发展提供了市场。如葛兆光所说:“对于人性堕落与社会混乱的极力抨击,正好是以法令刑律治理社会的最好依据。”⑦

韩非等法家都是极端性恶论者,他认为人天生具有谋求利益最大化的本性,只能用刑、赏“二柄”对人进行控制。韩非继承了道家抨击仁义的传统和利己主义的倾向。他抨击了儒、墨试图通过仁德治国的主张,他说:“夫严家无悍虏,而慈母有败子。吾以此知威势可以禁暴,而厚德之不足以止乱也。”⑧进而把人际关系说成赤裸裸的利害关系,“故舆人成舆则欲人之富贵,

---

① 王先慎:《韩非子集解》卷一《主道》,中华书局1998年版,第28页。
② 王先慎:《韩非子集解》卷十六《难三》,中华书局1998年版,第380页。
③ 王先慎:《韩非子集解》卷十七《难势》,中华书局1998年版,第392页。
④ 《老子》第三十六章。王弼:《老子注》,《诸子集成》(第三册),中华书局1954年版,第21页。
⑤ 王先慎:《韩非子集解》卷七《喻老》,中华书局1998年版,第159页。
⑥ 王先谦:《庄子集解》卷一《养生主》,《诸子集成》(第三册),中华书局1954年版,第18页。
⑦ 葛兆光:《中国思想史》第一卷,复旦大学出版社2001年版,第176页。
⑧ 王先慎:《韩非子集解》卷十九《显学》,中华书局1998年版,第461页。

匠人成棺则欲人之夭死也，非舆人仁而匠人贼也，人不贵则舆不售，人不死则棺不买，情非憎人也，利在人之死也”[①]。从极端利己主义出发，他认为即便君臣、父子、夫妇、兄弟之间也是单纯的利害关系，人们必然将因利害关系而争斗不休。他进而由绝对利己主义发展出刻薄少恩的法治理论。

第四，法家继承了道家反文化主义倾向，并发展为摧残文化的政治实践。

道家绝圣弃智的主张也必然导致法家的极端举措。老子把人类文明看成完全多余而且有害的，他主张完全抛弃，他说：“为学日益，为道日损。”[②]老子认为心机技巧导致了社会的混乱：“民之难治，以其智多。”[③]他主张“绝圣弃智”“绝仁弃义”“绝巧弃利”“绝学无忧”[④]。《庄子》中对文化的批判也比比皆是。韩非完全继承了道家的反智倾向并将它推向极致。他把文化的主要承载者儒生说成是扰乱国家的“五蠹”之一，他说：“儒以文乱法，侠以武犯禁。”他把国家混乱的原因归结为“游学者日众”，“是故乱国之俗：其学者称先王之道以籍仁义，盛容服而饰辩说，以疑当世之法，而贰人主之心”。他主张“故明主之国，无书简之文，以法为教；无先王之语，以吏为师”[⑤]。秦始皇的焚书即韩非主张的具体落实。只不过老子主张让人民回到小国寡民结绳而用的混沌状态中，秦始皇却是通过强制措施把这些承载着知识的书籍和知识分子直接予以消灭。

此外，道家贵变和法家贵今之间的关系、道家对商贾的批评与法家的抑商政策之间也有一定的关系，这里就不再展开了。[⑥]

韩非也受到墨家和名家的影响。韩非所处的战国末期，经过百家争鸣后，思想学术领域内已呈现出融合的趋势。

---

① 王先慎：《韩非子集解》卷五《备内》，中华书局 1998 年版，第 116 页。

② 《老子》第四十八章。王弼：《老子注》，《诸子集成》（第三册），中华书局 1954 年版，第 29 页。

③ 《老子》第五十六章。王弼：《老子注》，《诸子集成》（第三册），中华书局 1954 年版，第 34 页。

④ 《老子》第十九章。王弼：《老子注》，《诸子集成》（第三册），中华书局 1954 年版，第 10 页。

⑤ 王先慎：《韩非子集解》卷十九《五蠹》，中华书局 1998 年版，第 452 页。

⑥ 以上分析可参看吴涛：《从老子到韩非——浅论道法渊源的几个方面》，《兰州学刊》2006 年第 4 期。

四、韩非与“君人南面之术”

先秦诸子几乎都在讲人性，韩非也不例外。韩非继承荀子的人性恶，并把它发展到极致。在他看来人极端自私自利，他说：“喜利畏罪，人莫不然。”[①]他认为人都是自私的，统治者不要指望百姓的爱戴，利用人性喜利避害的特点牢牢地抓住赏和罚“二柄”以控制百姓。他主张充分发挥赏赐的作用，让百姓投身于耕战，并把耕战之外致富的渠道全部封锁，不事耕战的商贾和游士都是国家的蛀虫。

他还认为，相对于赏而言，罚更重要，国君宁愿舍弃赏而不是罚。他举例说，齐简公因处罚容易得罪人而将处罚权交给田常，自己以赏赐收买人心。结果两年后田常轻易夺取政权。因为人们可以不要赏赐而不敢遭受处罚。韩非也承认有好人，但他认为好人特别少，不能期待好人不犯法，而是让坏人不敢犯法。他的观点也有些道理。法律其实都是为坏人而制定的。好人并不需要法律的约束。但韩非和当代法治的巨大不同在于，当代立法目的是保护好人，而韩非法家思想的出发点是保护统治者的利益不受任何侵犯。

在韩非眼里，人生无任何感情可言。他说作为君主要防备八种人，他称之为“八奸”。一曰“同床”，睡在君主身边的人，“贵夫人、爱孺子、便僻好色，此人主之所惑也”[②]。二曰“在旁”，国君的身边人，“优笑侏儒，左右近习”[③]。三曰“父兄”，“侧室公子，人主之所亲爱也”[④]，国君的兄弟叔伯亲近。世人眼中这都是最亲近的人，但韩非指出他们都是国君的威胁。考诸史籍，子弑其父、弟杀其兄者不胜枚举，权力对人性的扭曲，在赤裸裸的权力面前亲情、友情、爱情都毫无价值。四曰“养殃”，“人主乐美宫室台池，好饰子女狗马以娱其心”[⑤]，为君主服务的宫女、宦官等人。宦官专权在中国历史上屡见不鲜，原因在于失去性能力的宦官获得了皇帝的绝对信任。宦官专权是

---

① 王先慎：《韩非子集解》卷十五《难二》，中华书局 1998 年版，第 369 页。
② 王先慎：《韩非子集解》卷二《八奸》，中华书局 1998 年版，第 53 页。
③ 王先慎：《韩非子集解》卷二《八奸》，中华书局 1998 年版，第 54 页。
④ 王先慎：《韩非子集解》卷二《八奸》，中华书局 1998 年版，第 54 页。
⑤ 王先慎：《韩非子集解》卷二《八奸》，中华书局 1998 年版，第 54 页。

寄生在专制皇权上的毒瘤。而且，只要是有专制权力的存在，就会有君主身边人弄权的现象发生，即便他们不是宦官。五曰“民萌”，“为人臣者散公财以说民人，行小惠以取百姓，使朝廷市井皆劝誉已，以塞其主而成其所欲”①，即获得了民心的人。从专制君主的立场出发，百姓不应拥护除皇帝之外的任何人，哪怕他是个清官。六曰“流行”，“人主者固壅其言谈，希于听论议，易移以辩说”②，一群鼓吹无用学说的人。在专制君主眼中，有独立头脑的学者是危险的。专制时代里只需要一种学问，即去论证君主的伟大以及如何效忠君主，除此之外任何学说都被贴上异端的标签而加以清除，“文字狱”史不绝书。七曰“威强”，“为人臣者聚带剑之客，养必死之士”③，即私人武装。武装是专制政权的根基，绝对不能出现皇权控制之外的武装。八曰“四方”，“为人臣者重赋敛，尽府库，虚其国以事大国，而用其威求诱其君”④，也就是里通外国的人。韩非子强调，合格的君主一定不能信任任何人。

韩非还提出十条措施指导君主控制臣民。第一，“明说以诱避过”⑤。反复地训导臣下，使其知晓效忠君主的利弊。第二，对大臣要“以三节持之”⑥。即以三种手段控制大臣：以其妻子、孩子作为人质，提供高官厚禄，严格考核和严格惩罚。这样就可以牢牢地控制臣下的命运。对君主而言，可控制的臣下是受欢迎的，哪怕是贪官。相反，清官却因没有贪欲而不好控制。第三，严禁大臣结党。专制君主眼中任何组织起来的力量都是可怕的，结党必然遭到严厉打击。第四，“疑诏诡使”⑦。挑拨臣下的关系，使其互相怀疑。同时利用各种权谋监督臣民。第五，“心藏而不露”⑧。君主一定要能严守机密，明清密折制度就是韩非这一建议的体现。第六，故弄玄虚，刺探真情。第七，要求臣子以效忠君主为唯一标准，不能以是非为标准，而以君主的意志为标准。第八，怀疑一切。君主的性格都是多疑的。如朱元璋的多疑达

① 王先慎：《韩非子集解》卷二《八奸》，中华书局 1998 年版，第 55 页。
② 王先慎：《韩非子集解》卷二《八奸》，中华书局 1998 年版，第 55 页。
③ 王先慎：《韩非子集解》卷二《八奸》，中华书局 1998 年版，第 55 页。
④ 王先慎：《韩非子集解》卷二《八奸》，中华书局 1998 年版，第 55 页。
⑤ 王先慎：《韩非子集解》卷十八《八经》，中华书局 1998 年版，第 437 页。
⑥ 王先慎：《韩非子集解》卷十八《八经》，中华书局 1998 年版，第 434 页。
⑦ 王先慎：《韩非子集解》卷九《内储说上》，中华书局 1998 年版，第 211 页。
⑧ 王先慎：《韩非子集解》卷五《三守》，中华书局 1998 年版，第 113 页。

到了变态的程度。第九,“易视以改其泽”[①]。君主要尽量从不同角度获取信息。专制时代,特务政治总是大行其道。洪武年间特务政治空前猖獗。朱元璋要求臣僚对自己绝对忠诚,时常采用特务手段对臣下进行侦查。后来朱元璋又设立专门的特务机构——锦衣卫。锦衣卫专门负责侍卫、缉捕、侦查、刑狱之事,其权力凌驾于刑部和大理寺之上,是一个由皇帝直接掌握的军事特务机构。洪武后期许多大狱都由锦衣卫负责审理。朱元璋还经常在朝堂上杖责大臣,称为廷杖,而廷杖也由锦衣卫执行。第十,杀。君主从来不是慈善家。汉武帝时淮南、衡山大狱株连数万人。朱元璋更是大开杀戒,胡惟庸案、蓝玉案、空印案和郭桓案,究竟杀了多少人,恐怕永远是一个搞不清楚的谜。而且君主杀人不需要理由,不要以为无罪就不会被杀。韩非说:“赏之誉之不劝,罚之毁之不畏,四者加焉不变,则除之。”[②]皇帝认为不能控制的人必杀不可。而且在杀人时,一定不能手软。韩非说:“忍不制则下上,下不除则大诛。”[③]后世杀人都已成为一门艺术。专制统治就是这样靠恐怖和暴力来维系的。

当然,这里并非要彻底否定韩非。韩非自有其价值在。第一,《韩非子》文学价值不容否定,韩文逻辑严密,层层展开。第二,韩非对历史规律的认识、主张变法、反对复古也是有意义的。不过,今人应认识到他对中国文化的负面影响。法家的主张与社会主义核心价值观所倡导的法治有本质的不同。

虽说秦王朝二世而亡,使法家学说声望扫地,但法家学说并未消亡。帝制时代的意识形态本质是儒法互补,以儒为表,以法为里。西汉初年,法家政治一度披上黄老之学的外衣。[④] 儒家获得独尊地位后,不过为法家政治换件外衣而已。如谭嗣同所说:“常以为二千年来之政,秦政也,皆大盗。”[⑤]

---

① 王先慎:《韩非子集解》卷十八《八经》,中华书局 1998 年版,第 436 页。

② 王先慎:《韩非子集解》卷十三《外储说右上》,中华书局 1998 年版,第 311 页。

③ 王先慎:《韩非子集解》卷十八《八经》,中华书局 1998 年版,第 434 页。

④ 吴涛:《政无为而法有为——浅谈西汉前期黄老政治的特点》,见《华北水利水电学院学报(社科版)》,2010 年第 2 期。

⑤ 谭嗣同:《谭嗣同全集》,中华书局 1981 年版,第 337 页。

第三章　河洛宗教文化

宗教文化也是河洛文化的重要构成部分。本土的道教在河洛地区萌芽,外来的佛教不仅最早在河洛地区落脚,而且正是在河洛地区开始了其中国化历程,最终转化为中国传统文化的重要组成部分。

第一节　佛教的诞生与东传

佛教创始后不久开始东传，并在洛阳实现了与中华文化的结缘。

一、佛教的创立和外传

佛教创立者乔达摩·悉达多生于古印度迦毗罗卫城（今印度、尼泊尔边境地区），他是释迦族人，后人尊称其为“释迦牟尼”，意为释迦族的尊者或圣人。所谓“成佛”即获得觉悟，佛就是觉悟者。释迦牟尼大约生活在公元前566—前486年，相当于春秋后期，稍早于孔子。他出身于刹帝利种姓，是迦毗罗卫国净饭王的太子，少年时代接受上层社会贵族教育。释迦牟尼16岁时与觉善王的女儿耶输陀罗结婚并生有一子。但他并不满足于富足美满的生活，而是经常沉思，探索苦难世界的解脱之路。释迦牟尼29岁出家，经过长达6年的苦修，并未找到解脱之路。他放弃无益的苦修，到尼连禅河中沐浴后，接受了牧女供养的牛奶，然后来到菩提伽耶坐在毕钵罗树（后称菩提树）下，经过七天七夜沉思，终于悟出“四谛”的真理。这标志着他成为真正的觉悟者——佛。释迦牟尼在鹿野苑向自己过去的5名侍者传播佛法，被称为“初转法轮”。自此，佛、法、僧三宝具足，佛教正式创立。

释迦牟尼去世前都在传教，其出家男弟子叫比丘，女弟子叫比丘尼，在家男弟子称邬波索伽，女弟子称邬波斯伽，合称四众弟子。释迦牟尼最后在传教途中逝世于拘尸那伽。汉传佛教以农历四月初八为佛诞日，农历十二月初八日为佛成道日，农历二月十五日为佛涅槃日。

释迦牟尼去世后，以弟子摩诃迦叶为首的500人在王舍城外的七叶窟将佛一生所说结集。由阿难陀诵出经部，优婆离诵出律部，摩诃迦叶诵出论部。后来在佛灭110年、235年和大约400年后，又有过3次结集。

佛教创立100多年后发生分裂，进入“部派佛教时期”。起初因对教义和戒律理解的不同而分裂为“上座部”和“大众部”两派。公元1世纪前后，大乘佛教兴起。公元前3世纪阿育王时代，印度佛教开始向外传播，成为世界性宗教。其中,传入中国汉族地区和朝鲜、越南、日本等国的佛教以大乘佛教为主,称为北传佛教,或汉传佛教。传入东南亚各国的佛教以小乘佛教为主,称为南传佛教。而传入中国西藏、蒙古等地的佛教被称为藏传佛教。而印度国内,佛教从7世纪开始衰落,13世纪初超岩寺被焚毁标志着印度佛教的消亡。近代印度佛教的复兴是19世纪末重新从斯里兰卡传回的。

二、佛教的传入

关于佛教的传入,学术界有多种说法。有人认为在秦始皇时佛教就已传入中国,有人认为佛教的传入完成于秦汉之际,有人认为佛教传入于西汉末年。《三国志·魏书·乌丸鲜卑东夷传》裴松之注引鱼豢《魏略·西戎传》,提到汉哀帝时曾有西域人将佛教传入中国:"哀帝元寿元年,博士弟子秦景庐受大月氏王使伊存口授浮屠经,中土闻之,未之信了也。"①看来那只是一次不成功的传入。除了沿着丝绸之路的传入路径之外,还有人认为佛教有可能通过海上丝绸之路或缅甸到中国西南的通道传入我国。

上述诸说,都有一定道理。佛教的传入应该不是在某一个具体的时间和地点上,一次性完成的。相对于这些说法,更广泛接受的"白马驮经",可以被看成佛教传入中国的标志事件。关于"白马驮经"最早见于东晋袁宏《后汉纪》,"初帝梦见金人长大,项有日月光,以问群臣。或曰:'西方有神,其名曰佛,其形长大。陛下所梦,得无是乎?'于是遣使天竺,乃问其道术,遂于中国而图其形像焉"②。魏收《魏书·释老志》有更详细的记载:"后孝明帝夜梦金人,顶有白光,飞行殿庭,乃访群臣。傅毅始以佛对。帝遣郎中蔡愔、博士弟子秦景等使于天竺,写浮屠遗范。愔仍与沙门摄摩腾、竺法兰东还洛阳。中国有沙门及跪拜之法,自此始也。愔又得佛经《四十二章》及释迦立像。明帝令画工图佛像,置清凉台及显节陵上,经缄于兰台石室。愔之还也,以白马负经而至,汉因立白马寺于洛城雍关西。摩腾、法兰咸卒于此寺。"③

---

① 陈寿著,裴松之注:《三国志》卷三十,中华书局1959年版,第859页。
② 袁宏:《后汉纪》卷十,中华书局2002年版,第187页。
③ 魏收:《魏书》卷一百一十四《释老志》,中华书局1974年版,第3026页。

汉明帝的使者在西域遇到两位天竺高僧，就把他们请到洛阳，同时把《四十二章经》用白马驮回洛阳。为安置两位高僧，汉明帝在洛阳城西修建了第一座官办寺庙。为纪念白马驮经，这座寺庙被命名为白马寺。白马驮经的故事具有某种神异性，近代学者纷纷质疑。但历史的真实并不能等同于历史的记忆。纵然这个说法起初或许是出于个别人的编造，至少从东晋开始，白马驮经已被视为史实。此后佛教界人士都把白马驮经看成是中国佛教的起点。而白马寺在中国佛教界也具有十分崇高的地位，被尊为祖庭，号称释源。白马驮经或许只是传说，但佛教在东汉传入我国却是事实。佛教在进入中国之初，首先在王公贵族中传播。佛教传到东汉首都后，皇帝下令修建最早的寺庙。上有所好，下必甚焉。王公贵族自然而然成为最早接触到佛教的一群人。

见于记载最先礼佛的人是汉明帝的兄弟楚王刘英。《后汉书》记载刘英"晚节，更喜黄老学，为浮屠斋戒，祭祀"。永平八年(65 年)汉明帝下诏，死囚可以交纳缣帛赎罪。楚王刘英就派人上交黄缣白纨 30 匹，为自己所犯的过错赎罪："托在蕃辅，过恶累积，欢喜大恩，奉送缣帛，以赎愆罪。"汉明帝知道后，下诏表彰刘英礼佛的行为，并送还了刘英的缣帛，让刘英用来供养僧尼："楚王诵黄老之微言。尚浮屠之仁祠。洁斋三月。与神为誓。何嫌何疑？当有悔吝！其还赎，以助伊蒲塞、桑门之盛馔。"①汉桓帝是第一个见于记载礼佛的皇帝。汉桓帝于"宫中立黄老浮屠之祠"，大臣襄楷上书批评穷奢极欲的汉桓帝没有资格祭祀浮屠，他说："此道清虚，贵尚无为，好生，恶杀，省欲，去奢。今陛下嗜欲不去，杀罚过理，既乖其道，岂获其祚哉？或言老子入夷狄为浮屠。浮屠不三宿桑下，不欲久生恩爱，精之至也。天神遗以好女，浮屠曰：'此但革囊盛血。'遂不盼之，其守一如此，乃能成道。今陛下淫女艳妇，极天下之丽，甘肥饮美，单天下之味，奈何欲如黄老乎？"②

由以上两例可知，佛教在东汉已开始流行，上自帝王，下至王公，都有信奉者。而且在汉明帝诏书中，已能熟练地使用佛教语汇，"优婆塞"是尼姑，

---

① 范晔：《后汉书》四十二《光武十王列传》，中华书局 1965 年版，第 1428 页。
② 范晔：《后汉书》卷三十下《郎顗襄楷列传》，中华书局 1965 年版，第 1082 页。

“桑门”即和尚。这也说明在汉明帝时,中国已有僧人。襄楷在给汉桓帝的上书中,可知襄楷对佛教的教义已有所认识,人们开始接受好生、恶杀、省欲、去奢等佛教基本观念。有关佛陀的故事也开始广泛流传。

三、佛教的早期传播

在东汉人们对佛教的认识还相对较浅,往往黄老、浮屠并称,把佛教当成一种方术看待。这也很好理解,当一种外来宗教进入视野时,人们首先从本土文化资源中寻找可以理解认识它的途径。后来魏晋时期,人们接受佛教理论时也曾大量借用玄学语汇,后世称为“格义”。

汉灵帝时,有人开始研究佛教理论,有了第一部佛教理论著作《牟子理惑论》。关于牟子是谁,学界略有争议。从书中内容可知,牟子本人长期活动在洛阳一带。

在《牟子理惑论》中,牟子解释了人们对佛教的怀疑和攻击,他说:“佛乃道德之元祖,神明之宗绪。”[①]牟子用问答体的形式解说佛教理论。他不仅指出佛教和神仙方术的不同,而且明确指出佛教和儒家的不同,甚至明言儒亦不如佛。《牟子理惑论》反映了当时人们对佛教的初步理解,是了解佛教初传中国的情况、研究中国佛教形成和发展的重要文献。

东汉后期,开始了佛经的翻译。早在汉明帝时,高僧摄摩腾和竺法兰来华后,已将他们带来的《四十二章经》译为汉文。第一部汉文佛经《四十二章经》由42段话组成,阐述了早期佛教的基本教义。文字相对浅显,道理也不深奥。从总体上看,其教义应属小乘佛教。因为印度并不存在梵文《四十二章经》,于是有人怀疑这是一部伪经。据梁启超考证,《四十二章经》并非依原典翻译而成,而是各种佛经的节译和汇编,阐述了佛教的基本教义和解脱之道。

汉桓帝时又有安世高和支娄迦谶先后来到洛阳,他们翻译出大量佛经,增进了人们对佛教教义的理解,为后世佛教的发展奠定了文献基础。安世高留居中国20年,先后译有《四谛经》《八正道经》等39部小乘经典。安世

① 僧佑:《弘明集》卷一,中华书局2011年版,第15页。

高不仅翻译佛经数量众多，而且其文笔优美，语言流畅，开创了佛经翻译中“意译”的传统。支娄迦谶，简称支谶，是大月氏人。支娄迦谶学识渊博，聪颖异常，到洛阳后很快掌握了汉语，不仅能说，而且还能用汉语进行书面表达。他先后译出《道行般若经》等 13 部大乘经典。他的翻译采取“直译”的方法，文极质朴。支娄迦谶将大乘佛教传入中国。

佛教传入中国后，最初只在洛阳建白马寺。后来各地佛教寺庙如雨后春笋般兴建起来。汉献帝时，笮融拦截了广陵、下邳、彭城三郡的赋税，在徐州“大起浮屠寺，上累金盘，下为重楼。又堂阁周回，可容三千许人。作黄金涂像，衣以锦彩”。他还经常举行佛教法会，“每浴佛，辄多设饮饭，布席于路。其有就食及观者，且万余人”①。徐州离洛阳有千里之遥，尚且有如此规模的佛教寺庙，其他地方情况由此可窥一斑。

佛教之所以能在东汉立足并有所发展，其原因如下：

第一，佛教传入之初，成功地借助于黄老道家的发展，无论是宗教形式还是教理教义，都与两汉原始道教有着密切关联。如前所述，佛教传入之初，人们往往把浮屠与黄老并列。这样不仅减少了人们对于外来宗教的疑虑和抵触，而且可使佛教迅速为人们接受。

第二，在教义上迎合中国儒家思想。经过两汉的发展，儒学已成为中国传统文化的核心。佛教传入之初，并未试图挑战儒家的地位。相反，他们还试图用儒家观念阐释部分佛理。

第三，有利于统治者维护其统治。在中国古代专制社会中，文化的发展离不开政治的庇护，一切不能为统治阶级服务的文化，都在被打击之列。相反，凡是能够有利于统治阶级维护其统治的文化，都在被扶持、鼓励之列。佛教传入中国后，与儒家之间形成了强烈的互补。尤其是佛教“三生”、地狱等观念，成为维持儒家纲常伦理的约束性保证。

第四，政治黑暗中的广大民众也需要佛教的精神安慰。佛教传入中国后不久，东汉王朝就陷入外戚与宦官交替专权的长期黑暗中，东汉后期政治黑暗到极点。政治的黑暗和腐败是宗教产生的温床。按理说好人得好报，

① 范晔:《后汉书》卷七十三《刘虞公孙瓒陶谦列传》，中华书局 1965 年版，第 2368 页。

可现实却是“直如弦，死道边，曲如钩，反封侯”①。当社会现实不能用正常的世间道理解释时，只能用虚幻的宗教解释了。佛教传入中国后，不仅“三生”的观念解释了现实生活中人与人的不平等，而且佛教极乐世界的观念，也使生活于水深火热中的人们看到了希望，看到获得解脱的可能。虽然这种解脱在遥远的极乐世界，但总可以使他们在黑暗中获得一点活下去的理由。

第五，教义仪式也适合中国国情。早在先秦，中国社会就有多神崇拜的传统，汉代多神崇拜进一步发展，并部分被政府纳入国家祭祀体系。佛教的教理教义也体现出多神崇拜的特点，不仅极乐世界存在众多神佛菩萨罗汉，就连释迦牟尼本身，也经历了由人而神的过程。这也与先秦以来传统多神信仰的特点相吻合。

第六，相对而言，东汉还存在着一定的传教自由。东汉文化专制制度虽已形成，但相对后世尚未实现彻底的文化专制，从而为佛教的传播提供了空间。后世政府往往设有专门机构管理宗教，任何宗教的传播都在政府的严密监控之下。相反，佛教传入后东汉政府并未做过多干涉。

总体而言，东汉是佛教在中国落地生根的阶段。在这一阶段，洛阳地区是佛教发展的核心区域。东汉佛教在洛阳地区的发展，为后世佛教的发展奠定了基础。

第二节　佛教的中国化进程

佛教落脚于河洛，发展于河洛，佛教也是在河洛地区完成了与中国传统文化的融合。

一、魏晋南北朝佛教在河洛地区的发展

据记载，三国时期，250 年，昙柯迦罗在洛阳白马寺正式建立戒坛传戒，中国才开始有了如法的比丘，第一个严格意义上的汉地僧侣是颍川人朱

① 司马彪：《续汉书》志第十三《五行一》，《后汉书》，中华书局 1965 年版，第 3281 页。

士行。

魏晋南北朝是佛教迅猛发展的时期。《洛阳伽蓝记》记载了北魏佛教的兴盛，当时洛阳城中竟有1367座寺庙。其中永宁寺最为辉煌。永宁寺塔建于熙平元年(516年)，杨衒之《洛阳伽蓝记》追述永宁寺塔为木构，高九层，百里外都可看见，是我国古代最伟大的佛塔之一。永宁寺塔后来毁于一场天火，位于白马寺东南不远处的永宁寺塔塔基已被考古部门发现。

不仅如此，各种佛教活动也都盛况空前。《法显行传》及《南海寄归传》记：佛于四月八日夜从母右胁而生，释迦去世后，后人恨未能亲睹真容，故于每年此日立佛降生相，或太子巡城像，载以车辇，周行城市内外，受众人之瞻仰礼拜，称为“行象”，用以表达对佛的崇敬之情。《洛阳伽蓝记》记载，行象之前，洛阳诸像都要汇集景明寺，共有1000余躯之多。伴随着行象出行，还要举行盛大的宗教庆祝活动。《洛阳伽蓝记》卷一记载，长秋寺有一“六牙白象负释迦像”，像出之时“吞刀吐火，腾骧一面。缘幢上索，诡谲不常，奇伎异服，冠族都市。像停之处，观者如堵。迭相践跃，常有死人”①。卷二记载，宗圣寺有像一躯高三丈八尺，“此像一出，市井皆空，炎光辉赫，独绝世表。妙伎杂乐，亚于刘腾。城东士女，多来此寺观看也”②。行象日，千余躯像依次进入宣阳门，来到皇宫前，皇帝在门楼上散花礼敬。

北魏河洛地区佛教获得巨大发展的原因有如下两点：

首先，大量信众的加入。河洛地区屡遭兵燹，水深火热中的民众只能到佛教中寻求解脱。大量民众的皈依，奠定了佛教的民众基础。相对于南朝佛教不断的理论创新，河洛佛教更注重实践。江南佛教有明显的贵族色彩，河洛佛教带有明显的大众性。相对而言，江南佛教走向上层，河洛佛教则普及于民众。

其次，佛教的兴盛得益于统治者的提倡和扶持。统治者认识到佛教对于维护其统治秩序的重要作用，开始将佛教改造为重要的统治工具，政府直接赋予佛教“巡民教化”“敷导民俗”的任务。一些佛教徒也开始参与到政治生活中。与此同时，政府加强了对佛教的控制，设置僧官管理佛教事务，扶

---

① 杨衒之著，杨勇校笺：《洛阳伽蓝记校笺》卷一，中华书局2006年版，第44页。

② 杨衒之著，杨勇校笺：《洛阳伽蓝记校笺》卷二，中华书局2006年版，第76页。

持佛教发展。如孝文帝承明元年(476 年)八月,在永宁寺“度良家男女为僧尼者百有余人、帝为剃发,施以僧服令修道戒”。至太和十六年(492 年),又令“四月八日,七月十五日,听大州度一百人为僧尼、中州五十人、下州二十人,以为常准,著于令”。出家人的剃度也处于政府的管理下,太和十年(486 年)曾因“愚民侥幸,假称入道,以避输课”①,命令严加清检,各地寺主进行审核,凡不合条件者一律取消僧籍。熙平二年(517 年),朝廷再次重申控制度僧。北魏政府曾先后数次制定“僧禁”。太和十七年(493 年),孝文帝还命令沙门统僧显修立僧制 47 条。

与此同时,佛教也主动向统治者靠拢。印度佛教习俗,沙门出家,不礼世俗之人,无论是帝王还是父母,一概不拜。僧徒礼拜王者显然不合教义。北魏首任最高僧官法果为调和这一矛盾,提出魏道武帝“即是当今如来,沙门宜应尽礼”,他还对人解释,“我非拜天子,乃是礼佛耳”②。

经历了魏晋南北朝的迅猛发展后,佛教在唐朝达到顶峰。作为隋唐政治经济中心之一,洛阳也是佛教繁盛之地。尤其在武则天时,更是如此,她还是皇后时就曾捐出个人脂粉钱修卢舍那大佛。在武则天称帝过程中,佛教为她提供了理论支持,武则天大力扶持佛教就成了顺理成章的事情。她曾在洛阳修了宏伟的天堂作为她礼佛的场所。正是在这一历史背景下,出现了中国化的佛教宗派。

二、中国化佛教宗派的典型代表:禅宗与少林

历史上许多外来宗教如同划过天际的流星,并未能在中国立足。佛教不仅能立足,而且还在中国发扬光大。荷兰学者许理和的《佛教征服中国》认为是佛教征服了中国,实际上是中国征服了佛教。佛教之所以能在中国生存,重要的原因在于佛教实现了中国化。佛教中国化的标志是中国化佛教宗派的出现。中国化佛教宗派酝酿于南北朝后期,大盛于隋唐。禅宗即其典型代表。

禅定是一种修行成佛方法。“禅”为梵语音译“禅那”的简称,意为“思

---

① 魏收:《魏书》卷一百一十四《释老志》,中华书局 1974 年版,第 3039 页。
② 魏收:《魏书》卷一百一十四《释老志》,中华书局 1974 年版,第 3031 页。

维修”或“静虑”。佛教徒认为由“凡人”到“成佛”的过程中，禅定至关重要，没有禅定的积极作用，“凡人”无法达到“成佛”的境界。南北朝后期就已有佛教宗派主张禅定，强调要定慧双修。

禅宗将其源头直接追溯到佛陀本人。《大梵王问佛决疑经》记载，一次佛在灵山说法，却一字未言，而是手持一枝金色菠萝花，摩诃迦叶心领神会破颜而笑。于是佛宣布：“吾有正法眼藏，涅槃妙心，实相无相，微妙法门，不立文字，教外别传，付嘱摩诃迦叶。”[①]在印度教外别传的禅宗直到第28代祖师菩提达摩开始传到中国。菩提达摩于萧梁普通七年（526年）来到中国，次年见到梁武帝萧衍。但达摩与梁武帝主张不合，于是“一苇渡江”来到北方，即顺手折了一枝芦苇踩着它渡过长江，并在当年冬天落足少林寺。达摩被尊为中土禅宗初祖，少林寺也因此被称为禅宗祖庭。据说达摩在少林寺面壁九年以至于影像印入石头，民国军阀石友三火烧少林寺，该石也被焚毁。据传达摩150多岁时圆寂，被葬于陕州区空相寺。达摩的传说有太多神话色彩。

达摩所传禅法注重“以壁观教人安心”。据说一开始达摩在少林寺面壁，并未引起僧众注意。后来僧人神光来到少林，向达摩求教禅法。达摩不为所动，依然继续面壁。有一次神光在达摩屋外的雪地中站了一夜，雪深没膝，达摩才开始与之交谈。其后神光更是断臂明志，达摩才收他为徒，神光改名为慧可，慧可即禅宗二祖。今少林寺内立雪亭即为纪念二祖慧可而建。

禅宗发展史可分成四个时期。由达摩至六祖慧能为早期禅宗。由六祖慧能门下发展出五宗七派为禅宗发展期。[②] 南宋初年临济宗宗杲起而倡“话头禅”，曹洞宗宏智正觉倡导“默照禅”，至明朝中晚期，此为禅宗成熟期。明中叶净土宗兴起后禅宗逐渐衰落为禅宗衰落期，又称晚期禅宗。近代以来，又有慧云和尚极力倡导复兴禅宗。

潘桂明在《中国的佛教》中说：“印度佛教只有禅法而没有禅宗，禅宗纯

---

① 普济著，苏渊雷点校：《五灯会元》卷一，中华书局1984年版，第10页。

② “五家七派”指禅宗分化的支派：沩仰宗、临济宗、曹洞宗、云门宗、法眼宗。后来临济宗又分化出黄龙、杨岐两派。

粹是中国佛教的产物。它的真正创始人是慧能。”[①]从达摩经历慧可、僧璨、道信传至五祖弘忍。弘忍欲传法嗣，让寺中僧众发表见解。上座弟子神秀作偈一首：“身如菩提树，心如明镜台。时时勤拂拭，莫使惹尘埃。”并不识字的慧能请人帮忙写出一首偈：“菩提本无树，明镜亦无台。本来无一物，何处惹尘埃？”[②]此偈深受弘忍赞赏，于是传以衣钵，后来慧能将禅宗传往南方。慧能主张顿悟，后人总结为“放下屠刀，立地成佛”。他的主张被人记录整理为《六祖坛经》。慧能的主张更容易被人们接受，所以被尊为禅宗正统。

禅宗主张不立文字，直指人心，见性成佛。禅宗并不主张念佛，也无须研修佛法，甚至无须出家。禅宗提供了通往天国更为廉价的门票，自然大受欢迎。李泽厚先生曾将中国文化的特色之一总结为“乐感文化”，苦修并不符合中国人的口味。中国人也不喜欢抽象的思维，禅宗提出的公案、斗机锋等具象表达，很适合士大夫的口味，禅宗因而得以广泛传播。尤其在唐武宗灭佛后，其他各派一蹶不振，禅宗则是一枝独秀。

三、佛教对河洛文化的影响

佛教虽是外来宗教，但经过近两千年的消化、吸收，成功转变为中国传统文化的重要组成部分。河洛地区是佛教发展的重要地区，佛教也在河洛文化中留下深刻印记。佛教对河洛文化的影响主要体现在：

（一）佛教对思想文化的影响

作为印度文化的代表，思辨色彩浓郁的佛教，弥补了此前中国文化哲学思辨的不足。许多儒生在反对佛教的同时，也曾受益于佛教。如华严宗对程朱理学产生了巨大影响。陆王心学则带有明显的禅宗色彩。佛教对道教的影响，更为全面。无论是宗教理论、教团组织、宗教仪式、清规戒律、宗教建筑等，佛教都对道教产生了巨大影响。当然，佛教也充分吸收儒学和道教的内容，实现了由外来宗教到本土宗教的转变。最后形成释、道、儒紧密结

① 潘桂明：《中国的佛教》，商务印书馆 1997 年版，第 85 页。

② 郭绍林在《中国的古代宗教》（安徽师范大学出版社 2012 年版，第 33 页）中指出，慧能的偈语本为两首：“菩提本无树，明镜亦非台。佛法常清净，何处惹尘埃”和“身是菩提树，心是明镜台。明镜本清净，何处惹尘埃”。宋代以后被人改成现在的模样。

合的思想体系。

（二）佛教对传统政治的影响

在中国古代社会，任何思想学说和宗教的发展都会受制于政治。同样，这些思想学说和宗教，也对传统政治运作产生影响。佛教来到中国后不久，开始走上层路线，早期佛教徒就包括楚王刘英和汉桓帝。中国的统治者们，也看到了佛教对维护其统治的价值，他们希望通过提倡佛教而将反抗消弭于无形。除“三武一宗”法难少数几次挫折外，佛教都受到统治者扶持。历代统治者也试图从佛教中寻找有利于其政治策略的理论依据。同时，佛教也受到统治者的管制，统治者从未放弃过对佛教的改造，统治者希望能将佛教纳入有利于其统治的轨道中。

（三）佛教对传统艺术的影响

佛教在中国传统艺术领域的影响非常广泛。传统文学中，佛教的影响无处不在。与佛教有关的诗歌、戏曲、小说不计其数。佛教还影响到文学形式的发展，如律诗的出现得益于音韵学的发展，而中国音韵学的发展又受益于伴随佛教而来的古印度声明学。宋元话本小说与佛教俗讲之间也有着很深的渊源。

佛教对中国绘画艺术的影响巨大。佛教把绘画作为一种重要的宣传手段，在佛教传播之路上留下了许多著名的壁画。佛教进入中国后出现了很多绘画大师，河南人吴道子曾创作了大量的佛教壁画。中国人物画的发展也充分吸收借鉴了佛教绘画艺术，如“曹衣出水”“吴带当风”等。佛教绘画无论是内容，还是意境，都对中国文人画有所影响。

佛教雕塑对中国传统雕塑的影响也是人所共知的。佛教传入后就有人“以铜为人，黄金涂身，衣以锦采”①。现藏美国旧金山市博物馆后赵建武四年（338 年）金铜佛坐像是目前所知我国最早有明确纪年的佛像。除单身造像外，后来还大兴凿窟造像之风。达到中国古代石窟造像艺术顶峰的洛阳龙门石窟已成为世界文化遗产，卢舍那大佛更成为洛阳城的文化名片。其他还有巩义石窟寺、洛阳水泉石窟等也都是国家级文物保护单位。

---

① 陈寿：《三国志》卷四《刘繇太史慈士燮传》，中华书局 1959 年版，第 1185 页。

（四）佛教对民间信仰的影响

作为一种宗教，如果仅停留于文化精英阶层是远远不够的，真正深入民间才是佛教长盛不衰的重要原因。唐朝以后佛教少有理论创新，但佛教依然还在发展，主要得益于民间信仰者的支持。而佛教对民间信仰也产生了重要影响，佛教神灵已成为民间信仰、供奉的对象，甚至都已走入家庭，尤其是观音像更为普及。佛教神灵成为民众祷告的首要对象，遇到灾祸时无不将“菩萨保佑”挂在嘴边，中国本土神灵反而受到冷落。孔孟所倡导的道德自觉显然超越了普通百姓的程度，三生、地狱、轮回、因果等观念深入民间成为人们的基本信仰，并成为维系儒家忠孝伦理的约束性保证。佛教的清规戒律被人们广泛接受，并在生活中自觉遵守，很多居士常年吃斋。佛教还对民俗产生了重要影响，如腊八粥就与佛教有关，农历七月十五盂兰盆会成为很多地方的庙会。佛教深入民间后，还形成很多秘密宗教，白莲教就明显具有佛教的印记。

第三节　道教与河洛

在当今中国合法宗教当中，道教是唯一的本土宗教。道教教义、修炼方式、宗教仪式等无不在彰显着其民族特色。道教发生发展于河洛地区，并带给河洛文化以深刻影响。

一、道教的萌芽

道教徒往往将道教的起源追溯到轩辕黄帝或者老子，不过这些观点并不能获得可靠文献记载的支持。但道教的思想渊源却可追溯到先秦，或更远。道教的思想渊源包括以下几方面：

第一，远古多神崇拜。研究显示，世界各民族历史中都有过万物有灵的多神崇拜阶段。远古洪荒时代，尚处于幼年的人类刚走出山林，面对自然的挑战显得无比脆弱和无助，人们不得不乞求神灵的护佑。以巫术为特征的原始宗教就此产生。近代以来，在史前文化遗址中发现了大量祭祀活动的遗迹。进入文明时代，原始宗教信仰并未消失，而是被整理得日益系统化。由殷墟卜辞可知，殷商宗教活动还呈现一定的无序性。西周初年周公等人有意识地将经过整理的原始祭祀纳入礼制体系。“神道设教”是统治者宗教政策的初衷。道教即在民间多神崇拜的基础上结合儒家祭祀理论发展而来，把民间信仰改造为道教神仙体系。如金正耀所说：“道教的万神殿是既拥挤，又杂乱。”①

第二，春秋战国的道家学派。道家学派把道作为宇宙的本体以论证无为而治的政治主张。道教把道家的道人格化为创世主神，并把庄子精神层面的“真人”直接改造为“神仙”，与“道”的结合即可实现肉体的长生。道家学派创始人老子也被道教神化为创始教主，庄子被封为南华真人。

第三，战国神仙思想。战国燕齐一带受海市蜃楼启发的方士，在一些古老传说的基础上提出了长生不老的浪漫神话。后世帝王，无论秦皇还是汉武，都对长生神话心醉不已！道教兴起后，神仙信仰被道教徒全盘接收并进一步发展，成为其基本信仰之一。

第四，阴阳五行学说。阴阳五行学说是战国时人理解世界的基本理论框架，有一定合理的成分。西汉以后阴阳五行学说进一步发展出天人感应等学说。儒学也在阴阳五行学说的影响下，发展出阴阳五行化的神化儒学——谶纬。东汉后期谶纬与道家思想的结合促进了道教的产生。

当然，道教的产生还吸收了其他的文化资源。

道教直接起源于东汉末年。汉章帝之后的东汉政局，各种腐朽势力不断发展。苦难中的民众看不到希望。作为意识形态的儒学并不能给人以指引，逐渐兴起的玄学也非普通民众所能理解。于是道教应运而生。

道教的直接源头是巴蜀的五斗米道和中原的太平道。它们大约同时出现。

一般认为五斗米道的创始人是张陵。张陵即张道陵，《三国志·张鲁传》记载张鲁“祖父陵，客蜀，学道鹤鸣山中，造作道书，以惑百姓，从受道者出五斗米，故世号称‘米贼’。陵死，子衡行其道。衡死，鲁复行之”②。后世

---

① 金正耀：《中国的道教》，商务印书馆1996年版，第55页。

② 陈寿：《三国志·张鲁传》，中华书局1959年版，第263页。

道教徒不满于简略的记载而神化出许多无稽之谈。同时还有材料显示，五斗米道的创始人为张修。极有可能，张修开创了五斗米道，张鲁在杀了张修夺取五斗米道的领导权后，宣称五斗米道是其祖父张陵所创。东汉末年战乱中，张鲁占据汉中20余年，建起政教合一的割据政权。张鲁自称“师君”，初入道者称“鬼卒”，更高级的称“祭酒”。张鲁将信众划分为24“治”，即24个教区。后来为与二十八宿相应而扩展为28“治”。《云笈七签》中记载在洛阳就有邙山治。五斗米道虽源于巴蜀，但也与河洛关系密切，如对老子的神化。

据传张道陵著有《老君道德经想尔训》一书，简称《老子想尔注》，早已散佚。清末被斯坦因等人盗走的敦煌文献中发现有六朝写本的残卷。书中认为努力修炼就可成仙而长生。甚至为宣扬长生而改动《老子》原文，“道大，天大，地大，王大，域中有四大，而王处一”几句中的“王”，全改为“生”，以强调长生。《老子想尔注》对老子的神化，使道教与道家结下不解之缘。在道教和一般民众心目中，老子并非哲人，而是具有无上神通与权威的神仙，虽非至高神，但也是核心领导层的神。

曹操南征汉中，张鲁投降后被迁往洛阳，不久去世，其信众也被迁到关中。张鲁到洛阳后，促使道教在上流社会的传播。后来五斗米道成为道教公认的正源。道教正一派领袖天师之位在张鲁后人中世代相传。1949年第63代天师张恩溥到台湾，并于1969年羽化，其族侄张源先代理掌教。张源先2009年羽化后，台湾内部事务主管机关确认第64代“天师”为张道祯。不过，这位当代天师并未获得普遍承认。

道教的另一起源为太平道。《后汉书》记载东汉后期，一再有人向皇帝献上一部据说是于吉发现的神书，学界一般认为就是《太平经》。《太平经》170卷，残余57卷，学者王明著有《太平经合校》。《太平经》也非一个人独立完成，它的形成也经历漫长的历史过程，其中不排除于吉可能发挥过一定作用。《太平经》着力宣扬太平世道的理想，反映了苦难中的民众对太平的向往。作为一部宗教典籍，它宣扬人人都有成仙的可能性，如果精气神具足就可长生，由此提出“守一”“食气”“胎息”等修炼方法。它还提出道德伦理中的“承负说”以解释现实生活中的因果报应。后来此书为张角所得，成为张角创建宗教的主要理论依据。

《后汉书・皇甫嵩传》记载,张角"自称大贤良师,奉事黄老道,畜养弟子,跪拜首过,符水咒说疗病,病者颇愈,百姓信向之"。张角的影响力远在张鲁之上,"十余年间数十万,连结郡国,自青、徐、幽、冀、荆、扬、兖、豫八州之人莫不毕应"。中国古代宗教往往成为组织民众和进行宣传的重要手段,张角宣称:"苍天已死,黄天当立。岁在甲子,天下大吉。"①准备在 184 年 3 月起事,因人告密而提前起事,他们因头裹黄巾而称黄巾军。斗争持续了半年多,张角病死,其弟张梁、张宝被杀。腐朽的东汉王朝也在黄巾军的沉重打击下走向覆灭。

二、道教在河洛地区的发展

魏晋南北朝道教获得巨大发展,道教成功地由草根走向殿堂,进入贵族的生活。中国古代专制体制下,任何宗教的发展都离不开统治者的认可。道教在经过必要改造后,成为统治者维护其统治的得力工具,从而获得统治者的青睐。

寇谦之(365—448 年),字辅真,他率先在河洛地区成功对道教进行改造。曹魏以后,北方道教还有着原始巫术的成分,不断爆发借助道教组织的反抗。寇谦之在嵩山修道时提出一套重组教团的改革方案,使之不再犯上作乱。他宣称得到太上老君真传,决定"清整道教,除去三张伪法"②。他在北魏太武帝和司徒崔浩的大力支持下,坚持"以礼度为首"的原则改造道教。寇谦之主张只有做忠臣孝子,同时虔诚礼拜才能感动上仙,得神仙接引而成仙。在崔浩帮助下,他成功获取北魏太武帝的信任,假托太上老君,授太武帝"太平真君"之号和冠服、符箓。太武帝心领神会,欣然接受,当即改元太平真君。两年后,太武帝干脆登坛受箓做了道徒,于是"道业大行"。

唐朝政府对释道儒采取兼容并包的策略。但出于政治的需要,三教的地位不断升降变换。唐初,李唐皇室认老子为同宗,极力推崇老子以抬高自身地位。武德八年(625 年)下诏以道教居三教之首,贞观十一年(637 年)再

---

① 范晔:《后汉书》卷七十一《皇甫嵩列传》,中华书局 1965 年版,第 2299 页。

② 魏收:《魏书》卷一百一十四《释老志》,中华书局 1974 年版,第 3051 页。

次确定道士、女冠地位在僧尼之上。唐高宗规定道士隶属于宗正寺，班次在诸王之下。武则天时，道教地位略有下降。唐玄宗李隆基即位后极力扶持道教，道教发展又达到高峰。他设置崇玄学，制定了道举，以《道德经》《庄子》《列子》《文子》《庚桑子》开科取士。

河洛地区是唐朝道教发展的中心区域之一。早在唐初，陕州人成玄英先后为《老子注》和《庄子注》做了疏，致力于道教义理的注疏，继承和发挥了“重玄”思想，使重玄之道成为唐初道教哲学思想的主流。成玄英对道教修炼思想也提出了新的理论。著名道士李筌在嵩山隐居时宣称得到寇谦之所藏《黄帝阴符经》，实际上是他自己的作品。李筌以先秦道家、魏晋道教学说为核心，融合法家、兵家思想为基础，构建了庞杂的思想体系。河洛地区炼丹之风盛行，著名诗人李白就曾在嵩山和一群道士炼丹。韩愈也曾著文批评过当时服食丹药之风。

北宋初年，道士陈抟曾为赵匡胤的即位制造舆论。陈抟（871—989 年），字图南，号扶摇子，赐号希夷先生。据说五代时期陈抟长睡不醒，但赵匡胤黄袍加身后，陈抟闻讯大笑坠驴曰：“天下这回定叠也！”[①]陈抟继承汉代以来象数学传统，把黄老清静无为思想、道教修炼方术和儒家修养、佛教禅观融会贯通，对宋代理学有较大影响。之后，宋太宗、宋真宗、宋徽宗等都曾把道教作为神道设教的工具，愚民的同时也自愚。闹剧最终以被吹捧为玉皇大帝长子神霄玉清王下凡的道君皇帝宋徽宗客死他乡而收场。

金人入主中原后民族矛盾激烈，民众需要宗教的慰藉。天师道中心又远在南方，为新教派的诞生提供了空间。儒道佛日益融合的背景下，以提倡三教融合为主旨的全真道应运而生。全真教创始人王重阳（1112—1170 年），后更名嚞，字知明，号重阳子，幼年业儒，金初曾应过科举。后辞官修道，开创了全真教。全真教主张三教圆融，以《道德经》《般若心经》《孝经》为经典，认为三教都统一于道德性命，这样才能“全其本真”。而且仿效佛教建立了道教宫观的清规戒律，要求道士必须出家，其戒律有明显的佛教色彩，如戒杀、戒色、戒酒肉等。他们强调性命双修，先修性（心性，即道德修

① 魏泰：《东轩笔录》，中华书局 1983 年版，第 2 页。

养),后修命(养生、长生)。此后,道教分裂为北方全真派和南方正一派,其格局至今未变。

中华人民共和国成立后,1957 年成立了道教协会。改革开放后,创办了有关道教的刊物和专门培养道教人才的中国道教学院。作为一种文化现象,道教依然还有着很重要的影响。

三、道教对河洛文化的影响

道教的发展得益于河洛地区深厚的文化积淀。同样,道教也对河洛文化产生了重要的影响。

首先,道教对中国古代思想文化产生了重要影响。道教不仅丰富了人们的精神世界,而且对儒学和佛教也产生了重要影响。如邵雍受道教的影响十分明显。流行于河洛地区的各种民间宗教大多与道教有着千丝万缕的联系。百姓心目中,老天爷和如来佛并行不悖。

其次,道教对中国传统文学产生了重要影响。道教中保留的大量神话故事和民间传说本身就极具文学价值,道教神话被视为中国四大神话之一。道教神话又进一步启发、激励了更多神话创作,成为中国古代文学浪漫主义的主要载体之一。道教也对文人的创作产生了重要影响,李白、白居易等人的诗作中都能找到道教的影子。李白《将进酒》中提到的"岑夫子、丹丘生"都是他在嵩山一起炼丹时的朋友。

再次,道教对河洛民俗也产生了重要影响。如卿希泰在《道教常识问答》中说:"道教把民间俗神集中到自己的信仰中来,成为道教神仙体系的一个组成部分;反过来,道教又利用自己的优势使这些道教化的神仙又返回民间,更深、更广地影响着民间的神灵祭祀活动。"[①]民间各种祈福活动中,往往能见到道教徒的身影。各地庙会等道教宗教节日也成为民间盛大的节庆活动。在众多传统节日中,受道教影响最为明显的就是春节。河洛人民过春节的很多习俗都与道教有关。

道教对河洛地区传统音乐、绘画、雕塑等也都产生了重要的影响。

---

① 卿希泰:《道教常识问答》,江苏古籍出版社 1990 年版,第 373 页。

四、河洛地区著名道观

道教徒很早就开始修建道观，五斗米道的“治”即道观的雏形。后世道教宫观的修建十分普遍，20 世纪统计国内尚有近万座道教宫观。众多道观不仅是道教宗教场所，很多已成为著名景区。道观分子孙庙和十方丛林两种，正一道采取子孙庙制度，全真道则采取十方丛林制度。河洛地区道观大多是十方丛林制度。

河洛地区保存最完整的道观是位于嵩山东麓的中岳庙。中岳庙的历史可以追溯到西汉，本为历代祭祀中岳嵩山的所在，后来成为道教宫观。现存建筑为清代乾隆年间重修，共 11 进院落，是五岳中现存规模最大的古建筑群，也是中国北方地区保存规模最大的道观。中岳庙内保存有大量珍贵文物，尤其是神库四角的 4 尊宋代大铁人，是了解宋代冶铁铸造技术不可多得的珍品。2010 年作为“天地之中”项目的组成部分，被列为世界文化遗产。

洛阳城北翠云峰上清宫相传为太上老君炼丹之处。唐朝追尊老子为玄元皇帝，开元二十九年（741 年）唐玄宗下诏令两京诸州置庙祭祀，上清宫又称玄元皇帝庙、老君庙。诗人杜甫于 749 年登上玄元皇帝庙，一览洛阳山河形势，写出“山河扶绣户，日月近雕梁”的名句[①]，吴道子在此绘有《五圣千官像》，宋代苏轼也曾于此刻石题句。上清宫历代多次重修，民国时亦曾整修。全民族抗战时期遭日军轰炸，仅翠云洞和洞上平台、三间老君殿幸存。洛阳地区还有玉清、下清二宫。下清宫规模较小，但十分紧凑幽静。如今下清宫也经过重修，初具规模。[②]

① 杜甫：《冬日洛城北谒玄元皇帝庙》，《全唐诗》卷二百四十二，中华书局 1999 年版，第 3292 页。

② 对河洛道观的介绍，部分参考了杨作龙主编的《中原文化景观》（中国三峡出版社 2000 年出版）内容。

第四章　河洛文学与艺术

《左传》有言曰:“言之无文,行而不远。”河洛地区不仅是中国古典文学的中心,而且在其他艺术领域留下了诸多辉煌与灿烂。

第一节　《诗经》与乐府

一、作为中国古典文学源头的《诗经》

作为中国古典文学源头之一的《诗经》是我国第一部诗歌总集，是西周到春秋时期诗歌的汇编，因共有305篇，因而被称为《诗三百》。其作者大多已经不可考了，而且其编者也无从考证。如前所述，一般认为春秋中期周王室史官完成了《诗经》的初步编订。孔子在教学过程中以《诗经》为教材培养学生温柔敦厚的君子品格，孔子对《诗经》也应有所整理。

《诗经》分风、雅、颂三部分。《雅》分为《大雅》和《小雅》，多是贵族宴会上演唱的乐歌。《颂》分为《周颂》《鲁颂》《商颂》，多是贵族在宗庙祭祀时演奏的乐歌。《风》包括十五国风：《周南》《召南》《邶风》《鄘风》《卫风》《王风》《郑风》《齐风》《魏风》《唐风》《秦风》《陈风》《桧风》《曹风》《豳风》。国风是《诗经》中文学价值最高的部分。就地域而言，《邶风》《鄘风》《卫风》《王风》《郑风》《陈风》《桧风》大多诞生于河洛地区。①

《国风》内容十分广泛，体现了当时社会生活的诸多方面。

首先，是有关婚恋、家庭的诗歌。经学家或把爱情诗歌扯到政治上去，或斥为“淫诗”。其实，爱情是诗歌永恒的主题，《诗经》中有1/3内容与爱情有关。如《郑风·将仲子》：“将仲子兮，无逾我园，无折我树檀，岂敢爱之，畏人之多言。仲可怀也，人之多言，亦可畏也。”杨天宇翻译为：“仲子啊我求求你，不要越过我家的园，不要攀折我种的檀。难道我敢吝惜它？就怕别人来多言。仲子呀可惦记，别人多言，也真让人畏惧。”②《出其东门》：“出其东门，有女如云。虽则如云，匪我思存。缟衣綦巾，聊乐我员。”程俊英翻译为：“出了东城门，女子多如云。虽则多如云，不是心上人。白衣绿裙妻，喜欢又

---

① 《周南》《召南》的地域学界还存在争议。

② 杨天宇：《诗经：朴素的歌声》，上海古籍出版社1997年版，第85页。

相亲。”①

其次，是劳动人民生活的反映，“饥者歌其食，劳者歌其事”②。或者控诉所受沉重的剥削，或者描写民众的反抗。

再次，表达了春秋乱局中的忧思。如《王风·黍离》：“彼黍离离，彼麦苗苗，中心靡靡，行迈摇摇。知我者，谓我心忧；不知我者，谓我何求。幽幽苍天，此何人哉！”程俊英翻译为：“看那小米满田畴，高粱抽苗绿油油。远行在即难迈步，无尽幽思闷心头。知心人说我心烦忧，局外人当我啥要求。高高在上的老天爷，是谁害我离家走！”③

《诗经》的艺术表现手法是“赋”“比”“兴”。“赋”即对客观事物进行直接描绘与叙述。“比”即比喻，借客观景物做比况。“兴”是在诗歌开头处以眼前景物为比喻和象征，引出要歌颂的本事。

作为现实主义光辉起点的《诗经》以其内容丰富、思想和艺术上的高度成就，在中国乃至世界文化史上都占有重要地位，并对后世文学产生了不可磨灭的影响。

二、乐府诗歌

“乐府”最初指负责音乐事务的政府机构，汉代乐府负责征集民间歌曲并加以适当编排，使之适合在宗庙、殿堂、宴会等场合演唱。当时这些诗歌被称为“歌诗”，魏晋以后被称为“乐府”，后来魏晋六朝文人用乐府旧题所写的诗，不管是否合乐，也都称为“乐府”④。

汉代乐府诗歌，民歌占据很大比例。民歌称为“俗乐”，上层社会中也有“俗乐”流行。他们代表了两汉诗歌创作的最高成就，成为继《诗经》之后，河洛地区诗歌创作的又一高峰。宋代郭茂倩所编《乐府诗集》将乐府诗歌划分为12类：郊庙歌辞、燕射歌辞、鼓吹曲辞、横吹曲辞、相和歌辞、清商曲辞、舞曲歌辞、琴曲歌辞、杂曲歌辞、近代曲辞、杂歌谣辞和新乐府辞。汉代乐府诗

---

① 程俊英：《诗经译注》，上海古籍出版社1985年版，第162页。
② 阮元校刻《十三经注疏》，《春秋公羊传·宣公十六年》，中华书局1980年版，第2287页。
③ 程俊英：《诗经译注》，上海古籍出版社1985年版，第121页。
④ 可参阅萧涤非《关于“乐府”》，《萧涤非说乐府》，上海古籍出版社2002年版。

歌主要保留在郊庙歌辞、相和歌辞、杂曲歌辞和鼓吹曲辞之中。其中相和歌辞主要是民歌。

汉魏六朝乐府民歌所反映的社会生活十分丰富。首先,反映了民众的爱国热情。中原民众自古就有以天下为己任的传统,最具有代表性的就是《木兰辞》。著名豫剧表演艺术家常香玉在豫剧舞台上完美地再现了花木兰的艺术形象。

其次,乐府诗歌中也留下了大量爱情诗歌。一些表现爱情的短诗,充满了激情,如《上邪》:"上邪,我欲与君相知,长命无绝衰。山无陵,江水为竭,冬雷震震,夏雨雪,天地合,乃敢与君绝!"①

更多的乐府诗歌则是劳动人民生活的反映,它们如实描写了民生疾苦,真实揭露了统治者的荒淫腐朽以及种种社会矛盾。如《十五从军行》描写一个少年从军的耄耋老人在回归家乡面对垒垒荒冢时的悲愤心情。《妇病行》则描绘了汉代劳动人民在残酷的剥削压迫下,挣扎于死亡边缘的生活惨象。

于是劳动人民只有奋死反抗一条道路可走,《东门行》描写了劳动人民拼死一搏的决心:"出东门,不顾归;来入门,怅欲悲;盎中无斗米储,还视架上无悬衣。拔剑东门去,舍中儿母牵衣啼:'他家但愿富贵,贱妾与君共哺糜。上用仓浪天故,下当用此黄口儿,今非!''咄!行!吾去为迟!白发时下难久居。'"②

继承了《诗经》现实主义传统的乐府民歌,无论思想内容的深度,还是艺术成就,都获得广泛认可。邵毅平曾说:"汉乐府民歌具有浓厚的生活气息,尤其是第一次具体而深入地反映了下层民众日常生活的艰难和困苦。"③因而乐府诗歌往往成为后世文人创作时重要的模仿对象。

---

① 郭茂倩:《乐府诗集》卷十六,中华书局 1979 年版,第 231 页。
② 郭茂倩:《乐府诗集》卷十六,中华书局 1979 年版,第 550 页。
③ 章培恒、骆玉明主编:《中国文学史》,复旦大学出版社 1997 年版,第 225 页。

第二节　魏晋风度与文学自觉

无论是《诗经》，还是汉魏乐府诗歌，大多为民间质朴的歌声，并非文人主动的创造。汉代开始出现了一些文人主动的文学创作，为魏晋时期文学的自觉奠定了基础。①

一、两汉大赋

作为一种文体，赋的起源较早，《诗经》中就有赋的表现手法。而汉赋在一定程度上，也继承了《楚辞》的浪漫主义传统，在汉代积极进取社会风气影响下，汉赋表现出飞扬雄浑的艺术特色。

早在西汉，洛阳才子贾谊在《吊屈原赋》和《鵩鸟赋》中抒发了怀才不遇的心情，人鸟对话的独特想象也开汉赋主客问答体之先河。在语言形式上以整齐的四言句为主，也有散文化的倾向，体现着向汉大赋的过渡。真正汉代散体大赋的写作，要从梁园文人集团开始。汉文帝少子梁孝王在睢阳兴建了规模宏大的梁园。梁孝王雅好文章，他周围聚集起一群文人学士，组成了"梁园文人集团"。邹阳、严忌、枚乘、司马相如、公孙诡、羊胜等人开启了两汉散体大赋写作的华美乐章。

东汉洛阳成为汉赋创作中心，东汉赋作逐渐改变了西汉铺陈夸张、劝百讽一的特点，现实主义传统有所回归。虽说少了西汉的恢宏，但也少了西汉大赋的晦涩。如东汉著名文学家、史学家班固的赋作，就表现出强烈的人文情怀。班固的《两都赋》，超越了西汉大赋的浪漫想象，更多关注现实，体现出明显的儒家伦理色彩。在东都洛阳和西都长安的对比中，刻意强调了洛阳的文风儒雅。在文体形式上，班固改变了西汉散体大赋的散文化方向，大

① 杨树增在《汉代文化特色及其形成》（人民出版社 2008 年版）中认为中国文学的"自觉"发生在汉代，参看其第二编"'自觉'创新的文学"第一章"汉代文学特色总述"第一节"文学的'自觉'始于汉"。对此笔者不能苟同，杨树增混淆了文学的发生和文学的自觉两个不同的概念，以杨树增的论证方法，我们完全可以证明文学"自觉"始于先秦。假如还承认有所谓"自觉"，那么"自觉"，只能发生在魏晋时期。

量使用骈偶对仗的形式，注重内容的典雅和实证，娓娓道来，说理充分，读之亲切自然。

班固之后南阳人张衡再度将汉赋的写作推向高峰。张衡赋作以《二京赋》《归田赋》等为代表。其中《二京赋》以其严谨的结构被称为汉赋精品。《二京赋》的写作历时十年打磨，对东汉洛阳的描绘，宛如一幅丹青长卷，栩栩如生。东汉末年祢衡《吊张衡文》称赞张衡“下笔绣辞，扬手文飞”[①]。《归田赋》则实现了汉赋从鸿篇巨制向短小精悍的转变，开启了抒情小赋的创作时代。

汉代文人的文学创作中，已能明显地感到他们对文学自身价值的主动追求，通过他们的创作，文学逐渐从附庸发展为大国，开启了文学自觉的先声。

二、文学自觉的到来

清人赵翼有诗云：“国家不幸诗家幸，赋到沧桑句便工。”东汉末年空前的战乱促进建安文学走向顶峰。“建安七子”和“三曹”父子是建安文学的代表。

孔融、陈琳、王粲、徐幹、阮瑀、应玚、刘桢合称“建安七子”，他们主要活动于邺城、许昌、洛阳等地，他们在很大程度上引领了建安时代的文学创作。

“建安七子”的诗作标志着五言诗的成熟，无论写景状物，还是抒发胸臆，都运用自如，如徐幹《室思》《饮马长城窟行》等。他们的抒情小赋相对于东汉后期，取材范围进一步扩大，抒情色彩更为浓厚，而且他们的作品对于现实的反映更为深切，后人提到建安文学往往以“风骨”相标榜。他们的散文写作独树一帜，如孔融《难曹公表制酒禁书》极尽讽刺挖苦之能事，陈琳《讨曹檄文》气势磅礴，酣畅淋漓。建安七子的诗文创作，并非无病呻吟，是乱世苦魂的真实写照。

“三曹”父子的文学创作相对建安七子成就更大。曹操诗作以四言诗为主，雄浑大气，反映了汉末动乱的现实、统一天下的理想和顽强的进取精神，

① 严可均：《全上古三代秦汉三国六朝文》，中华书局 1958 年版，第 943 页。

以及抒发"忧思难忘"的救世情怀。面对东汉末年空前的社会动荡,曹操《蒿里行》中发出"白骨露于野,千里无鸡鸣;生民百不一,念之断人肠"的感慨①,《短歌行》中"周公吐哺,天下归心"表达了曹操一统天下的雄心壮志②,《龟虽寿》"老骥伏枥,志在千里"强调虽至晚年仍不弃雄心壮志③。曹操很少使用华丽的辞藻,比如《观沧海》中的"秋风萧瑟,洪波涌起。日月之行,若出其中;星汉灿烂,若出其里"④,寥寥数笔,就将大海的波澜壮阔表现得淋漓尽致。曹操的文章以《让县自明本志令》《唯才是举令》等为代表,鲁迅曾评价说:"在曹操本身,也是一个改造文章的祖师,可惜他的文章传得很少。他胆子很大,文章从通脱得力不少,做文章时又没有顾忌,想写的便写出来。"⑤尤其《让县自明本志令》里说"设使国家无有孤,不知当几人称帝,几人称王"⑥,让人能清晰地感受到曹操的英雄霸气。

曹丕自幼雅好文辞,代表作《燕歌行》大约写于建安十二年(207 年)曹操北征乌桓期间,采用乐府体裁,开创性地以句句用韵的七言诗写作,被认为是现存最早严格意义上的七言诗。《燕歌行》反映了东汉末年战乱流离的现状,表达出被迫分离的男女内心的怨愤和惆怅。曹丕是邺下文人集团的实际领袖,对建安文学精神风貌的形成起到关键作用,"建安风骨"对后世文学产生了深远影响。

"三曹"父子中,曹植的文学成就最高。曹植自幼天资聪颖,才思敏捷,一度获得曹操的宠信,几乎被立为太子。曹丕称帝后,曹植备受打击。政治上的悲剧客观上促成了他诗歌创作的卓越成就。曹植写了大量表达怀才不遇悲愤心情的诗歌,情感充沛,个性鲜明。其代表作《洛神赋》以幻觉形式,叙写人神相恋,终因人神道殊,含情痛别。有人认为此赋表达了曹植对嫂子甄氏的暗恋之情,也有人认为曹植假托洛神,寄心曹丕,抒发苦闷的心情,以

---

① 曹操:《曹操集·诗集》,中华书局 1959 年版,第 4 页。
② 曹操:《曹操集·诗集》,中华书局 1959 年版,第 5 页。
③ 曹操:《曹操集·诗集》,中华书局 1959 年版,第 11 页。
④ 曹操:《曹操集·诗集》,中华书局 1959 年版,第 11 页。
⑤ 鲁迅:《魏晋风度与文章及药与酒之关系》,收吴中杰导读《魏晋风度及其他》,上海古籍出版社 2000 年版,第 187 页。
⑥ 曹操:《曹操集·文集卷二》,中华书局 1959 年版,第 42 页。

期能打动曹丕。格调凄艳哀伤，辞采华茂，被人们传诵千古。

中国古代文学史上，“文学自觉”是指文学及文学创作主体意识到文学的独立性和价值性，自觉地对文学的本质和发展规律等进行探讨和认识，促进文学按其自身的规律向前发展。文学自觉的表现，首先在于文学独立的价值被充分肯定，其次各种文体逐渐完备，再次对文学的审美特性有了自觉追求，文学理论也开始走向成熟。[①] 魏晋时期就是中国文学史上“文学自觉”全面到来的时代。以曹丕《典论 · 论文》为代表，它是中国最早的文学理论和批评著作。《典论 · 论文》中曹丕高度肯定了文学的价值和意义，他称文章为“经国之大业，不朽之盛事”[②]。鲁迅先生《魏晋风度与文章及药与酒之关系》认为：“他（曹丕）说诗赋不必寓教训，反对当时那些寓教训于诗赋的见解，用近代的文学眼光来看，曹丕的一个时代可说是‘文学的自觉时代’，或如近代所说是为艺术而艺术的一派。”[③]

在文学自觉的时代里，洛阳城才子云集。左思《三都赋》被广泛传抄，以至洛阳纸价为之上涨，留下了“洛阳纸贵”的典故。才子潘岳，字安仁，不仅文采飞扬，而且潇洒帅气，是中国历史上标志性美男。据说潘岳每次外出时，他的车上都会被扔满鲜花和水果，从而留下“掷果盈车”的美谈。

第三节　古文运动与唐诗宋词

一、古文运动

“永嘉之乱”打破了魏晋洛阳城文学创作的繁盛。东晋文坛骈体文一枝独秀。骈体文讲究对仗和用典，辞藻华丽，虽将文章的形式美发挥到极致，但对形式的过分追求，也影响到内容的表达，形式僵化，内容苍白。入唐以

---

① 袁行霈主编：《中国文学史》第二卷，高等教育出版社 2006 年版，第 1—7 页。
② 严可均：《全上古三代秦汉三国六朝文》，中华书局 1958 年版，第 1098 页。
③ 鲁迅：《魏晋风度与文章及药与酒之关系》，收吴中杰导读《魏晋风度及其他》，上海古籍出版社 2000 年版，第 188 页。

后，逐渐有人主张改革文风。不过古文运动的真正到来则是韩愈提倡和推动的结果。

前已述及，韩愈不仅生在河洛地区，而且长期活动于河洛地区，韩愈在洛阳的文学活动，推动古文运动不断走向高潮。韩愈被称为“文起八代之衰”，不过个性刚强的韩愈本人却不愿以文士自期。他出于捍卫儒家道统的需要，提倡改变文体，以提升宣传效果。他认为相对“道”，文不过是形式和载体，形式要服从内容，形式与内容实现统一。韩愈提倡学习先秦两汉古文，并博取屈原、司马迁、司马相如、扬雄等诸家作品之长，“宜师古圣贤人”[①]。同时，他还主张在继承的基础上创新，坚持“词必己出”[②]和“惟陈言之务去”[③]。韩愈认为作家的道德修养是其文学作品的灵魂，因而提出养气论，他说：“气，水也；言，浮物也。水大而物之浮者，大小毕浮。气之与言犹是也，气盛，则言之短长与声之高下者皆宜。”[④]有了灵魂之后，具体形式已不重要了，篇幅的长短和声调的高下都是适宜的。韩愈提出“不平则鸣”的主张，他认为文学作品都应反映现实，是作者情绪的自然流露。在写作技巧上，韩愈强调文章要“奇”，以奇诡为善。

韩文的代表作有《原道》《师说》《马说》《谏迎佛骨表》等，很多已入选中学语文课本。读这些文章，可以明显地感觉到韩愈因对道义的强烈自信而表现出的磅礴气势，文章带有浓烈的情感色彩。宋代苏洵就说韩愈之文“如长江大河，浑浩流转”[⑤]。后人也将韩愈尊为“唐宋八大家”之首。

韩愈本人很好地践履了其文学主张。韩愈文章并非仅以技巧和声势见长，其文观点鲜明，言辞犀利，说理透彻，有非常强烈的逻辑性。这一点，尤其体现在名篇《原道》之中。韩文的语言凝练生动，用词准确鲜明，具有创造性和表现力。韩愈不仅善于学习先秦、秦汉的典雅语言，而且也注重结合唐朝当代语言的特点，创造出许多具有鲜明时代特征的语言。韩愈的语言具

① 刘真伦、岳珍校注：《韩愈文集汇校笺注》卷八，中华书局 2010 年版，第 845 页。

② 刘真伦、岳珍校注：《韩愈文集汇校笺注》卷二十四，中华书局 2010 年版，第 2576 页。

③ 刘真伦、岳珍校注：《韩愈文集汇校笺注》卷六，中华书局 2010 年版，第 700 页。

④ 刘真伦、岳珍校注：《韩愈文集汇校笺注》卷六，中华书局 2010 年版，第 701 页。

⑤ 苏洵著，曾枣庄、金成礼笺注：《嘉祐集笺注》卷十二，《上欧阳为翰第一书》，上海古籍出版社 1993 年版，第 328 页。

有很强的生命力，他创造的很多词汇仍然活跃在现代汉语之中，如“蝇营狗苟”“摇尾乞怜”“面目可憎”“垂头丧气”“佶屈聱牙”“千里马常有而伯乐不常有”等。

韩愈倡导的古文运动，在宋代成为一股不可遏制的潮流。尤其是经历欧阳修、苏洵、苏轼、苏辙、王安石、曾巩等人的文学实践，终于使形式主义的骈体文成为历史的陈迹，平实通畅的现实主义风格成为散文创作的主流。他们也都曾在河洛地区留下大量脍炙人口的作品，被千古传诵。而且，他们也都对河洛沃土有着深厚的情感，欧阳修、苏轼、苏辙甚至选择河洛作为长眠之地。如今新郑欧阳修墓和郏县三苏坟都经常能看到人们凭吊文豪的身影。

二、登峰造极的唐诗

中国堪称诗歌的国度，河洛地区更是有着悠久的诗歌创作传统。如前所述，早在先秦有《诗经》，汉魏六朝又有乐府诗歌。在唐朝，诗歌创作逐渐达到顶峰。

唐代以诗赋取士，极大地推动了诗歌创作。唐朝是律诗登峰造极的时代，律诗不仅从形式上走向成熟，而且在艺术水平上也达到后人难以企及的高峰。唐朝文人几乎无一不是诗人，诗作数量惊人，清康熙年间曹寅所编《全唐诗》共收录2300多人的48900多首诗。

唐朝诗人不断涌现，上自帝王，下至普通官员，都有诗歌传世。如宰执大臣中张说以诗文知名，其《九日进茱萸山诗》中说：“家居洛阳下，举目见嵩山。刻作茱萸节，情生造化间。黄花宜泛酒，青岳好登高。稽首明庭内，心为天下劳……”[①]就连宫女上官婉儿也有诗歌传世，《全唐诗》中收录她的诗32首，如《彩书怨》：“叶下洞庭初，思君万里余。露浓香被冷，月落锦屏虚。欲奏江南曲，贪封蓟北书。书中无别意，惟怅久离居。”[②]五言律诗正是在她的倡导下趋于定型，成为考试体裁、正统格式。

唐朝不仅以诗赋取士，诗歌在唐朝社会生活中也有重要作用。唐朝并

① 张说：《九日进茱萸山诗》，曹寅编《全唐诗》卷八十九，中华书局1999年版，第974页。

② 上官婉儿：《彩书怨》，曹寅编《全唐诗》卷五，中华书局1999年版，第62页。

非汉晋的简单延续，而是经历了汉魏六朝汉胡互化后形成的民族共同体，更加生机勃勃，充满活力，从而以气吞日月的磅礴声势、海纳百川的博大胸怀、刻意求新的独创精神，缔造出中华文明史上光彩夺目的高峰。唐诗正是唐朝文化的典型代表。

回顾唐诗的发展历程时，绝对不能忽视河洛地区。河洛地区是众多诗人的家乡，杜甫、白居易、韩愈、刘禹锡、元结、元稹、李商隐等都诞生于河洛地区。河洛地区也是诗人交往和创作的中心舞台，众多诗人在河洛地区留下了脍炙人口的篇章。李白和杜甫在洛阳初次相遇，贾岛在洛阳首次拜谒韩愈，晚年的白居易更是在洛阳留下了1000多首诗歌。

唐诗内容极其丰富，体现了唐人开阔的胸怀，反映了唐人丰富的社会生活。“唐诗几乎深入唐人生活的每一个领域，举凡朝政得失、国家兴衰、将相忠奸、战事胜负、宫廷歌舞宴乐、民间渔樵耕织、官吏的诛求贪婪、民生的哀怨疾苦、中外的通商聘问、边塞的祭神牧猎、山河景观、田园风光、琴棋技艺、书法画境，各种素材无不入题。从济苍生、安社稷的雄心，致君尧舜、立功边塞的壮志，到隐居山林的闲趣，思恋情人的哀怨；从饯别送行、羁旅思亲的离愁别恨，到累第不举、落魄淹蹇的牢骚怨恨，各种感怀均得抒发。”①

大体而言，唐代河洛地区诗歌创作的内容可概括为如下几个方面：

第一，表达诗人对田园生活的向往。惬意自然的田园生活，往往是诗人神往而不得的生活方式。孟浩然《上巳洛中寄王迥十九》诗曰：“卜洛成周地，浮杯上巳筵。斗鸡寒食下，走马射堂前。垂柳金堤合，平沙翠幕连。不知王逸少，何处会群贤。”②这首诗描写了三月上巳日在洛阳斗鸡走马时的轻松愉悦。

第二，对自然景色的描绘。祖国大好河山，莺飞草长，激发了诗人创作的热情。杜甫就有“迟日江山丽，春风花草香。泥融飞燕子，沙暖睡鸳鸯”③，从诗中明显感觉到诗人对江山的热爱。也有通过描写自然景色，寄托

① 郭预衡主编：《中国文学史》（第三卷），上海古籍出版社1998年版，第160页。
② 孟浩然：《上巳洛中寄王迥十九》，曹寅编《全唐诗》卷一百六十，中华书局1999年版，第1639页。
③ 杜甫：《绝句二首》之一，曹寅编《全唐诗》卷二百二十八，中华书局1999年版，第2476页。

自己的深意。白居易《花非花》:“花非花,雾非雾。夜半来,天明去。来如春梦几多时?去似朝云无觅处。”①

第三,边塞是唐诗的重要表现对象。一些诗人虽未曾到过边塞,但也受到边塞诗歌的影响,在其诗歌创作中也有边塞诗的影子。如名篇《观公孙大娘弟子舞剑器行》,是杜甫在河南郾城观看公孙大娘舞剑后的作品,在这首诗歌中明显感受到一股豪气。

第四,抒发政治抱负是诗人创作的主要动机。在一个积极进取的朝代,士人往往都有建功立业的抱负。杜甫自幼接受了传统的儒家教育,是正统儒家思想的信奉者、捍卫者,他的人生理想是“致君尧舜上,再使风俗淳”②。虽然杜甫一生困顿,四十几岁时才当了几任小官,但杜甫并未放弃自己的信念。杜诗最感人之处也就在他信念的坚定,因而杜甫被后人尊为“诗圣”。

第五,民生疾苦也是唐诗的重要表现内容。这类诗歌当以杜甫为典型代表,他并未因个人的困顿而漠视民间疾苦。杜甫的佳作多在乱世中完成,如著名的“三吏”“三别”。这些诗作是乱世的真实写照,杜诗也被后人称为“诗史”。杜诗中体现着深厚的人文关怀,如《茅屋为秋风所破歌》:“安得广厦千万间,大庇天下寒士俱欢颜!风雨不动安如山。呜呼!何时眼前突兀见此屋,吾庐独破受冻死亦足。”③诗中体现出诗人推己及人的情怀,以诗歌的形式完美地诠释了儒家“仁”的精神理念。儒家美学思想指导下的杜诗以“应须饱经术”④为准绳,要求形式服从内容,形式与内容严格统一,为盛唐诗歌创作的规范化、严密化奠定了基础。

第六,唐诗中体现了唐代诗人对张扬个性的追求。唐代是一个开放的朝代,唐朝诗人大多个性鲜明,唐诗也体现了诗人张扬的个性。但张扬的个性往往难为世俗所容,对个性的追求最终却平添内心的苦闷。最典型的莫过于“诗仙”李白。他被唐玄宗“赐金放还”后,受元丹丘之邀来到嵩山,写下

---

① 白居易:《花非花》,曹寅编《全唐诗》卷八百九十,中华书局 1999 年版,第 10128 页。
② 杜甫:《奉赠韦左丞丈二十二韵》,曹寅编《全唐诗》卷二百十六,中华书局 1999 年版,第 2252 页。
③ 杜甫:《茅屋为秋风所破歌》,曹寅编《全唐诗》卷二百十九,中华书局 1999 年版,第 2313 页。
④ 杜甫:《又示宗武》,曹寅编《全唐诗》卷二百三十一,中华书局 1999 年版,第 2533 页。

了名篇《将进酒》:“君不见,黄河之水天上来,奔流到海不复回。君不见,高堂明镜悲白发,朝如青丝暮成雪。人生得意须尽欢,莫使金樽空对月。天生我材必有用,千金散尽还复来。烹羊宰牛且为乐,会须一饮三百杯。岑夫子,丹丘生,将进酒,杯莫停。与君歌一曲,请君为我侧耳听。钟鼓馔玉不足贵,但愿长醉不复醒。古来圣贤皆寂寞,惟有饮者留其名。陈王昔时宴平乐,斗酒十千恣欢谑。主人何为言少钱,径须沽取对君酌。五花马,千金裘,呼儿将出换美酒,与尔同销万古愁。”①虽然诗人自信“天生我材必有用”,但最终也只能在沉醉中“与尔同销万古愁”。“在李白的眼里,人间是污浊的、黑暗的、不自由的,只有到山林、仙境、梦境中才能得到自由和解放。”②

第七,表达怀才不遇的苦闷。任何时代都有人怀才不遇,都有理想与现实的冲突和矛盾。李商隐祖籍怀州河内,生于河南荥阳。李商隐在牛李党争的夹缝中求生存,辗转于各藩镇当幕僚,郁郁不得志,潦倒终生。李商隐诗歌中可以明显感到他内心的苦闷,如《贾生》:“宣室求贤访逐臣,贾生才调更无伦。可怜夜半虚前席,不问苍生问鬼神。”③表面上在感慨贾谊的不幸遭遇,实则是诗人自况,借他人之酒杯,浇胸中之块垒。唐诗中的众多咏史诗,往往都能看到作者自己的影子。如刘禹锡《蜀先主庙》:“天地英雄气,千秋尚凛然。势分三足鼎,业复五铢钱。得相能开国,生儿不象贤。凄凉蜀故妓,来舞魏宫前。”④蜀先主重用诸葛亮而立业,后主不能用贤而亡国。作者借历史典故抒发自己怀才不遇的沉闷。

第八,爱情诗歌。爱情是诗歌永恒的主题,唐诗亦不例外。李商隐的爱情诗歌被认为是古代爱情诗歌的极致。李商隐爱情诗歌真挚、深沉,他的诗不同于一般爱情诗歌描写男欢女爱之情,而是更注重精神的追求和感情的升华。如几首《无题》诗:“相见时难别亦难,东风无力百花残。春蚕到死丝方尽,蜡炬成灰泪始干。晓镜但愁云鬓改,夜吟应觉月光寒。蓬山此去无多路,青鸟殷勤为探看。”⑤“昨夜星辰昨夜风,画楼西畔桂堂东。身无彩凤双飞

① 李白:《将进酒》,曹寅编《全唐诗》卷一百六十二,中华书局 1999 年版,第 1685 页。

② 于景祥编著:《登峰造极的唐诗》,辽海出版社 1998 年版,第 42 页。

③ 李商隐:《贾生》,曹寅编《全唐诗》卷五百四十,中华书局 1999 年版,第 6261 页。

④ 刘禹锡:《蜀先主庙》,曹寅编《全唐诗》卷三百五十七,中华书局 1999 年版,第 4026 页。

⑤ 李商隐:《无题》,曹寅编《全唐诗》卷五百三十九,中华书局 1999 年版,第 6219 页。

翼,心有灵犀一点通。隔座送钩春酒暖,分曹射覆蜡灯红。嗟余听鼓应官去,走马莲台类转篷。”①

第九,节庆生活。节日是民众难得的放松时刻,节庆也是诗歌的重要内容。如苏味道《正月十五夜》:“火树银花合,星桥铁锁开。暗尘随马去,明月逐人来。游伎皆秾李,行歌尽落梅。金吾不禁夜,玉漏莫相催。”②描写神龙元年(705 年)上元夜,官府取消夜禁,洛河上的天津桥将铁索打开,听任游人往来。月光下游人熙熙攘攘,女伎则边走边唱。白居易晚年定居洛阳,每逢佳节必有诗作。有一年过年,白居易前往刘禹锡家中做客,自然少不了觥筹交错赋诗言志。刘禹锡《元日乐天见过因举酒为贺》:“渐入有年数,喜逢新岁来。震方天籁动,寅位帝车回。门巷扫残雪,林园惊早梅。与君同甲子,寿酒让先杯。”③白居易则回敬了《新岁赠梦得》:“暮齿忽将及,同心私自怜。渐衰宜减食,已喜更加年。紫绶行联袂,蓝舆出比肩。与君同甲子,岁酒合谁先?”④

第十,民众生产生活在诗歌中也有反映。这类诗歌尤以白居易等人“新乐府”诗歌为代表,他提出:“文章合为时而著,诗歌合为事而作。”⑤白居易诗歌中经常有普通民众生产生活的身影。如《观刈麦》:“田家少闲月,五月人倍忙。夜来南风起,小麦覆陇黄。妇姑荷箪食,童稚携壶浆。相随饷田去,丁壮在南冈。足蒸暑土气,背灼炎天光。力尽不知热,但惜夏日长……”⑥

三、宋词的辉煌

进入宋代后,诗歌创作的繁荣依然得到延续。但相对而言,宋代诗歌创作取得的成就无法与唐朝相提并论。相反,被称为“诗余”的词,却在宋代大放异彩。宋词无论是数量,还是所达到的成就,比之唐诗都毫不逊色。上自

---

① 李商隐:《无题》,曹寅编《全唐诗》卷五百三十九,中华书局 1999 年版,第 6213 页。
② 苏味道:《正月十五夜》,曹寅编《全唐诗》卷六十五,中华书局 1999 年版,第 750 页。
③ 刘禹锡:《元日乐天见过因举酒为贺》,曹寅编《全唐诗》卷三百五十八,中华书局 1999 年版,第 4045 页。
④ 白居易:《新岁赠梦得》,曹寅编《全唐诗》卷四百五十七,中华书局 1999 年版,第 5211 页。
⑤ 刘昫:《旧唐书》卷一百六十六《白居易列传》,中华书局 1975 年版,第 4347 页。
⑥ 白居易:《观刈麦》,曹寅编《全唐诗》卷四百二十四,中华书局 1999 年版,第 4668 页。

帝王，下至一般文士，几乎都有词作传世。宋词在内容和形式上都有重大突破。相对于唐诗，宋词的音乐性更为突出，每首词都需依照一个词牌的声调来填写内容，相对唐诗的创作，宋词创作被称为“填词”。唐诗每句长短基本一致，宋词则根据词牌的要求长短不一，因此宋词也被称为长短句。

现代学者普遍赞同宋词起源的“民间起源说”，一般认为宋词起源于民间的“曲子词”。“词最初孕育于唐代繁华城市中罗列的歌楼妓馆，是歌妓们演唱的小曲。”①最初大约形成于隋唐，中晚唐以后，开始出现文人创作的词。五代后蜀赵崇祚所编《花间集》就收了温庭筠、韦庄等18位文人的词作。五代时期，词的创作开始普及，尤其是南唐中主李璟、南唐后主李煜的创作，极大地推动了这一文学形式的成熟。

南唐后主李煜，早期词作多描写宫廷生活和男女之情，但南唐国破李煜被俘到开封后，其词作开始转向深沉，亡国之痛、故国之思溢于言表。李煜的亡命词《虞美人》：“春花秋月何时了？往事知多少。小楼昨夜又东风，故国不堪回首月明中。雕栏玉砌应犹在，只是朱颜改。问君能有几多愁，恰似一江春水向东流。”②故国之思毫不掩饰地流露无疑，宋太宗读后大怒，派人用“牵机药”将他毒死。李煜死后被葬在洛阳北邙。作为帝王，李煜是失败的亡国之君。作为词人，李煜无疑是非常成功的，恰是他的悲剧人生促使他的词作达到了空前的艺术高度，进而对宋词创作起到极大的推动和引领作用。

北宋中期以后随着城市的发展，市民娱乐生活也渐趋丰富，勾栏瓦肆中除杂剧、说话等娱乐外，也少不了歌女的身影。北宋社会风气相对开放，士人雅集往往请歌女助兴，这也刺激了文人对词的创作热情。早期的宋词多描写男女之情，这类作品突破了儒教伦理的限制，表达了人们的真实情感。

北宋文人词作的代表当推柳永，号称“凡有井水饮处，即能歌柳词”③。柳永对于词的贡献是里程碑式的。他在形式上把过去仅几十字的短令发展

---

① 章培恒主编：《中国文学史》（中），复旦大学出版社1997年版，第15页。

② 王仲闻：《南唐二主词校订》，中华书局2007年版，第11页。

③ 叶梦得：《避暑录话》卷上，转引自《四库全书总目》卷一百九十八《乐章集提要》，中华书局1965年版，第1807页。

到百多字的长调，在内容上把词从官词中解放出来，大胆引进市民生活、市民情感。

相对柳永词作的婉约，苏轼则是开创了豪放派。据说苏东坡在玉堂署任职时，恰巧属下有一幕士善歌。苏东坡就问："吾词何如柳七？"幕士答道："柳郎中词，只好十七八女郎，按执红牙拍，歌杨柳岸晓风残月。学士词，须关西大汉，执铁绰板，唱大江东去。"[①]这段记载，虽属戏言，但也反映出二人词作风格的不同。

第四节　河洛古代陶瓷艺术

中国陶瓷艺术不仅起源很早，而且始终居于世界前列，受到各国人民的喜爱。中国古代陶瓷艺术的发展也得益于河洛文化的滋养。

一、河洛陶瓷的发展过程

河洛地区作为中华文明的诞生地，有着悠久的陶瓷制作史。陶器是新石器时代的重要标志，7000 年前的裴李岗文化已经出现了红陶，有杯、碗、盘、罐等器物，而且还发现了陶窑，说明当时生产规模之大。

仰韶文化时期，遍布河洛各地的遗址发现大量彩陶，仰韶文化也被称为彩陶文化。仰韶彩陶制作技术和造型装饰比原始陶器精良许多，主要以赤铁矿粉和氧化锰为颜料，使用类似毛笔的工具，在陶坯表面上绘制各种图案，入窑经火烧后，在橙红的底色上，呈现出黑、红、白等颜色的图案。

之后，蛋壳黑陶成为龙山时代的标志之一，龙山时代晚期的新砦城址出土了大量制作精美的陶器，有子母口瓮、簋形豆、双腹豆、猪首形盖钮等。

二里头遗址等夏文化遗址中都发现有大量陶器。陶器是当时人们的基本生活用具，青铜并非普通人都能消费起的。二里头的陶器烧制火候高，密封技术好，陶质坚硬，叩之清脆有声。陶色单纯，呈浅灰色，陶胎厚重，造型

---

① 郑方坤：《全闽诗话》卷二引《吹剑续录》，文渊阁四库全书本。

规整，种类繁多，较之河南龙山文化陶器有明显进步。文饰以拍印的绳纹为主，辅以附加堆纹和模印花纹，有些陶器上还浅刻有龙、蛇等生动的动物花纹，具有较高的艺术性。

商代日常生活中主要使用的还是陶器。最能代表商代制陶工艺水准的是白陶。其实白陶已是一种原始瓷器。一般认为陶器和瓷器有如下区别：首先，瓷器用高岭土制成，陶器用黏土制成。其次，瓷器的烧成温度较高，一般在1200℃以上，陶器则在850℃至950℃，最高达1000℃，超过这个温度就要软化变形。再次，瓷器不吸水，或吸水性很小，叩之有金石之声；陶器则有吸水性，叩之音浊。最后，瓷器有经高温烧制下的玻璃釉质；陶器一般无釉。在偃师商城、郑州商城等地都发现了原始瓷器。学术界一般都将白陶和带釉陶器作为瓷器的远祖。

西周时期河洛地区陶瓷业进步明显。尤其是瓦的出现，极大改善了人们的居住环境。春秋战国制陶业以生产日用品为主，炊器主要有鬲、釜、甑，食器主要有豆、盂、盘，盛器主要有瓮、盆、罐。陶明器有较大发展，有仿青铜的鼎、盘，仿日用的鬲、罐、豆、盂等。造型以平底和三足器为主，有少量圈足器。瓦当、筒瓦等建筑用陶制作极其精美，还有屋檐、屋顶的陶装饰品等。瓦当俗称瓦头，有保护木制飞檐和美化屋面轮廓的作用。不同时期的瓦当特点不同，先秦瓦当纹饰以动物形象居多，有鹿、四神、鸿雁、鱼及变化的云纹。图案构思巧妙，有将画面一分为二的，也有一分为四的，均衡自然，富于生气。

东汉首都洛阳达官显贵云集，他们死后大多葬于北邙之上。近代以来从汉代贵族墓葬中出土了大量陶仓楼、陶井、陶灶、陶院落、陶猪圈等，很多都施以绿釉。汉代还出现了很多彩绘陶，图案大多为四神兽、祥云等，线条流畅婉转、生动活泼、色彩绚丽。釉陶的出现说明人们已对釉质的材料有了准确的把握。汉代青釉瓷烧制成功，胎质坚密、釉层均匀，造型质朴，火候已达1300℃以上，达到瓷化标准。汉代青瓷器形多为直颈瓶、罐、铺首壶、虎子等。

魏晋南北朝进入青白瓷并行发展时期，青瓷造型更加多样化，并运用雕塑、彩绘等技法予以美化装饰，进而创造出造型完美、装饰别致的新工艺品。

尤其是北魏迁都洛阳后，洛阳再度成为天下陶瓷生产重镇。北魏开始烧造陶瓷佛像，北魏出土的陶佛手、佛头等，造型优美，雍容华贵。

隋唐瓷业开创了制瓷手工业的新局面，青瓷和白瓷相继发展。尤其唐三彩，在唐代的陶瓷艺苑中绽放出夺目光辉。宋代制瓷工艺达到鼎盛。当时中国形成了“汝、钧、官、哥、定”五大名瓷系列，河南独占其三：汝瓷、钧瓷、官瓷。北宋河洛瓷业生产空前繁荣，生产的瓷器质地优良、造型各异、匠心独具、光彩动人。

元代瓷业复苏，仿钧之风盛极一时，遍及河洛各地，生产的瓷器品种也日趋丰富，诸如白瓷、黑瓷、黑白釉瓷、天目瓷、绞胎瓷等。青花、黑釉堆刻花等民间陶瓷在明清时也有很大发展。各种花釉陶瓷小器皿制作一直持续到近代。

二、唐三彩

唐三彩是唐代陶瓷最高成就的代表之一，也是中原具有代表性的瓷器之一。唐三彩造型典雅优美、端庄古朴、形象逼真、线条流畅、色彩瑰丽，富有浓郁的生活气息。唐三彩是唐代铅釉陶器的总称，胎质大多为白色黏土，先入窑素烧1000℃左右成型，然后取出施釉挂彩，再入窑烧至900℃而成。

清末陇海铁路修到洛阳时，修路工人发掘了大批古墓，并在许多唐墓中发现了色彩斑斓、姿态各异的马、骆驼、人物俑等，陶俑上都施有黄绿白、黄绿蓝或黄绿赭等三种颜色的彩釉。这些陶器流到北京后，引起罗振玉、王国维等学者的关注，将其定名为“唐三彩”。随着出土陶器、陶俑的增多，人们知道“唐三彩”并不限于三种颜色，单色、双色、多色的都有，但“唐三彩”之名却约定俗成了。

唐三彩是我国一种独特的陶瓷，三彩陶器的烧制温度较低，胎质松脆，防水性能差，除极少部分日用品与陈设品外，大多是随葬品。唐三彩主要出于洛阳、西安附近，供两地贵族享用。唐三彩的胎料是坩土，釉质主要成分是硅酸铅。当在釉料中加入不同比例金属氧化物，会呈现出不同的色彩，加入氧化铜会呈现出绿色，加入氧化铁会呈现出黄色或褐色，加入氧化钴会呈现出蓝色，这是唐三彩的基本色调。黄、绿、白、蓝、黑等几种釉色虽然简单，但经过艺人们精心创作，呈现浅黄、赭黄、浅绿、深绿、翠蓝、茄紫等色彩，从而产生一种斑驳晕缬、雍容华贵的艺术效果。三彩俑头部多不施釉，这一方面为“开相”的需要，便于在上面图绘，另一方面也为防止釉质下流变成大花脸。釉质下流是制作三彩的一大障碍，也是一大特点，釉质自然下流产生了许多复杂奇妙变化。制陶艺人充分利用铅釉流动性，把施釉技巧和装饰手法互相结合，造成色泽斑斓的艺术效果。

唐三彩的种类有俑、器物、建筑模型、琉璃瓦和瓦当等。其中俑类又分为人物俑和动物俑。人物俑的形象非常丰富，有天王、力士、文官、武吏、贵妇、男仆、女佣、乐舞俑、胡人俑等。三彩人物俑生动形象地体现了唐代社会生活的面貌。介于人兽之间的镇墓兽，又称魌头，战国已经出现，到隋唐达到顶峰，多为人首兽身。动物俑尤以雄健的骏马和憨厚稳重的骆驼最为出色，三彩马骨肉匀实，神完气足，洛阳唐墓出土的大黑马即其典型代表。隋唐洛阳城是国际性大都市，商品经济空前活跃，唐三彩中形象逼真的胡商俑正是当时商业活动的反映。

唐代洛阳人才荟萃、工匠云集，为唐三彩的发展提供了技术基础。唐三彩出现于唐高宗时期，盛行于开元盛世，天宝以后逐渐衰落。其兴隆时间虽不长，但其造型、装饰、釉色烧制技艺在中国陶瓷发展史上处于承前启后的地位。后来宋三彩、辽三彩、清三彩都受其彩釉工艺的影响，尤其是钴的运用为青花瓷的创制奠定了基础。唐三彩流散到世界各地，造就了其他民族的三彩艺术。日本仿制了“奈良三彩”，朝鲜仿制了“新罗三彩”，此外还有“伊斯兰三彩”“波斯三彩”等。

三、汝瓷

汝瓷是我国宋代五大名瓷之一，因产于临汝（今汝州）而得名。北宋皇室最初用定州白瓷，因定州瓷覆扣烧制，导致器物口缘无釉。宋徽宗时以“定州白瓷器有芒，不堪用”，而汝瓷精美，遂“弃定用汝”。宋室南迁后，窑址荒废，工艺失传。前人一直搞不清楚汝窑和北宋官窑的关系。如童书业认为汝窑就是官窑。[①] 当代学界一般认为汝窑与官窑并不相同。2000 年河南省文物考古研究所在宝丰县大营镇清凉寺村找到了汝官窑址，该窑址被国务院公布为第 5 批全国重点文物保护单位。汝瓷具备如下特点：

胎色：汝窑瓷器胎体轻薄，胎骨坚硬，有铜骨之称。胎质极细腻，呈香灰色，所以俗称“香灰胎”。由于胎土中含有微量铜元素，近光照之，微见浅粉红色，这一特征后世很难仿做。

釉色：汝瓷专供宫廷，不计成本，以玛瑙入釉，周煇《清波杂志》记载：“汝窑宫中禁烧，内有玛瑙末为油（釉）。”[②]釉色天青、粉青、天蓝色较多，也有豆绿、青绿等釉色。世称“天青为贵，粉青为尚，天蓝弥足珍贵”。釉面滋润柔和，纯净如玉，有明显的酥油感觉。放大镜下观察可见釉下有寥若晨星的稀疏气泡，后世称之为“青如天、面如玉、晨星稀”。据传，宋徽宗下令让工匠烧造他梦到夏天雨后的天晴云破之色，工匠们竟然奇迹般地烧造出了这种颜色。

支钉：宋代宫廷用汝瓷一般均采用满釉支烧。为保持满釉效果，多用裹足支烧工艺，器底留有细小的支钉痕迹，以单数居多，视器大小分为三钉或五钉。这是后世鉴定宋代汝瓷的重要依据之一。

器形：汝瓷造型古拙，制作十分考究。由于北宋崇古思想的盛行，汝瓷器物多用商周和春秋战国的青铜器、玉器式样。产品主要以陈设观赏品为主，兼有少量日用瓷。常见有出戟尊、玉壶春、胆式瓶、三足尊、水仙盆和各式圆碗、盘等。尺寸普遍不大，器物底部工整，往往微向外卷，与早期五代越窑青瓷颇多相似之处。个别传世器物上还出现有文字。一种在尊和纸槌瓶的底部刻“奉华”二字，是宋奉华殿的供应之物；一种在碟的底部刻“蔡丙”二字，均是烧成后再刻制。

开片：汝瓷开片堪称一绝，即釉面有极小的纹片，细碎繁密，宛如鱼子纹和蟹爪纹，但不带有官、哥瓷器常见的“金丝铁线”特征。开片的形成是器物在高温焙烧时产生的釉表缺陷，行话叫“崩釉”。汝窑工匠将这种难以控制的、千变万化的釉病，通过人为操作转换为一种自然美妙的装饰，控制得恰到好处，巧夺天工。

---

① 童书业：《“汝窑”与“官窑”问题》，《童书业说瓷》，上海古籍出版社 1999 年版，第 169 页。

② 周煇：《清波杂志》卷五，中华书局 1993 年版，第 213 页。

宋室南迁后，汝窑被毁，工匠流散，汝瓷从此失传。汝窑是五大名窑中存在时间最短的，早在宋代汝瓷就十分难得。周煇在《清波杂志》中记载：“唯供御拣，退方许出卖，近尤艰得。”[①]北宋灭亡后，皇宫所藏几乎都毁于兵燹，只有少数流出宫外。

汝瓷一直被历代藏家珍视，全世界现存传世汝瓷60多件。其中，故宫博物院17件、台北“故宫博物院”23件、上海博物馆8件，其余流落在英国、美国、日本的私人手中。

后人一直试图仿制汝瓷，但都没有成功，以至于发出了“仿汝不似汝”的感叹。当代汝瓷仿制取得了重要突破，旧时王谢堂前燕，已飞入寻常百姓家。

四、钧瓷

宋代五大官窑之一的钧瓷，因地处钧州（今河南禹州）而得名。其窑址以禹州市区的钧台和八卦洞为主，其中钧台遗址经过科学考古发掘，已被列为国家级重点文物保护单位。

钧瓷以其胎质坚固敦实、造型端庄典雅、釉色艳丽绝伦而独步天下。钧瓷始于宋初，盛于北宋末。钧瓷传世较少，弥足珍贵，故有“黄金有价钧无价”“家有万贯，不如钧瓷一片”之说。

宋初民窑烧制的钧瓷，釉色多以天青、天蓝、葱青、蛋白为基调，以氧化铜为釉色剂，使瓷器面釉出现深浅不同的紫色或红色，如烟如雾，似有还无，妙幻神奇。崇宁年间，古钧台附近官窑烧制贡瓷，进行较大规模的生产。[②]

钧瓷虽属北方青瓷系统，但并非普通青瓷。传统青瓷釉是以氧化亚铁着色的高温釉，而钧瓷的乳光蓝釉是靠釉中液滴状分散相对短波蓝光的散射作用而呈色，这种现象被称为“乳浊现象”。钧瓷突破了单色的范围，巧妙地利用氧化铜的作用，使传统高温色釉由单一的青瓷发展为五色的多彩釉，以朱砂红为贵。

---

① 周煇：《清波杂志》卷五，中华书局1993年版，第213页。

② 《中国陶瓷文化之乡》，见河南档案信息网 http://www.hada.gov.cn/w_NewsShow.asp? ID = 0:7195。

钧瓷以窑变为神，同一种釉经烧造而呈五光十色，“入窑一色，出窑万彩”。神奇的窑变使钧瓷色彩变幻莫测，红里透紫、紫中藏青，五彩渗化，相映生辉，故有“钧瓷无对，窑变无双”之说。早在宋代“窑变”就已成为钧窑最大的特色。

钧瓷造型古朴端庄，器型规整，胎壁厚薄均匀。钧瓷以釉厚为本，釉厚浑活，釉层乳光莹润，层次繁多，立体感极强。在烧制过程中，因釉层厚和烧成温度等原因，出现多种流纹，进一步增强了釉面装饰的效果，较常见的有蚯蚓走泥纹、冰片纹、兔丝纹等。钧釉结构复杂，大体分为四层，对各种光波具有选择性吸收和选择性反射能力，使釉层含蕴晶莹，优美动人。

钧瓷造型有强烈的民族风格和时代特色。宋代钧瓷造型在继承前人基础上，着意仿商周青铜器的特点，古朴典雅，端庄豪放，装饰简练，线条明朗，起伏适当。器型有洗、炉、尊、花盆、鼎、瓶等，也有寿桃、动物类等异形类产品。

当代更多科技的应用，使钧瓷烧造技艺在传承的基础上有了巨大创新。

五、北宋官窑

据文献记载，宋徽宗政和年间，曾在开封附近修建官窑，专门烧造御用瓷器。北宋官窑窑址历代颇有争议。[①] 学者普遍认为，由于北宋开封城经历多次黄河泛滥，早已深埋地下，北宋官窑窑址始终未被发现，学界也只能通过文献推测其可能存在的位置。[②]

北宋官窑存在时间短暂，传世北宋官窑瓷器并不太多。故宫博物院和台北“故宫博物院”所藏北宋官窑瓷器，多是礼器。其特点是“端庄宏伟，紫口铁骨，釉层凝厚，青釉比较淡，开大小相错的片纹”[③]。

---

① 李刚：《宋代官窑探索》，《东南文化》1996 年第 1 期。

② 如王治国和王晖：《北宋官窑遗址在开封东郊存在的可能性》，刊《文物鉴定与鉴赏》2012 年第 1 期。

③ 李知宴：《中国古代陶瓷》，商务印书馆 1998 年版，第 131 页。

第五节　河洛古代石刻艺术

早在新石器时代,人们已经开始了雕塑活动,早期雕塑多为动物形象。佛教传入中原后,佛教题材的造像大量出现。如今河洛大地上,还保留有众多举世闻名的雕塑作品。

一、河洛早期雕塑艺术

早在裴李岗时代,河洛地区已经出现众多精美的雕塑。裴李岗文化出土有大量陶羊头、猪头,具有一种非常古拙的趣味。新密莪沟北岗遗址发现的陶人头是河洛地区发现最早的人头塑像。仰韶时代陶塑艺术的典型代表就是彩陶。

夏商河洛雕塑艺术有了显著发展。运用线雕和浮雕技法在青铜器和玉器上装饰几何纹、动物纹和人物纹等丰富多彩的纹样。玉雕技艺迅猛上升,达到很高水平。殷商时期,体现河洛雕塑水平的是青铜器。

春秋战国河洛雕塑艺术成就,首先,是人物形象开始增多,如三门峡上村岭虢国墓出土的跽坐人漆绘铜灯和洛阳金村墓地出土的胡服玩鸟人、银制胡人等都是具有生活气息的写实作品。其次,是平雕和浮雕技艺使用多见于青铜彝器和铜镜上。如辉县赵固村战国墓出土的宴乐狩猎纹铜鉴,刻有细如发丝的图像,内容包括台榭建筑、狩猎、宴乐,反映了当时的贵族生活。纵观春秋战国河洛雕塑艺术,无论广度和深度都有所发展,具有强烈的现实主义艺术特征。

汉代是河洛雕塑艺术最繁荣的时期。石雕艺术已彻底摆脱了原始的古拙,墓葬中大量发现的陶俑、陶建筑、画像砖和画像石构成了这一时期河洛雕塑艺术的主题。汉代河洛工匠已掌握了极高超的石雕技艺,留下了众多石雕精品。出土的汉代陶俑,不但人物轮廓鲜明、姿态生动,而且题材也更为广泛。

最能体现汉代河洛石雕艺术风采的就是现藏于洛阳博物馆的东汉石辟

邪，1992年12月当地民众在汉光武帝原陵南1公里处挖水渠时挖出。石辟邪重8吨，高1.9米，通长2.9米，身生双翼，形似狮虎，线条流畅，富有动感。石辟邪雕刻精美，造型伟岸，昂首挺胸，步履矫健，充满自信而豪迈之势，给人以强烈的阳刚之美。石辟邪肩生出双翼，此前出土的东汉石刻中从未发现。据介绍，这种风格在西域同时期石刻中比较流行。石辟邪也是不同文化交流融合的见证。

二、石窟艺术

佛教在传入中国的同时也把佛教石刻艺术传入中国。魏晋南北朝随着佛教的普及，印度石刻艺术也与河洛地区原有石刻艺术相结合，出现了具有中国特色的石窟艺术。其中最为瞩目的就是龙门石窟！龙门石窟吸收中华传统文化精神，把外来艺术与传统艺术融为一体。

龙门石窟位于洛阳城南约10公里。该地古称“伊阙”，又称“龙门”，伊水由南向北从两山之间流过。这里石质坚硬，山林葱翠，风景秀丽。星罗棋布的洞窟开凿于长约1公里的伊水两岸。龙门石窟始凿于北魏，直到北宋，前后历时400余年。龙门石窟现存洞窟1352个，佛龛785个，造像10万余尊，碑刻题记3680多块，佛塔39座。其中北朝作品约占30%，唐朝作品约占60%。

太和十九年（495年）北魏迁都洛阳，佛教中心也随之从平城转移到河洛地区。孝文帝笃信佛教，不仅在洛阳大兴寺庙，也开始在龙门开凿石窟。北魏开凿的洞窟主要有古阳洞、宾阳中洞、莲花洞、魏字洞、石窟寺和普泰洞等。现存最早的佛造像位于古阳洞。古阳洞正壁主尊释迦坐佛约雕凿于太和末至景明年间，佛像面相长圆清秀，外披褒衣博带式袈裟。北壁东起第四龛主佛也有类似的形制特征。这两尊佛像属典型的“秀骨清像”式。与云冈二期褒衣博带装佛略有区别，其中可能有南朝因素的影响。

宾阳中洞完工于延昌末至熙平初年（515—517年），是为皇帝做功德的皇家工程，级别是北魏诸窟之最。宾阳中洞的三佛造像，是龙门北魏佛像的代表作。主像结跏趺坐，头顶饰波状发纹，面相方圆略长，五官宽大，宽肩、平胸腹，衣纹密集，衣质柔软。雕刻手法细腻，颇具士大夫崇尚的飘逸风姿。

莲花洞主尊立佛像，可作为北魏龙门佛像样式成熟的标志。该像约雕造于永平与延昌年间（510—513 年），佛像面相清秀，表情慈祥，细颈、削肩、平胸、鼓腹，显得娇柔无力，大衣刻画流畅写实，风度潇洒。

以孝昌三年（527 年）完工的“大尉公皇甫公石窟”为代表的魏字洞、普泰洞、慈香窑等窟佛像，更加显示出龙门北魏佛像的独具特色。这些窟中佛像以坐佛为主，普泰洞与魏字洞主佛面相清秀，身躯娇柔，类似莲花洞主佛。皇甫公窟主佛着重表现身躯的骨架特征，以此表现其削瘦清像风格。

龙门北魏佛像，已呈现出外来艺术与传统艺术的融合趋势。着褒衣博带装的秀骨清像造型，体现了北魏迁都后对风俗衣着的改革。在北魏统治者推动文化融合的背景下，促进了外来佛像式样与河洛地区传统雕刻艺术的完美结合。

北魏浮雕艺术的典型代表是宾阳中洞东墙壁上的《帝后礼佛图》。《帝后礼佛图》描绘了孝文帝和文昭皇后供养佛像的盛况。《帝后礼佛图》是我国雕塑史上的珍品，可惜 20 世纪 30 年代被美国人普爱伦勾结北平琉璃厂古董奸商岳彬盗凿而去。从原壁被凿的痕迹和残存的浮雕斑痕，以及后来在岳彬家中查出的几箱浮雕碎块看，恐怕原作已毁，现藏于美国的只是复制品。这无疑是人类艺术史上的一大悲剧。

唐代窟龛造像集中于唐高宗和武则天时期，占龙门造像总数近 2/3。在这一时期，佛像式样基本成熟。唐高宗时立佛像多着通肩式大衣，如双窑北洞、药方洞等。溜肩、挺胸、细腰、宽胯、长腿，这些优美的体型特征在药师洞主佛身上表现得最为充分。

龙门唐代石窟中最重要的是奉先寺。奉先寺始修于咸亨三年（672 年）四月一日，至上元二年（675 年）十二月三十日毕功，费时 3 年又 9 个月。皇后武则天曾施助脂粉钱 2 万贯。奉先寺完工时，武则天还率领群臣参加开光仪式。奉先寺前原来曾有木构建筑物，是唐代奉先寺的寺庙部分。经过风雨侵蚀早已湮灭无踪，使内部造像敞露于外。奉先寺本尊卢舍那佛坐高 13 米，两侧为迦叶（已毁）、阿难，其外侧为二菩萨，左右两壁为天王及金刚各一对（右壁的天王及金刚已毁）。奉先寺规模之宏伟世所罕见，体现了唐代强大的物质力量和精神力量。奉先寺群像作为不朽的典范之作，其重要价值在于形象的创造、群像的构图关系和群像的艺术概括能力。

本尊、罗汉、菩萨、天王、金刚等形象创造出各自不同的性格和气质。卢舍那大佛结跏坐于八角形台座上，身着通肩大衣，下身部分残缺，躯干刻画简洁、薄衣透体，面颐丰满，神态庄严，表情温和亲切，富于同情而又睿智明朗。卢舍那大佛具有完全中国化的面容和风格，是中国雕塑艺术史上最伟大的作品之一。

由于窟中雕像过分高大，艺术家在雕刻时，让佛像上身长大，下身短小，从而使人们从下面仰视，并不感到比例失调。这种利用视觉误差进行造像比例设计的做法，是非常先进的。

奉先寺9个独立的雕像以本尊为中心组成群雕，构成一幅完整的图画，对称的排列方式使本尊更为突出。四周的背光、项光和胸前一环环衣纹围绕在本尊面部四周，使之成为全景的中心。本尊与菩萨的和善，天王与金刚的威猛，和谐互补，张弛有度。如徐自强所说："奉先寺大型群像的雕造可说是中国雕刻艺术发展史上的高峰。"①

万佛洞在龙门西山中部，凿成于唐高宗永隆元年(680年)，因洞内南北两壁刻有1.5万尊小坐佛而得名。万佛洞主尊阿陀佛，高4米多，端坐于束腰八角莲花座上，莲花座上有4个造型威武的力士浮雕，佛像面容丰满，安详肃穆。主尊两侧为二弟子、二菩萨。后面石壁上雕54枝莲花，每一枝莲花上雕一个菩萨或供养人。他们或端坐，或私语，或嬉戏，形象生动。万佛洞南壁观音菩萨，左手提净瓶，或手执尘尾，面带笑容，体态丰盈，端庄文雅，温顺善良犹如宫中少女。

龙门唐高宗与武则天时期的佛像，已不再致力于那种超凡脱俗的神貌，而代之以更多的人情味和亲切感。在造型上则是追求健康、丰满，更加接近人的自然形体美，给人以向上的动力。

龙门石窟雕造完成后，历经了千余年的风雨，除自然剥蚀外，还经历了众多人为破坏。如唐武宗灭佛、周世宗灭佛，都对龙门石窟有一定冲击。历代打制拓片，也对石刻题记多有损伤。尤其是近代以来，对龙门石窟的盗凿

---

① 徐自强、吴梦麟：《中国的石刻和石窟》，商务印书馆1996年版，第169页。

愈演愈烈。1915 年由当地政府统计,大佛像被破坏的有 180 尊,小佛像被破坏的有 7275 尊。[①] 此后,多数佛头被凿下来,流散海外。

除龙门石窟外,河洛地区还有许多其他重要石窟。巩义石窟寺位于南河渡镇寺湾村,距市区 10 公里,1982 年被定为国家级文物保护单位。巩义石窟寺始建于孝文帝时期,是一座皇家寺院。宣武帝时开凿石窟,后来东魏、西魏、唐、宋又陆续刻了一些小龛。石窟寺现存大雄宝殿和东西庑殿 10 间,洞窟 5 座,千佛龛 1 个,现存摩崖大佛 3 尊、摩崖造像 255 个、佛像 7743 尊和数十篇题记。

开凿于北魏的水泉石窟位于洛阳伊滨区寇店镇,石窟坐东向西,背山面水,呈拱形。洞深 11 米、宽 6.30 米、高 7 米。共刻大小佛龛 400 余个。窟内正中并列主佛两尊,左佛通高 5 米,右佛残高 3 米。

三、宋陵石雕

宋陵位于河南巩义境内,葬有北宋 7 位皇帝,加上宋太祖赵匡胤之父赵弘,共有 8 座帝陵,另有皇后陵 21 座,王公贵族陪葬墓 152 座。巩义宋陵原有石刻雕像 512 件,现存 407 件。其中望柱 14 件,象及驯象人 24 件,瑞禽 14 件,甪端 13 件,仪仗马和控马官 91 件,羊和虎 54 件,客使 37 件,文武官 54 件,武士 14 件,门狮 68 件,上马石 12 件,宫人 4 件……[②]

北宋建国后,因开封便利的交通优势,靠近东南财赋中心,北宋定都东京开封,以洛阳为西京。巩义位于东西两京之间,地处嵩山北麓,南有金牛山、黑砚山,东有青龙山、石人山,西北有洛河、黄河,依山傍水,景色宜人,最适宜修建陵墓。于是北宋选择这里作为皇陵的所在。巩义宋陵,共有 4 个陵区。

(一)西村陵区

西村陵区距巩义 15 公里。这个陵区有宋宣祖赵宏殷永安陵、宋太祖赵

---

① 赵振华:《龙门石窟盗凿史》,晁会元编著《新编龙门百品》,中州古籍出版社 1914 年版,第 137 页。

② 陈朝云:《南北宋陵》,第五章“北宋帝陵的石刻”,中国青年出版社 2004 年版。以下叙述,也都是在陈朝云成果的基础上略有删节。

匡胤永昌陵、宋太宗赵光义永熙陵及10余座皇后陵，是北宋最早营建的陵区。永安陵因建于定鼎之初，南方尚未统一，人力、物力有限，典章制度尚未完备，加之其并非开国之君，故陵墓石雕人物较为矮小，形象质朴自然，较少刻意雕饰的痕迹，尚有大量晚唐五代遗风。石象生数量也很少，仅有望柱、石马、石羊、石虎、蕃使。

宋太祖赵匡胤去世时，北宋已大体完成统一，陵墓制度也逐渐完善起来，永昌陵作为开国之君的陵墓，气象宏伟。永昌陵石刻包括望柱、象及象奴、瑞禽、石马及控马官、石虎、石羊、蕃使、文臣、武将、武士、宫人等。这些大都仿自唐朝诸陵，象与象奴为宋始增设，石象躯体庞大，纯朴可爱，象奴发卷曲如非洲人。角端也是首创，它概括了南北朝到唐一些神兽的特点加以变化，头如麒麟，独角，但上唇特长，狮身，有翼，四爪，表现了宋代神兽石雕的特色，为明清诸陵石麒麟等所继承。石羊颈部修长伸出，作高瞻远瞩之态，表情温驯，体态俊美。伏马与控马官，既承唐陵石雕又有发展，马显得雄姿勃发，丰满圆润，比例准确，刀法洗练。武臣头戴二梁冠，浓密短薄，虎背熊腰，两手拱前，器宇轩昂。两侧镇陵将军，面部刻画右颊比左颊略为窄瘦，正面看去似乎不大舒服，但因透视关系，祭陵者由南向北一路走来，所见到的将军脸面，眉目生威，侧视行人，全无不当。

宋太宗赵光义去世时，强盛的国力使永熙陵规模庞大，原有58件石刻俱存，其形制比永昌陵显著高大。人像面部丰腴、表情威严，给人以威压之感。其体型头大身粗，比例似有不合，但近前仰视，头与全身的比例也恰到好处，并加强了躯体伟岸之感。这种根据透视需要而加以变形的表现手法，是继承唐代佛教雕塑的传统。在雕刻技法上也有很大发展，刀法细密，写实倾向加强，个性刻画也较突出。东侧客使以布包头，戴大耳环，高鼻深目，手捧珊瑚与宝瓶等，充满异国风情。西侧客使头戴平顶冠，手捧印，妆容似朝鲜、日本等东亚诸国使者，面部丰满，眉目细长，与北宋初期佛教雕刻菩萨形象极为相似。文、武臣像也都健壮浑厚。镇陵将军站势比较平直，盔甲纹饰丰富细致。石翁仲表情仿佛对墓主去世充满哀伤之感。

（二）蔡庄陵区

蔡庄陵区位于芝田镇蔡庄村北岭上，距巩义市区5公里。该陵地处北宋诸陵的中部。陵区内营建有宋真宗永定陵和 3 座皇后陵。永定陵陵园建于岗地顶端的偏西部，地势东高西低，现呈阶梯形的台地。

永定陵石刻在宋陵石雕中保存最为完整，石刻作品在继承宋初二陵风格的基础上，向细致入微、注意人物神态方向发展。人物神情悲戚哀伤，镇陵将军、武士也都双眉紧锁，双目下垂，没有丝毫威武之相。倒是动物雕塑颇有生气。

（三）孝义陵区

孝义陵区位于巩义市区南部，该陵区依岗地北坡而建，南高北低落差较大。由东南向西北，建有宋仁宗永昭陵和宋英宗永厚陵，以及宋仁宗曹后及宋英宗高后的陵墓。

永昭陵与永厚陵石雕风格接近，人物雕像完全摆脱了晚唐五代的影响，由粗壮厚实、肥胖壮健而向不胖不瘦、修长俊美过渡；形象刻画有所加强，文臣突出其雍容不迫，略作弓背之态，以表现其文静和谦恭。永昭陵镇陵将军老成持重，着重刻画其内在力量的涵蓄与哀戚之情，没有横眉张目之感。永昭陵武臣像宽袍大袖，双手拱前拄剑，表示出儒将风度。永厚陵文臣像，更是显得温文儒雅。

（四）八陵陵区

八陵陵区位于巩义西南 12 公里的芝田镇八陵村南，南依嵩山余脉白云山，北接伊洛水，地形自然开阔。八陵陵区东距西村陵区 2.5 公里，二者隔天坡河相望。陵区内由东南向西北建有宋神宗永裕陵和宋哲宗永泰陵及 5 座皇后陵。

宋神宗永裕陵前石雕像尚存 17 件，是晚期宋陵石刻的代表作，造型生动，技法娴熟。南神门外石狮，雕刻得刚健、浑厚、生气勃勃。人们品评宋陵石雕说："东陵狮子西陵象，滹沱河上好石羊。"认为永熙陵石羊、永泰陵石象和永裕陵石狮的造型和雕工之佳，为宋陵石刻之最。永泰陵的神道还保留着昔日的肃穆威严，然而神道文武官石雕像破坏严重。永泰陵上宫保存尚完好，现存石雕像 56 件，有石人、石虎、瑞禽石屏等。

第六节　河洛古代书画艺术

全世界范围内只有中国人将书写发展成为艺术。中国书法在一定程度上已脱离了实用,成为一个独立艺术门类。中国绘画也在世界画苑之中独树一帜。

一、河洛书法

中国文字的起源,学界尚无定论。甲骨文是目前所知最早的汉字,甲骨文也可视为中国书法的源头。中国书法的许多要素,如谋篇布局等,在甲骨文中已有所体现。甲骨文古拙的美感,受到众多书法家的追捧。

商朝后期,青铜器上开始出现铭文。西周青铜器上的铭文越来越多。人们把铸刻在青铜器上的文字称为金文和钟鼎文。春秋时期,河洛地区出土青铜器数量明显增加,很多都有精美的金文。

战国时文字纷杂,各国自成体系。秦统一后,实行“书同文”政策,“罢其不与秦文合者”①,以秦国小篆为基础,整理出规范汉字,这对中华文化的发展至关重要。李斯在这一过程中发挥了关键作用,泰山、琅玡等处刻石,传说均为其所书,其字结构严谨,线条劲健圆润,有苍古、沉郁之气。

汉代为中国文字的成熟期,至东汉完成了篆、隶、草、行、楷五体书的创建。东汉帝王大都热衷书法,帝王的提倡推动了书法昌盛局面的出现。东汉诞生了诸多在书法史上影响深远的人物,如许慎、蔡邕、刘德昇等。

许慎字叔重,河南漯河市召陵区人,博通经籍,人称“五经无双许叔重”②。他于东汉永元十二年(100 年)完成中国首部字典《说文解字》。全书以“六书”理论对每个字的形、音、义及其源流进行系统详尽的考订。由于文字与书法关系紧密,《说文解字》对后代书法发展至关重要,至今很多书法家依然把学习《说文解字》作为习书的基本功。

---

① 许慎:《说文解字》,中华书局 1963 年版,第 315 页。

② 范晔:《后汉书》卷七十九《儒林列传》,中华书局 1965 年版,第 2588 页。

蔡邕(132—192 年),字伯喈,今河南杞县人,东汉著名文学家、书法家、音乐家、经学家。蔡邕出身学术世家,自幼好学不倦,“好辞章、数术、天文,妙操音律”①。熹平四年(175 年),在蔡邕与众多大臣的建议下,东汉政府下令刊刻熹平石经,而蔡邕是最主要的书丹人。蔡邕手书的熹平石经,代表了官定标准隶书,集中体现了隶书法则,端庄稳重,笔法铿锵,极为工整严肃。蔡邕还从工匠刷墙中受到启发,创造了“飞白书”。这种书体,笔画中丝丝露白,似用枯笔写成,后世对其书法成就评价甚高,蔡邕还有《大篆赞》《小篆赞》《九势》《隶书势》《笔论》等著述,集中论述书法艺术,探讨中国古代书法艺术表现的力量与气势之美,对书法理论的发展贡献巨大。蔡邕传世作品还有《尹宙碑》。汉末董卓之乱中,蔡邕受到牵连而被杀。据说蔡邕死后葬在河南禹州市逍遥岭,传说岭上曾有摩崖石碑一通,上刻汉隶体字,字大 2 寸,为蔡邕亲书。

刘德昇,颍川(今禹州)人,他创造了介于楷书和草书之间的行书字体,号称“行书之祖”。著名书法家钟繇、胡昭都曾向他学习。

魏晋南北朝是河洛书法的又一鼎盛期,楷书、行书得以定型,书法理论日趋完备,名家辈出。曹魏的钟繇、北魏的郑道昭等就是这一时期书法家的杰出代表。

任何一种书体的发明,都不是某人一时灵光乍现的结果,往往是众多书法家长期探索积累的结果。不过,楷书的形成,钟繇发挥了重要作用,则是不争的事实。钟繇,今河南长葛人,因最终官至太傅而世称“钟太傅”。

钟繇擅长铭石、章程及行狎书三体。铭石即刻碑隶书,代表作为《上尊号碑》及《受禅表》。这两碑均刻于黄初元年(220 年),有文、书、刻“三绝碑”之称。这两碑笔画已出现明显的方折,意味上已较汉隶稍淡,但整体气息仍具汉隶的朴茂淳厚特征。这两碑结体规范,整体肃穆庄严,为隶书树立了官方认可的模板。在曹魏以后千余年的隶书碑刻中,无出其右者。可惜后来地方官将打拓“三绝碑”的花费都摊派到地方百姓的身上,百姓愤怒之余毁了此碑。

---

① 范晔:《后汉书》卷六十《蔡邕列传》,中华书局 1965 年版,第 1980 页。

章程书即楷书,因早期传世楷书均为奏章而被称为章程书。钟繇也被视为“正(楷)书之祖”,其《宣示表》《力命表》都是小楷。曹魏时期是中国书法的转折期,书体由汉隶向多种书体及风格转变,钟繇等河洛书法家贡献卓著。

最能代表北魏书法艺术发展水平的当数“龙门二十品”。“龙门二十品”的十九品在古阳洞,另一品位于老龙洞外的第660窟。“龙门二十品”是北魏开凿龙门石窟过程中所刻的造像记,表达了造像者祈福消灾的愿望。其书法艺术在汉隶和晋楷的基础上演化而来,形成了兼具隶书格调和楷书因素的独特风格,端庄大方、刚健质朴,是“魏碑”的代表作。“这批龙门名品,各极精好,或出探抒意,或收缩敛神,坦坦荡荡,宛如天成。其率真的意趣既似着意求工而竟得其稚,又如加心求巧却又恰得其拙,显示了天机动处无意而得的天然神韵”①。其笔势入笔露锋,横画的书写先竖向下方按再横向右上方运行。经常出现横画向右上方明显的欹斜,且波磔明显,带有明显的隶意,表现为收笔时按笔并上挑出锋。这是受刻刀影响的缘故,刀在石上运行较为迟钝、生涩。②

隋唐300年,上承汉魏六朝,下启宋元明清,书坛大家辈出。后代书家莫不取法于唐。唐初褚遂良以其楷书的独特风格成为隋末唐初书坛一大重镇。褚遂良祖籍阳翟(今禹州),因被封河南郡公,故称“褚河南”。褚遂良上接“二王”,下开颜真卿,是“二王”传统在初唐的典范,尽得“二王”笔法和风神。唐高宗永徽四年(653年)所书《雁塔圣教序记》得“二王”神髓,确立了褚书以行入楷的风格规范。

唐高宗、武则天时期与褚遂良齐名的书法家还有孙过庭。孙过庭字虔礼,陈留人(今开封)。孙过庭工于楷、行、草各体书法,尤以草书擅名。其草书遵法“二王”,工于用笔,笔势坚劲。孙过庭还自撰自书了书法理论著作《书谱》2卷6篇,今存1卷。有学者称赞此书:“在书法的创作和理论上都为后世立下了标杆,堪为古代书法理论的奠基之作。”③书中深入探讨了前代书

① 欧阳中石等:《中国的书法》,商务印书馆1997年版,第155页。
② 李云:《浅析〈龙门二十品〉造像题记书法的形式构成特征》,《作家杂志》2010年第3期。
③ 赵宏:《孙过庭〈书谱〉书法理论体系及其特征》,《首都师范大学学报》2012年第5期。

法名家的传承关系和风格，精辟阐述了不同书体的特点。《书谱》书法精美，独具特色，用笔神采矫健，结构规律性强，各部分配合适度，学书者皆奉为楷模。

北宋名家李建中字得中，祖籍京兆（今西安），后迁居洛阳。他淡泊名利，曾先后三次求掌西京留守司御史台，人称“李西台”。李建中颇得欧阳询笔法之神韵，为一时之绝。《宋史》本传中称赞他“行笔尤工，多构新体，草、隶、篆、籀、八分亦妙，人多摹习，争取以为楷法”①。李建中代表作《土母帖》被称为天下行书第十，现存台北“故宫博物院”，曾被乾隆刻入《三希堂法帖》。其中提及“新安门”，地近洛阳，所以推测这是李建中晚年居住在洛阳时所写。

石延年字曼卿，宋城（今河南商丘南）人，著名书法家，其书法作品被人们评价为“大字气象方严，遒劲极可宝爱，真所谓颜筋柳骨”②。他爱在墙壁和匾额上题字，常常在工具上超出常规，效果奇特。法书墨迹有《古松诗》，为欧阳修所书《筹笔驿诗》石刻和龙门陈抟十字刻石跋。

北宋灭亡后，河洛地区书法发展也一落千丈，除王铎等人外乏善可陈。王铎字觉斯，河南孟津人。王铎在明朝官至大学士，入清后为礼部尚书，是明末清初书法家最杰出的代表。王铎的书法以 40 岁为界，40 岁前以古代书法大家的作品为临本，潜心古帖，以“二王”为宗，上及钟繇，下至唐宋诸家，他在技法上学古人的结字、用笔、取势。40 岁后，由于官场的矛盾，造成心理上的狂躁，此时对字形进行了夸张，显得奇崛险怪，线条上追求放纵恣肆，挥洒自如，用笔沉着痛快，纵横跌宕。50 岁后，作品在笔法上往往中侧锋并用，运笔自如洒脱，结字尽是显我法，不再取法“二王”，尤其对书法艺术姿态与力量的意向美表现得淋漓尽致。

当代河洛书坛的代表性人物有陈天然、唐玉润等。陈天然，1926 年生于河南巩义市河洛镇。陈天然书法个性鲜明，在继承传统的基础上不断推陈出新。其书法以行楷为主，粗犷有力，刚柔相济。其大字行楷尤为世人所重。其楷书柳骨颜肉，笔力千钧，独树一帜。唐玉润，1924 年生于咸阳，后移

① 脱脱：《宋史》卷四百四十一《文苑传（三）》，中华书局 1963 年版，第 13056 页。

② 马端临：《文献通考》卷二百四十四《经籍考（七十一）》，中华书局 1986 年版，第 1930 页。

居郑州。唐书宗法颜真卿，特别对《颜家庙碑》《中兴颂》等大楷和《祭侄稿》《争座位》《送刘太冲序》等行书用力甚勤，逐步形成意气风发、雄浑刚健的个人风格。其榜书朴茂老辣，浑厚端庄，伟岸大度；行草刚柔相济，温润秀雅，遒婉挺拔。

二、河洛绘画

绘画的起源虽无从考证，但河洛地区很早就出现了绘画则是事实。

早在仰韶时代，彩陶文化成为仰韶文化的特征。仰韶文化庙底沟类型彩陶以月季花覆瓦状花冠鸟类纹饰最突出，大河村仰韶文化彩陶纹样中，太阳纹、月亮纹、六角星纹等最有特色。汝州阎村仰韶文化墓葬出土距今约6000年的彩陶缸上有一幅“鹳鱼石斧图”。图位于缸的腹部，高37厘米、宽44厘米。作者根据石斧、鹳、鱼的形象不同而采用不同的艺术表现手法。石斧和鱼，用黑色线条勾勒轮廓，把表现对象的形状和神情描绘得十分生动；鹳则直接用色彩涂染形体，惟有眼睛，用浓重的黑线勾圈，中间用黑色圆点表现瞳孔，显得分外有神。曾有学者指出，“鹳鱼石斧图”已经孕育了中国绘画传统艺术表现手法的两种基本形式——勾勒和没骨。

东汉在中国绘画史上是中国民族艺术风格确立与发展的重要时期。以洛阳为中心的河洛绘画在东汉艺术版图上占据核心位置。东汉统治者将绘画作为维护其统治的工具之一，在东汉绘画史上，神化皇权、天人感应、各种祥瑞成为重要的绘画主题。这类绘画多出现于宫殿、宗庙以及墓葬之中。同时，提倡忠孝节义也是统治者维护统治的重要手段之一，表彰忠孝节义也成为东汉绘画的重要主题之一。尤其在墓葬、画像石和画像砖中，忠孝节义主题更为普遍。整体看，东汉绘画具有浓郁的教化色彩，这与儒学的普及有很大关系。

东汉时期的绘画艺术，大致包括宫殿寺观壁画、墓室壁画、帛画等门类。文献记载汉明帝“雅好丹青”，在南宫云台四壁上画有辅佐光武帝中兴汉室的28名功臣的画像。汉明帝曾携马皇后观看宫中画室，墙壁上画有娥皇、女英、帝尧等古代帝后的画像。汉灵帝时亦曾于鸿都门学中图画孔子及七十二弟子像。不仅宫殿都绘有壁画，外戚宦官们的府邸也无不雕梁画栋。除壁画外，在宫殿屏风，贵族车马、舆服、器用上都绘有精美的图案。光武帝宴见臣下时，被身旁屏风上所画美女像吸引，“数顾视之”，大司空宋弘不满于皇帝的失态，当即引用《论语》中孔子所云“未见好德如好色者”讽劝。颇有愧色的光武帝下令撤去屏风，对宋弘说：“闻义则服，可乎？”①

秦汉洛阳地区贵族墓葬中的壁画和画像砖、画像石，也是秦汉绘画的重要组成部分，成为研究秦汉绘画的宝贵资料。迄今共发现 11 座洛阳汉代壁画墓，加上被盗出国的“八里台”西汉壁画墓，总计 12 座。对汉代壁画墓进行研究，不仅可以了解汉代墓室的构造和壁画技艺的发展脉络，而且也是认识汉代思想世界的重要途径。汉墓壁画中，既有对汉代现实生活的反映，也有人们浪漫的想象和对生活的追求，以及古人对天地宇宙和生命的认识。洛阳汉墓壁画的内容大致可分为五类：

第一，神话故事类。主要有东王公、西王母、伏羲、女娲一类仙人和表现天上世界的仙禽神兽，及在“天人感应论”影响下产生的祥瑞图。最具代表性的是卜千秋墓“升仙图”。这幅图可以说是长沙马王堆汉墓帛画升仙图的展开形式。

第二，天象神兽类。如日、月、星宿、云气和青龙、白虎、朱雀、玄武等四神兽，洛阳烧沟 61 号西汉壁画墓日月星云图是我国发现最早的天象图之一。

第三，历史故事类。宣扬儒家伦理道德的经史故事，壁画中多有出现，如绘有孔子、周公等古代圣贤及猛将义士等。代表作有洛阳烧沟 61 号西汉壁画墓的“周公辅成王图”（或说“孔子师项橐图”）。

第四，表现墓主享乐生活的燕居、庖厨、宴饮、歌舞、迎宾拜谒等场景。如偃师辛村新莽墓壁画共有 8 幅，其中以“庖厨图”最为著名，画中人物众多，形态生动传神，真实地反映了汉代河洛地区饮食习俗和浮华奢侈的社会生活场景。

第五，表现墓主仕宦经历和身份的车骑出行。如偃师杏园东汉墓壁画和朱村东汉曹魏墓壁画等。

洛阳地区也发现了大量的画像砖墓。西汉早期，画像空心砖墓在河洛

---

① 范晔：《后汉书》卷二十六《伏侯宋蔡冯赵牟韦列传》，中华书局 1965 年版，第 904 页。

地区迅速发展,至西汉中期影响到周边地区。西汉晚期到东汉末是画像砖艺术的繁荣期。洛阳邙山土质坚硬,适合制造陶器、砖瓦和画像砖。在洛阳北邙出土的汉代空心画像砖,布局疏朗,阴刻线条简率、圆韧。画像砖图案高度象征,内容包罗汉代政治、经济、文化、民俗等方面,是研究汉代历史的大百科全书。现存画像砖以模印为主,雕刻的少见,雕刻还保留彩绘的更稀有,只以绘画为主的大型画像砖可称国宝,对研究汉代绘画有重要的参考价值。

总体而言,秦汉绘画艺术并不注重具体事物形象的描绘,更强调意象的表达。重意不重形是中国传统绘画艺术最重要的特征,而这一特征在秦汉时期就已基本定型。秦汉时期的各种绘画,线条都非常简单,简单勾勒几笔,就把要表达的意境表达得淋漓尽致,对后世中国传统绘画的发展产生深刻的影响。汉灵帝时还涌现了著名画工刘旦和杨鲁等,张衡、蔡邕等人也都善于绘画。

魏晋南北朝时期河洛绘画少见著录,出土石棺所绘大都是孝子贤妇图,而石窟彩绘、石刻造像则全为佛教图像,构图饱满,人像凝重,多出自无名画工之手。

隋唐是中国绘画史上的重要发展阶段,名家辈出,佳作不断涌现。武则天时期的曹元廓,擅长画骑猎、人马、山水等题材,构思布局都很精巧。著名书画家薛稷在东京尚善坊画的鹤,精妙绝伦。卢鸿一隐居嵩山,以善画山水树石知名。荥阳人郑虔书画造诣甚高,洛阳圣善寺木塔院中有很多他的书画作品。

洛阳私人住宅中,绘画以壁画、屏风画为常见。内容分为两类:一是纯艺术的装饰画。如洛阳劝善坊魏徵宅中有进士郑光乂画的山水,被时人看重;尚善坊岐王李范宅中有薛稷画的鹤。二是宗教壁画,画佛教经变故事及供养人,早晚跪拜祈祷。如开成五年(840 年)三月白居易请人在洛阳履道里宅中绘制两幅壁画。一为西方极乐世界三圣图。画工杜宗敬按照《阿弥陀经》和《无量寿经》的故事,画成高九尺宽一丈三尺的巨幅壁画。另一幅是弥勒上生兜率天图。白居易还曾撰文以记其事。白居易家中壁画,只为便于礼佛祈愿,缺乏生活气息。

唐代洛阳画坛,成就巨大的是有“画圣”之称的吴道子。吴道子(约

680—759 年),河南禹州人,年少孤贫,对绘画兴趣浓厚,时时练笔。成年后来到洛阳,被唐玄宗召入宫中充当供奉。吴道子在长安、洛阳的佛寺道观作壁画 40 余间,即便是同一题材的经变图,画出来不曾雷同。吴道子还在邙山上玄元皇帝庙画五圣(唐高祖、唐太宗、唐高宗、唐中宗、唐睿宗)千官壁画,画面上宫殿富丽堂皇,百官神采飞扬,气势恢弘,出神入化。杜甫曾作《冬日洛城北谒玄元皇帝庙》诗称赞道:"画手看前辈,吴生远擅场。森罗回地轴,妙绝动宫墙。五圣联龙衮,千官列雁行。冕旒俱秀发,旌旆尽飞扬。"[①]北宋郭若虚在《图画见闻志》卷一《论曹吴体法》中,比较吴道子和北齐曹仲达人物画的区别时说:"吴带当风,曹衣出水。"曹仲达所画外国佛像,"其体稠叠,而衣服紧窄",即胡族风格;而吴道子所画人物,"其势圆转,而衣服飘举",即华族风格。由此可见吴道子人物画的特点。

吴道子的佛画虽数量很大,保存下来的却很少。究其原因,大约与"灭佛"有关,唐武宗和后周世宗都曾"灭佛"。吴道子的作品在北宋已很少见,宋徽宗赵佶亲自主持编纂的《宣和画谱》,记录皇家收藏品中有吴道子画的佛、菩萨、天王像等 92 幅。今传吴道子的作品都是后人摹本,如《送子天王图》《明皇受箓图》《十指钟馗图》等。另外,河北曲阳北岳庙保存着吴道子的壁画《云行雨施》《万国咸宁》等。甘肃敦煌莫高窟第 103 窟的《维摩经变图》,也被认为属吴道子的画风。日本京都东福圭藏有绢本着色迦三尊像三幅,自古被视为吴道子遗墨。

五代河内(今河南济源市)人荆浩进一步探索山水画画艺,他善于以水晕墨章技术描绘山水,高峰深谷,画作结构严谨,气势恢弘,号称"全景山水",是北方山水画派的创始人。荆浩的《笔法记》是山水画的第一部理论作品。

宋代是中原古代绘画的顶峰时期,风格多样,名家辈出。宋神宗时河南温县人郭熙效法范宽,以自然为师,所画山水寒林真实细腻,不拘一格。郭熙著有《林泉高致》一卷,创"高远""平远""深远"三远法,是其长年观景、绘画的经验之谈。河南孟州人李唐是南宋画院"四大家"之首,创"大斧劈"皴

---

① 杜甫:《冬日洛城北谒玄元皇帝庙》,曹寅编《全唐诗》卷二百四十二,中华书局 1999 年版,第 3292 页。

染法画山水,刚劲犀利,气势雄健,创造了一种刚性画风,影响到整个南宋画坛。南宋初年中原沦陷,李唐忧心忡忡,热切盼望在有生之年能看到山河重归一统,并把这种感情倾注在画卷之中,其《采薇图》寓意深刻,至今尚存。

北宋以后,经济文化中心转移到南方,中原画界趋于寂寥。当代画坛值得关注的有唐玉润等人。唐玉润精通绘画,他的花鸟画以牡丹著称,素有“唐牡丹”之誉,其画风清新秀逸,用笔简约,设色淡雅,传统功力深厚。

第七节 河洛戏曲艺术

河洛地区不仅是传统戏曲的重要起源地,在当今梨园界,河洛戏曲也占据着重要地位,豫剧、曲剧等河洛戏曲广泛流行于祖国各地。

一、河洛戏剧的历史底蕴

徐朔方说:“中州即河南在戏曲史上的重要性不能受到忽视。”①成熟的戏剧艺术形式出现之前,构成戏剧的重要元素——音乐和舞蹈已经出现在河洛地区。二里头遗址出土有铜铃等乐器。周公制礼作乐,音乐和舞蹈都被纳入礼乐的范畴。洛阳出土的战国舞女玉雕体现了先秦河洛歌舞的概貌。

东汉定都洛阳后,作为天下中心的河洛地区乐舞、百戏表演技艺高超,规模宏大。普遍认为《东海黄公》是我国最早的戏曲剧目。张衡《二京赋》记载:“东海黄公,赤刀粤祝,冀厌白虎,卒不能救。”②而且从张衡《二京赋》中可知当时有 20 多种角抵戏。汉代《公莫舞》则是目前所知最早有角色、有情节、有对白、有歌舞的歌舞剧。

隋唐乐舞百戏表演也达到新的水平。隋炀帝曾在洛阳举行大规模演出以招待各国君主。唐玄宗开元年间在洛阳设立左右教坊主管歌舞。唐玄宗还曾在洛阳五凤楼设宴,举行规模盛大的乐舞会演。《新唐书·礼乐志》记

① 徐朔方:《我和小说戏曲》,《徐朔方说戏曲》,上海古籍出版社 2000 年版,第 4 页。
② 张震泽:《张衡诗文集校注》,上海古籍出版社 2009 年版,第 78 页。

载："玄宗既知音律，又酷爱法曲，选坐部伎子弟三百，教于梨园。声有误者，帝必觉而正之，号皇帝梨园弟子。"[①]后世遂将唐玄宗视为戏剧界的祖师爷，而戏曲演员也被称为梨园弟子。唐代歌舞的戏曲性进一步增加，开始出现一些简单的角色划分，如参军戏。相传后赵时参军周延犯贪污罪，其后虽经赦免，但每逢宴会皇帝便命俳优扮演他，令人嘲弄。扮演周延的演员称参军，扮演嘲弄角色的演员称苍鹘。二人表演以科白为主，类似相声的逗哏和捧哏。后来参军戏逐渐由简单趋向复杂，并吸收了歌舞的成分。这种参军戏经常在洛阳等地演出。五代时后唐庄宗李存勖精通音律，他还能进行演唱，自取艺名"李天下"。他被后世戏曲艺人尊为戏神，对后来宋杂剧的发展起到引导作用。但唐庄宗重用伶人，终致灭顶之灾。

北宋是戏曲定型并走向成熟的重要阶段。宋代都市里，出现大型游乐场所瓦舍勾栏。瓦舍又叫瓦肆、瓦子，相当于后世的剧场。各种民间技艺，如俗讲、说话、诸宫调、鼓子词、傀儡、皮影等，都可在里面演出。当时，汴梁最大的瓦舍勾栏可容纳数千人。不论风雨寒暑，常年都有演出。在各种技艺交流、融合的基础上，经过艺人和文人的共同创造，宋杂剧脱颖而出，并逐渐成为乐部的主体。

宋杂剧一般由三部分组成：艳段、正杂剧（两段）、杂扮。艳段为开场，意在招徕观众。正杂剧为主体，是经过悉心安排的杂剧正文。杂扮为正杂剧后的玩笑段子，用以送客。宋杂剧一般有五个角色：末泥、引戏、副净、副末、装孤。末泥相当于后世的班主，引戏负责执行末泥的主张，进行指挥调度，副净多扮演装傻充愣的角色，副末插科打诨以逗趣，装孤扮演官员，分工各有不同。"杂剧中末泥为长，每一场四人或五人，先做寻常熟事一段，名曰'艳段'。次做正杂剧，通名两段。末泥色主张，引戏色分付，副净色发乔，副末色打诨，或添一人名曰'装孤'。先吹曲破、断送，谓之'把色'。大抵全以故事，务在滑稽，唱念应对通遍。此本是鉴戒，又隐于谏诤，故从便跳露……又有杂扮，或曰杂班，又名经元子，又谓之拔和，即杂剧之后散段也。顷在汴京时，村落野夫，罕得入城，遂撰此端，多是借装为山东、河北村叟以资笑

---

① 欧阳修、宋祁：《新唐书》卷二十二，中华书局1975年版，第476页。

端。”[①]绝大部分宋杂剧都比较简短，但也有连台本系列剧，如《目连救母》。

元代是中国戏曲史上一个辉煌灿烂的时期，“现存元代杂剧中以开封及河南各地作为金代背景的元杂剧有 38 种”[②]。明代是戏曲大发展时期。明代河洛戏曲属北曲系统，昆腔开始传入。明代著名律学家、历学家、音乐家朱载堉(1536—1611 年)字伯勤，号句曲山人，他是明太祖朱元璋的九世孙。1591 年郑王朱厚烷去世，作为长子的朱载堉本该继承王位，他却坚辞王爵，潜心著书。其著作有《乐律全书》《律吕正论》《律吕质疑辨惑》《律吕精义》《律历融通》等。朱载堉对音乐理论的研究，极大地促进了戏曲音乐的发展。

清代河洛戏曲的发展势头比明代更大，地方剧种形成后如雨后春笋般出现了许多职业民间班社。如河南新密超化煤窑太乙班兴旺于乾隆末年，有的县衙、府衙也建有戏班。戏曲爱好者还建立了以自娱为目的的“玩友班”。演出场地以高台、戏楼为主。班社之间竞争激烈，促进了戏曲水平的提高。到清末逐渐形成了以豫剧为主体，包括曲剧、越调的戏曲体系。

二、豫剧

剧种的出现是传统戏曲成熟的标志。“剧种可以使自己的演出采取基本上一样的文学剧本，具有基本上一样的表演形式，其中的唱腔应该有着基本上一样的板式；再有，就是它们要基本上集中在某一个地区。”[③]流行于河洛地区的剧种有豫剧、曲剧等，其中豫剧影响最大。

豫剧，原称河南梆子，也叫河南高调、河南讴。豫剧之名始于 20 世纪 30 年代。豫剧很可能是从明末流入河南的“陇西梆子腔”和当时河南流行的本地土腔结合而成，在形成衍变过程中，又受到来自“罗戏”的强烈影响。

豫剧形成以后，由于语音方言的不同，在各地流传过程中形成了各具特色的流派：以开封为中心的祥符调，以商丘为中心的豫东调，以洛阳为中心的豫西调，豫东南沙河流域流传沙河调。从它们唱腔板式结构、调式、旋律、节奏以及音调等方面看，可归入豫东和豫西两个声腔体系。其中豫西声腔

---

① 吴自牧：《梦粱录》卷二十，三秦出版社 2004 年版，第 313 页。

② 徐朔方：《我和小说戏曲》，《徐朔方说戏曲》，上海古籍出版社 2000 年版，第 3 页。

③ 徐城北：《中国戏》，海燕出版社 1999 年版，第 9 页。

的语言基础是中州音韵的豫西语调，发声用真嗓，唱腔多用本腔，音域属下五音，男声苍劲悲壮，女声低回婉转，声音圆润，具有深沉、浑厚的特点。

20 世纪二三十年代，豫剧有了女演员。第一个女演员是由河南坠子改唱梆子的王玉枝。接着又先后出现了陈素真、马双枝、司凤英、常香玉等。女演员的加入，引起豫剧的巨大变革。豫剧角色发展逐渐转向以女角为中心，原有“红脸戏”“黑头戏”大量被削减，新编剧本也都是以女性为主角。为适应女演员嗓子的高度，本来定音很高尖细震耳的弦子，也把调子降低。这样，唱腔和伴奏的配合，便由“高拉低唱”变成了与女演员音高一致的“同度平行”。豫剧旦角原来都由男性饰演，故而生、旦、净、丑各行曲调都同板同腔，同一音域。自从女演员成为舞台的中心角色后，也引起男声唱腔的变化，二本腔唱法迅速形成。豫剧唱腔曲调的风格也随之发生变化。除高昂激烈外，又增加了柔婉细腻。同时，也吸收了其他艺术的唱腔特点，包括化妆、行头也渐渐向京剧学习。

豫剧唱腔属板腔体，唱词通俗易懂，多为七字句或十字句。豫剧的伴奏乐器分为文场、武场。文场常用乐器有板胡、三弦、月琴等。武场常用乐器有板鼓、堂鼓、大锣、小锣、手镲、梆子等。当代豫剧还增加了许多中西管弦乐器。

豫剧传统剧目约有 700 出，豫剧文词通俗易懂，带有中州地区语言音韵，具有生活化、口语化的特点，形成了浓郁的地方特色和鲜明的民间风格。有不少思想性和艺术性较高的优秀传统剧目，在故事结构、人物塑造、语言运用等方面俱佳，成为豫剧的优秀之作，如《对花枪》《铡美案》《十二寡妇征西》等。新中国成立后，经过推陈出新，改编一批传统剧目，如《穆桂英挂帅》《破洪州》《唐知县审诰命》等，新编历史剧《花木兰》等，创作现代戏《朝阳沟》《刘胡兰》《李双双》等，受到普遍欢迎，豫剧成为影响最大的地方剧种。

当代著名豫剧演员有陈素真、常香玉、桑振君、崔兰田、阎立品、马金凤、牛得草、唐喜成等。

常香玉（1923—2004 年），原名张妙玲，河南巩义人。9 岁随父学艺，13 岁即出演《泗州城》而轰动开封。常香玉在豫西调的基础上，逐渐将豫东调、祥符调、沙河调等融于其中，并吸收了京剧、评剧等剧种的声腔技巧及坠子、大鼓等的优点，博采众长，创立“常派”唱腔，并于 1948 年创办香玉剧社，开始培养新一代青年豫剧演员。1951 年，为支援抗美援朝，常香玉率剧社巡演半年，以演出收入捐献战斗机一架，并于 1953 年率团赴朝鲜战场慰问演出，被誉为“爱国艺人”。常香玉开创的“常派”声腔朴实自然、淳厚酣畅、变化自如，表演细腻洒脱、生动逼真，具有极高的审美价值。她的代表作“红、白、花”——《拷红》《白蛇传》《花木兰》已成为豫剧经典剧目。2004 年常香玉去世，国务院追授她“人民艺术家”称号。

马金凤(1922—2022 年)，原名崔金妮，河南洛阳人。马金凤自幼学戏，14 岁正式登台演出。新中国成立后，马金凤与剧作家宋词合作，将梆子戏传统剧本《老征东》改编为《穆桂英挂帅》。1953 年到上海演出时，得到梅兰芳指教，并被梅兰芳收为弟子。经过进一步改编后，1956 年《穆桂英挂帅》进京演出，轰动首都剧坛，被誉为“真国色”的“洛阳牡丹”。马金凤以高亢、清脆、甜美、朴实的唱腔风格而形成的豫剧旦行被称为“马派”。马金凤 90 余岁高龄，仍精力充沛地活跃在剧坛艺苑和一些大型演出活动中。

三、其他剧种

(一)曲剧

曲剧又称“高台曲”“曲子戏”，20 世纪 50 年代改称曲剧。它是在河南民间说唱艺术——鼓子曲的基础上，吸收其他剧种的艺术成果发展起来的。曲子戏原分两支，一支是曲调简易的小调曲，流行于洛阳一带；另一支是曲调较多、唱词文雅的大调曲，流行于南阳地区。清末曲子戏常和高跷一起表演，称“高跷曲”。民国时，其表演形式逐渐接近其他剧种，舞台演出已不再用高跷。曲剧原来没有正规的戏班，由爱好者三五人结合，在茶馆酒肆、瓜棚柳荫放喉弹唱。曲子最初行头简单，不同锣鼓伴奏，打板的要帮腔，多“三小戏”(生、旦、丑)。后来吸取其他剧种舞台表演艺术技巧，成立了正规戏班，并涌现一批优秀演员。曲剧唱腔音乐为曲牌体，共有曲牌 150 多个。用真嗓演唱，悠扬自然，富有抒情性，颇有感染力。主奏乐器为坠胡，也称曲胡。抗战时成立了第一个官办曲子剧团，其他艺人亦趁势组织戏班，演出剧目也由爱情生活小戏改为本头戏。戏剧取材多为民间传统历史故事。

1949 年后，在政府的关怀支持下，曲剧在河南非常普及，许多市、县都有曲剧团。曲剧代表性艺术家在现当代有李金波、张新芳、海连池等。曲剧传统剧目 210 个，大多没有脚本，唱词道白多用“活词”，代表性剧目有《陈三两爬堂》《卷席筒》等。

（二）怀梆

怀梆也叫“怀剧”“老怀梆”，因流行于沁阳、孟县、济源、温县等旧怀庆府辖区而得名。怀梆的形成有两种说法：一种是豫剧流入后与当地民间音乐结合而成；另一说是怀梆前身叫“海神戏”，久旱不雨时百姓们抬着老君爷、老关爷等神像游街祈雨时演唱，故称为“海神戏”。海神戏登上高台的经过史无明载，不过从明清沁阳修建很多“舞楼”来看，那时就有高台戏。

怀梆的伴奏乐器分为文场和武场。文场乐器主要有大弦、板胡、二胡、笙、笛子、唢呐等。大弦是怀梆伴奏的主要乐器，也是怀梆的特色乐器。它长不足一尺半，以牛皮筋作弦，使用粗重的硬弓，需要 30 斤的力气才能拉响。大弦声音高昂尖细，音如卧笛。大弦独特的音色和演奏风格使怀梆音乐显得很有特色，目前怀梆伴奏的主弦是板胡。怀梆的武场乐器主要有鞭鼓、手板、大堂鼓、小战鼓、大锣、梆子等。怀梆的打击乐中，鼓板占重要地位，它是乐队的中心和灵魂，起着指挥的作用。在早期怀梆剧团中司鼓的地位很高，司鼓不仅会的戏多，还要以导演身份排练节目。

怀梆的表演中，其板式不是孤立的，常常是相互配合形成一个整体来表达丰富的情感，或进行复杂的叙事。怀梆演唱男女皆用真嗓唱，较少修饰，显得质朴自然。怀梆唱腔发音铿锵有力、高亢激昂、粗犷豪放，给人以畅快淋漓之感。

怀梆有 300 多出戏，但现在能整理出来的剧本只有 200 出左右。目前各地怀梆剧团能上演的剧目已经非常有限。怀梆剧目内容包括征战疆场、生活故事等，其中以征战类最为突出。

（三）河洛大鼓

河洛大鼓起源于清末民初，在洛阳琴书的基础上发展而来。洛阳琴书旧称“琴音”，以传统七弦古琴伴唱。洛阳琴书早期演唱方式多为闭目坐唱，其唱腔委婉细腻，字少腔多，节奏缓慢拖沓，其演唱书目也多为才子佳人的悲欢离合。“琴音”在官商、士绅间传唱，词曲典雅。流入民间后，改称“琴书”，其琴也改为扬琴。洛阳方志记载，约在清末民初，偃师县琴书艺人段炎等人前往南阳，学会了当地的“鼓儿词”。在与洛阳方言琴书结合后，逐渐形成具有洛阳地方特色的大鼓。“河洛大鼓”在发展过程中，曾有“大鼓京腔”“洛阳大鼓”等命名，1952 年正式命名为“河洛大鼓”。

河洛大鼓最常见的表演形式为，主唱者左手打钢板，右手敲击平鼓，另有乐师以坠胡伴奏。演唱风格欢快活泼、气氛热烈。河洛大鼓音乐欢快活泼，表现力丰富，具有鲜明的地方风格，音乐形态别具一格。河洛大鼓的音乐形态主要有以下四个方面的鲜明特征。

第一，集多种地方音乐素材为一体的曲调形态。河洛大鼓的曲调来源于河南地方多个剧种或曲种，从丰富的地方曲调中吸纳音乐素材，并将其重组为全新的音乐语汇，巧妙地融入各种唱腔板式中，使其成为叙述故事情节与描写人物的表现手段。

第二，以河南方言音韵为基础的旋律形态。河洛大鼓是用河南方言说唱的曲种。河南方言的语音系统奠定了河洛大鼓演唱的音韵基础，并构建了以河南方言为音韵基础的旋律形态。河南方言以特有的四声调值规律影响了旋律的发展形态，同时也赋予它独特的音乐色彩和浓郁的地方风格。

第三，以多种唱腔板式组合为体系的结构形态。河洛大鼓音乐是由多种唱腔板式组合的板腔体结构，主要唱腔板式是“平板”，又名“二八板”，其他还有引腔、起腔、坠子口等十几种板式。丰富的唱腔在叙述故事情节、描写人物性格与心理时，各具独特的效果。

第四，以宫调式为体系兼及离调与转调的调式结构。河洛大鼓的调式是以宫为主音的宫调式，具有色彩明亮的表现特点，构成了河洛大鼓的基本格调。河洛大鼓大致有五声、六声、七声三种调式形态，常用于过门及前奏结束处的五声调式被河洛大鼓艺人称为“主旋律”。

河洛大鼓已被列入国家级非物质文化遗产名录。

第五章　河洛民俗与社会生活

河洛文化在很大程度上影响了河洛地区的社会生活，在今天的河洛地区的民俗中，依然可以看到传统礼乐文明的深刻烙印。

第一节 河洛节庆文化

节日的起源，或许与农业生产密切相关。河洛节庆民俗大多具有悠久的历史。河洛节庆民俗在历史时期具有很大的代表性。河洛节庆可分为以下三类①：

一、岁时节庆

（一）春节

过年的历史非常古老，传说在轩辕黄帝时就有了过年的习俗。文献记载，夏代称一年为一岁，尧舜时称一载。不过，这些都无法获得当代史学的证实。可以确定的是，早在先秦，随着历法的逐渐成熟，作为一年开始的元日就已受到重视。1911 年辛亥革命后，我国开始使用世界通用的公历纪年。为避免混淆，公历 1 月 1 日称元旦，旧历元旦因在立春前后而改称春节。

春节作为中国最重要的传统节日，有着丰富的文化内涵。春节是传统中国人敬天法祖信仰体系的集中展现。祭天祭祖是春节最重要的民俗活动。传统中国人过年有着浓重的宗教情结，人们很注意呵护过年时神圣的心情，过年也有很多禁忌。具体到河洛地区，春节的民俗活动主要有祭祀祖先、吃饺子、拜年、走亲戚等。初五破禁，俗称“破五”，一般也吃饺子，从这天起各行各业开始转入正常。

（二）二月二

农历二月初二，正处于惊蛰前后，万物复苏。东方苍龙七宿开始出现在地平线上，故又称“青龙节”“龙头节”。农历二月，春耕逐渐展开。而河洛地区春季少雨，有“春雨贵如油”的民谚。因而，二月二祈福的主要内容是渴望风调雨顺。

（三）三月上巳

早在先秦就有三月上巳到水边洗濯举行“祓禊”活动的记载。汉代洛阳

---

① 本节参考了洛阳师范学院郭绍林老师的部分研究成果。

上巳日的“祓禊”活动已十分丰富。魏晋以后“祓禊”活动逐渐固定在三月初三。唐代上巳日重要的活动是出游和欢宴，宴会上还有斗鸡、走马等娱乐活动助兴。孟浩然《上巳洛中寄王九迥》诗曰：“卜洛成周地，浮杯上巳筵。斗鸡寒食下，走马射堂前。垂柳金堤合，平沙翠幕连。不知王逸少，何处会群贤。”[①]文人雅集少不了曲水流觞。刘禹锡《三月三日与乐天及河南李尹奉陪裴令公泛洛禊饮各赋二十韵》描写了洛阳士人上巳日的集会：“洛下今修禊，群贤胜会稽。盛筵陪玉铉，通籍尽金闺。波上神仙妓，岸傍桃李蹊。水嬉如鹭振，歌响杂莺啼。历览风光好，沿洄意思迷。棹歌能俪曲，墨客竞分题。”[②]不仅群贤毕集，而且佳丽随行，棹舟洛水。士人雅集必有诗歌传世，白居易、刘禹锡等人曾有过《会昌春连燕即事》组诗：

元年寒食日，上巳暮春天。鸡黍三家会，莺花二节连。——白居易
光风初澹荡，美景渐暄妍。簪组兰亭上，车舆曲水边。——刘禹锡
松声添奏乐，草色助铺筵。雀舫宜闲泛，螺杯任漫传。——王起
园蔬香带露，厨柳暗藏烟。丽句轻珠玉，清谈胜管弦。——白居易
陌喧金距斗，树动彩绳悬。姹女妆梳艳，游童衣服鲜。——刘禹锡
圃香知种蕙，池暖忆开莲。怪石云疑触，夭桃火欲然。——王起
正欢唯恐散，虽醉未思眠。啸傲人间世，追随地上仙。——白居易
燕来双涎涎，雁去累翩翩。行乐真吾事，寻芳独我先。——刘禹锡
滞周惭太史，入洛继先贤。昔恨多分手，今欢谬比肩。——王起
病犹陪宴饮，老更奉周旋。望重青云客，情深白首年。——白居易
遍尝珍馔后，许入画堂前。舞袖翻红炬，歌鬟插宝蝉。——刘禹锡
断金多感激，倚玉贵迁延。说史吞颜注，论诗笑郑笺。——王起
松筠寒不变，胶漆冷弥坚。兴伴王寻戴，荣同隗在燕。——白居易
掷卢夸使气，刻烛斗成篇。实艺皆三捷，虚名愧六联。——刘禹锡
兴阑犹举白，话静每思玄。更说归时好，亭亭月正圆。——王起[③]

① 曹寅编：《全唐诗》卷一百六十，中华书局1999年版，第1639页。
② 曹寅编：《全唐诗》卷三百六十二，中华书局1999年版，第4102页。
③ 曹寅编：《全唐诗》卷七百九十，中华书局1999年版，第8891页。

唐代洛阳上巳日代表性食品有张手羹家的“手里行厨”①。这一天还有投石卜事的习俗。据说武则天时酷吏来俊臣及其党徒聚集在龙门，“竖石题朝士姓名以卜之，令投石遥击，倒者则先令告”②。这大概就是民间投石卜事的反映。

（四）六月节

六月节是庆贺农耕生产丰收的节日。六月初一称“小年下”，这是相对于一年将过一半，因此又有“半年节”之称。六月初一夏收夏种已基本结束，家事稍闲，辛苦劳作换来夏粮的丰收。从物质上讲，生活有了保障；从心理上讲，紧张、劳累的心情得到松弛。另外，还要答谢神灵祖先的庇佑，感谢土地的赐予。

六月初六，古称“天赐节”。神话传说六月初六为龙女晒衣日，大家多在这天晒衣、曝书，以防虫蛀。有些地方也称“回门节”，已嫁的闺女要在这天回娘家看父母，称为“望夏”。

（五）中秋节

祭月的传统古已有之，但直到唐朝初年中秋节才成为固定的节日。《新唐书·志第五·礼乐五》载“其中春、中秋释奠于文宣王、武成王”③，及“开元十九年，始置太公尚父庙，以留侯张良配。中春、中秋上戊祭之，牲、乐之制如文”④。中秋团圆夜，赏月是重要的民俗。僧人栖白的《八月十五夜玩月》云：“寻常三五夜，不是不婵娟。及至中秋满，还胜别夜圆。清光凝有露，皓魄爽无烟。自古人皆望，年来又一年。”⑤

（六）重阳节

《易经》把“六”定为阴数，把“九”定为阳数，九月初九，日月并阳，两九相重，故而叫重阳，也叫重九。南朝吴均《续齐谐记》中记载东汉时汝南人桓景师从费长房游学，有一年费长房告诫桓景说：“九月九日汝家有灾，急令家

---

① 陶宗仪：《说郛》卷九十五上，《说郛三种》，上海古籍出版社2012年版，第4340页。
② 司马光：《资治通鉴》卷二百六，胡三省注引《考异》，中华书局2013年版，第6518页。
③ 欧阳修：《新唐书》卷十五，《礼乐志五》，中华书局1975年版，第372页。
④ 欧阳修：《新唐书》卷十五，《礼乐志五》，中华书局1975年版，第377页。
⑤ 曹寅编：《全唐诗》卷八百二十三，中华书局1999年版，第9360页。

人各作绛囊，盛茱萸系臂，登高饮菊花酒。”桓景依费长房所言，举家登山。傍晚桓景归来，发现家中鸡犬牛羊全都死了。费长房说：“这些家畜已代人受灾了。”后人纷纷仿效，于是有了重阳登高等习俗，“世人九日登高饮酒，妇人带茱萸囊，盖始于此”[①]。当代重阳节着重突出尊老敬老的主题。

唐代重阳被正式定为节日，武则天就选择在九九重阳举行登基大典，此后重阳节地位进一步提升。登高是重阳节最重要的民俗，孟浩然《秋登兰山·寄张王》诗曰：“北山白云里，隐者自怡悦。相望始登高，心随雁飞灭。愁因薄暮起，兴是清秋发。时见归村人，沙行渡头歇。天边树若荠，江畔洲如月。何当载酒来，共醉重阳节。”[②]重阳登高时也需佩戴茱萸以求避邪。重阳节正值菊花盛开，所以赏菊也是重阳日的重要活动。张说《九日进茱萸山诗》中说：“家居洛阳下，举目见嵩山。刻作茱萸节，情生造化间。黄花宜泛酒，青岳好登高。稽首明廷内，心为天下劳。菊酒携山客，萸囊系牧童。路疑随大隗，心似问鸿蒙。九日重阳数，三秋万实成。时来谒轩后，罢去坐蓬瀛。晚节欢重九，高山上五千。醉中知遇圣，梦里见寻仙。”[③]

（七）冬至

冬至是二十四节气之一，标志着严寒的到来。古代无论官民对冬至都很重视，称为“亚岁”，像过年一样庆贺。俗话说“冬至大似年”。冬至祭天是历代帝王的重要活动，万安山下的委粟山即魏晋帝王祭天之所。民间最重要的民俗活动则是吃饺子。相传东汉末年瘟疫流行，天寒地冻，很多人耳朵都冻坏了。“医圣”张仲景忧心如焚，他命人将药包成人耳朵的形状，煮好后送给大家吃，人们的耳朵就不再冻伤。后世就有了冬至吃饺子的习俗。部分地区把冬至吃饺子直接称为“安耳朵”。

（八）祭灶

祭灶或许起源于古代的“中霤祭”。后世认为灶王爷腊月二十三上天向玉帝述职，这一天人们在锅台边摆上麦芽糖、年糕等供品，祭祀灶神，以求其能多说好话，祭祀时在锅灶墙上贴灶神画像和“上天言好事，下界保平安”的

---

① 陶宗仪：《说郛》卷六十九上，《说郛三种》，上海古籍出版社 2012 年版，第 3204 页。

② 曹寅编：《全唐诗》卷一百五十九，中华书局 1999 年版，第 1623 页。

③ 曹寅编：《全唐诗》卷八十九，中华书局 1999 年版，第 974 页。

对联。中国没有感恩节，但并不意味着中国人没有感恩文化。祭灶也意在感谢以物化了的灶神为代表的天地自然。当代祭灶民俗中，吃灶糖必不可少。

（九）除夕

除夕即大年三十。旧时称守岁为“熬年”。民间传说只要有恒心，除夕夜就能等到天神打开南天门向人间赐福，如果早睡就没福了。除夕夜一家人聚在一起，尽享天伦之乐。除夕夜人们还会在庭院里点起篝火，唱歌跳舞来守岁。唐人王建就在诗中描绘了人们守岁的场景：“金吾除夜进傩名，画袴朱衣四队行。院院烧灯如白日，沉香火底坐吹笙。”[①]据记载，唐人已有燃放爆竹的习俗。

二、纪念性节日

（一）寒食与清明

寒食与清明时间非常近，后世遂合并在一起。唐朝在清明与寒食节时，共放假 4 天，清明踏青是 4 天假期里很好的选择。韩愈《梨花下赠刘师命》就回忆了当初在洛阳出游时梨花盛开的情景：“洛阳城外清明节，百花寥落梨花发。”[②]寒食据传是为纪念介子推，在这一天照例要禁火，还要重新钻火。寒食节里还有各种娱乐活动，张说就曾有诗描写寒食清明的风俗：“寒食春过半，花浓鸟复娇。从来禁火日，会接清明朝。斗敌鸡殊胜，争球马绝调，晴空数云点，香树百风摇。改木迎新燧，封田表旧烧。皇情爱嘉节，传曲与萧韶。”[③]白居易也曾有诗写到寒食节踏青宴饮之乐，他在《六年寒食洛下宴游，赠冯、李二少尹》中说：“丰年寒食节，美景洛阳城。三尹皆强健，七日尽晴明。东郊踏青草，南园攀紫荆。风拆海榴艳，露坠木兰英。假开春未老，宴合日屡倾。珠翠混花影，管弦藏水声。佳会不易得，良辰亦难并。听吟歌暂辍，看舞杯徐行。米价贱如土，酒味浓于饧。此时不尽醉，但恐负平生。殷

---

① 曹寅编：《全唐诗》卷三百零二，中华书局 1999 年版，第 3443 页。
② 曹寅编：《全唐诗》卷三百四十三，中华书局 1999 年版，第 3850 页。
③ 曹寅编：《全唐诗》卷八十八，中华书局 1999 年版，第 956 页。

勤二曹长，各捧一银觥。”[①]其《洛桥寒食日作十韵》中则写道：“上苑风烟好，中桥道路平。蹴球尘不起，泼火雨新晴。宿醉头仍重，晨游眼乍明。老慵虽省事，春诱尚多情。遇客踟蹰立，寻花取次行。连钱嚼金勒，凿落写银罂。府酝伤教送，官娃喜要迎。舞腰那及柳，歌舌不如莺。乡国真堪恋，光阴可合轻。三年过寒食，尽在洛阳城。”[②]

寒食清明期间扫墓也是重要的活动，开元二十年唐玄宗下令：“寒食上墓，礼经无文，近世相传，浸以成俗，士庶既不合庙享，何以用展孝思？宜许上墓用拜扫礼，于茔南门外奠祭，撤馔讫，泣辞食余于他所，不得作乐。仍遍入礼典，永为常式。”[③]清明这天各家门头要插柳枝，男女还要戴柳枝编的环，有谣谚说：“清明不戴柳，红颜成皓首。”这种民俗的实质在于祈求土地赐予人间生命。

（二）端午节

据传端午节是为纪念屈原而设。五月初五屈原怒沉汨罗江后，人们为纪念屈原而在这一天划龙舟、吃粽子。实则纪念屈原只是官方叙事，在民间端午节最初起源于辟邪。旧时河洛地区的普通民众不知道屈原是谁，也无从划龙舟。在不产稻米的河洛地区，粽子更非普通民众可以消费的。

在唐朝，端午已是非常隆重的节日。端午节大臣们会得到皇帝赏赐的宫衣等物。杜甫有诗曰：“宫衣亦有名，端午被恩荣。细葛含风软，香罗叠雪轻。自天题处湿，当暑着来清。意内称长短，终身荷圣情。”[④]很多人也借着节日的由头，向皇帝进献礼物，以博取皇帝欢心。端午节人们要佩戴五色彩丝，或者挂在门上，称长命缕。唐玄宗有诗云：“五月符天数，五音调夏钧。旧来传五日，无事不称神。穴枕通灵气，长丝续命人。四时花竞巧，九子粽争新。方殿临华节，圆宫宴雅臣。进对一言重，遒文六义陈。股肱良足咏，风化可还淳。”[⑤]民间也有相互赠送长命缕的习俗。一般人家门上插艾，妇女缝香囊佩戴，小孩手腕、足踝系上五色线，还会饮雄黄酒，以祈求平安。

---

① 曹寅编：《全唐诗》卷四百四十五，中华书局 1999 年版，第 5016 页。

② 曹寅编：《全唐诗》卷四百四十九，中华书局 1999 年版，第 5090 页。

③ 司马光撰，胡三省注：《资治通鉴》卷二百八十七，中华书局 2013 年版，第 9366 页。

④ 曹寅编：《全唐诗》卷二百二十五，中华书局 1999 年版，第 2426 页。

⑤ 曹寅编：《全唐诗》卷三，中华书局 1999 年版，第 28 页。

（三）七夕

据传七夕是为纪念牛郎和织女鹊桥相会，七夕主要民俗是妇女的乞巧，所以又称乞巧节。乞巧主要是向月穿针引线。王仁裕《开元天宝遗事》说："七夕，宫中以锦结成楼殿，高百尺，上可以胜数十人，陈以瓜果酒炙，设坐具，以祀牛女二星，妃嫔各以九孔针五色线向月穿之，过者为得巧之候。动清商之曲，宴乐达旦。土民之家皆效之。"[①]《开元天宝遗事》还说："七月七日……各捉蜘蛛于小合中，至晓开；视蛛网稀密以为得巧之候。密者言巧多，稀者言巧少。民间亦效之。"[②]旧时，妇女都在院中呈供瓜果，向天上的织女星乞求针线、绣花技巧。据说，姑娘们还能在这天晚上听到牛郎、织女相会时的说话声。

三、宗教节日

（一）上元日（元宵节）

上元日可能与汉代太一祠有关。佛教传入后，上元日又增添了佛教色彩。从《唐会要》看，似乎上元日并未被列入法定节日之中。但在民间上元日的隆重超过了其他任何节日。

隋唐上元日热闹非常。隋大业六年（610 年），隋炀帝在洛阳接受周边各族首领的朝见，下令从各地征召近 2 万名艺人来洛阳演出，声闻数十里。上元日里还要燃灯，隋炀帝曾有诗描写洛阳灯火的辉煌："法轮天上转，梵语天上来。灯树千光照，花焰七枝开。月影凝流水，春风含夜梅。幡动黄金地，钟发琉璃台。"[③]

唐代上元夜里灯火更盛。唐人刘肃记载道："神龙之际，京城正月望日，盛饰灯影之会。金吾弛禁，特许夜行，贵游戚属及下隶工贾无不夜游，车马骈阗，人不得顾。王主之家，马上作乐以相夸竞。文士皆赋诗一章，以纪其事。作者数百人，惟中书侍郎苏味道、吏部员外郎郭利贞、殿中侍御史崔液

① 王仁裕：《开元天宝遗事》，中华书局 2006 年版，第 50 页。
② 王仁裕：《开元天宝遗事》，中华书局 2006 年版，第 38 页。
③ 隋炀帝：《正月十五日于通衢建灯夜升南楼》，《汉魏六朝百三家集》卷一百一十四，文渊阁四库全书本。

三人为绝唱。”[①]苏味道的《正月十五夜》诗说：“火树银花合，星桥铁索开。暗尘随马去，明月逐人来。游伎皆秾李，行歌尽《落梅》。金吾不禁夜，玉漏莫相催。”[②]郭利贞在《上元》诗中说：“九陌连灯影，千门度月华。倾城出宝骑，匝路转香车。烂漫惟愁晓，周游不问家。更逢清管发，处处《落梅花》。”[③]这些诗描绘了上元夜洛阳城中的盛况，就连皇帝也混迹于人群中流连忘返。

近代正月十五俗称元宵节。元宵节正式宣布春节假期的结束，人们在闹元宵之后回归正常的生产生活。河洛民间元宵节活动内容丰富，规模盛大，有“小过年，大十五”之说，“春节重在礼，元宵喜在乐”。城镇搭彩棚、搞灯展、放焰火，开展各种民间文娱活动，如旱船、高跷、舞狮等。正月十五的节日美食是元宵和汤圆，汤圆是包出来的，而元宵是滚出来的。

（二）佛诞节

汉传佛教认为释迦牟尼的诞辰在农历四月初八。唐代佛教流行，佛诞也被政府认定为重要节日。佛诞节会有浴佛、行像等活动。张籍在《题清彻上人院》一诗中曾提及浴佛之事：“古寺临坛久，松间别起堂。看添浴佛水，自合读经香。爱养无家客，多传得效方。遇斋长不出，坐卧一绳床。”[④]

（三）盂兰盆会

盂兰盆会与目连救母的故事有关。《佛说盂兰盆经》记载：佛的大弟子目乾（犍）连用天眼看见母亲在饿鬼道受着饥饿的折磨，他立即以钵盛饭，借神通力量送给母亲吃。其母抓饭刚送到嘴边，就化成火炭不能食用。目连大哭，向佛请教解救方法。佛说：“汝母罪根深结，非汝一人力所奈何……当须十方众僧威神之力，乃得解脱。”佛告诉他，要在七月十五日众僧自恣日设盂兰盆，“具饭百味五果，汲灌盆器，香油锭烛，床敷卧具，尽世甘美，以著盆中，供养十方大德众僧”；佛即命众僧在受食前“为施主家咒愿”，便可借众僧威神之力，使施主“现在父母，寿命百年，无病，无一切苦恼之患，乃至七世父母，离饿鬼苦，生人、天[道]中，福乐无极”。《佛说盂兰盆经》西晋时被译成

---

① 刘肃：《大唐新语》，中华书局 1984 年版，第 128 页。

② 曹寅编：《全唐诗》卷六十五，中华书局 1999 年版，第 750 页。

③ 曹寅编：《全唐诗》卷一百零一，中华书局 1999 年版，第 1076 页。

④ 曹寅编：《全唐诗》卷三百八十四，中华书局 1999 年版，第 4332 页。

中文,因与传统孝道合拍,很快被广泛接受。南朝梁武帝大同四年(538 年)开始设盂兰盆会,以后渐成风俗,朝廷和民间都在七月十五举行活动,以超度祖宗,报答祖德。

唐人杨炯在《盂兰盆赋》中曾记载武则天时期一次盂兰盆会的盛况,强调了"天子之孝"。大典正式开始,武则天头戴通天冠身佩玉玺,在洛城南门楼上主持活动。群臣稽首再拜,说道:"圣人之德,无以加于孝乎!"① 这些节日活动,反映出隋唐洛阳丰富多彩的社会生活以及节庆习俗中的文化融合。

(四)腊八

腊八即腊月初八,是我国古老的传统节日。"腊"是古人辛勤劳作喜获丰收之后在年底对自然山川举行的答谢祭。佛教传入我国后,据说释迦牟尼的成道日在十二月初八,腊八被佛教徒称为"佛成道节"。这一天各地寺庙一般都要施粥。腊八要吃腊八粥。腊八粥的用料各地不同,但一定要用八种材料做成。

四、河洛庙会

传统河洛农村地区,几乎每个村子都会有庙宇,供奉着本地社神,俗称土地爷和土地奶奶。也有些庙供奉着在本地历史上有着突出贡献的英雄豪杰和历代先贤。无论是有具体原型人物的神,还是一般意义上的社神,都被拟人化,在其生日、成道日等纪念日里,人们都会举行盛大的纪念仪式,即庙会。对当地民众来说,庙会也都被当成隆重的节日,其重要程度不亚于春节。

(一)庙会的起源

一般认为庙会起源于远古多神崇拜,当代庙会的形成,肯定有一个漫长的历史过程。如高有鹏所言:"庙会的起源有远源,有近源,作为一种整体形式,它是远古时代就已经形成了的,在后来社会发展文化的各个时期不断充实,完善,新的庙会不断产生着。"②高有鹏还总结出庙会的四个要素:庙宇与

① 杨炯:《盈川集》,文渊阁四库全书本。
② 高有鹏:《沉重的祭典——中原古庙会文化分析》,河南大学出版社 2000 年版,第 7 页。

神灵、祭祀仪式、社、时间单位即历法。

笔者以为,庙会的真正形成,应在河洛地区形成稳定的农耕社会之后。可以确信汉代已经有庙会。东汉末年董卓之乱时,阳城县乡民正在乡社集会,遭到董卓乱兵的屠杀。阳城县乡民的这次集会,就是一次庙会。隋唐时期,庙会的内容更为丰富。最隆重的就是春社和秋社,晚唐诗人王驾的《社日》就描写了当时春社的情形:"鹅湖山下稻粱肥,豚栅鸡栖半掩扉。桑柘影斜春社散,家家扶得醉人归。"①明清时期,庙会基本定型,与当代庙会已无明显区别。

(二)庙会的种类

高有鹏将庙会划分为世俗型庙会和宗教型庙会。世俗型庙会,如遍布各地的土地庙、山神庙、城隍庙、火神庙、三官庙,其职能为保佑一方平安。还有如老子庙、关帝庙、岳飞庙、杨再兴庙等历代先贤庙,以及伏羲庙、女娲庙、黄帝庙、神农庙等人文始祖庙。另外还有一些行业性保护神庙,如鲁班庙、药王庙等。有些则因时间久远,当地民众也说不清楚庙里究竟供奉的是何方神圣。

而宗教型庙会可以分为道教庙会和佛教庙会。多神崇拜是道教最主要的特色之一。河洛地区遍布道教宫观,如玉皇庙、三皇庙、老君庙、碧霞元君祠等。河洛地区庙会大多带有道教特色。如嵩山中岳庙,每年春秋两次庙会。佛教进入中国后,与中国历法相结合,形成了一系列中国化的佛教节日。这些佛教节日,往往成为佛教的庙会。正月十五上元日,就是白马寺最为隆重的庙会。

庙会还可以根据其影响范围的大小,分为地方性庙会和地区性庙会。地方性庙会,一般都是当地土地庙、山神庙,影响所及也就是三乡五里。地区性庙会,纪念先贤或人文始祖,这类庙会影响较大。一些香火旺盛的宫观和寺庙,庙会影响也比较大。

根据时间长短,庙会也可以分为短期型庙会和持续型庙会。绝大多数庙会都是短期型庙会,一天内结束。而有些庙会则会持续数日,如中岳庙

① 曹寅编:《全唐诗》卷六百九十,中华书局 1999 年版,第 7988 页。

会，会期10天。有的庙会一年举行一次，有的庙会一年举行数次。

有些虽号称庙会，其实已成为集贸和娱乐的集会。如宝丰县马街书会等。

（三）庙会的会期

庙会日期的确定，多是随着寺庙的祭日或岁时农事需要而定。寺庙祭日多以寺庙所奉祀神仙的诞辰为祭日。如：相传正月初七是火神生日、四月二十八是药王孙思邈生日、五月十三是关羽生日、三月初三是祖师生日、六月初五是玉皇生日、七月二十一是财神比干生日等。这些纪念日当然并非信史，但当地民众深信不疑。会期的确定，更彰显了庙会信仰的特点。

总体上看，庙会多在农历正月到四月之间，尤以三四月最盛。这种会期的安排反映了庙会与农业密不可分的关系，春夏之交是农民春耕与准备夏收的季节，因而庙会多安排在此时举行。正月、二月庙会亦占有一定比例，体现了庙会安排劳逸结合的原则。

（四）庙会的娱乐

传统庙会，内容十分丰富。庙会的首要内容是祭祀。当地民众都把庙会当成节日，三乡五里的亲友都来赶会。因而，庙会也是非常重要的集贸市场，琳琅满目，应有尽有。庙会往往也是非常重要的娱乐平台。

传统农耕生活不仅辛苦，而且也十分沉闷，只有在节日期间才有难得的放松和娱乐。河洛民众宗教信仰具有十分强烈的世俗特色。祭祀神灵的重要手段，就是通过“娱神”的方式以感动神灵，从而更好地履行其护佑苍生的职责。河洛地区许多庙宇都建有戏台。如洛阳关林庙大门南边，正对着关林庙就建有一座戏台。庙会活动的重要内容，就是请戏班来演戏。

一般而言，都需要在庙会前约请好戏班，俗称写戏。根据财力和庙会的规模，唱大戏少则一台，多则数台。演出剧目可具体指定，称“点戏”。庙会不仅有戏曲，也会有各种杂耍表演，如高跷、旱船、竹马、狮子、龙灯、抬花轿、马戏等。

第二节　河洛婚丧民俗

婚丧嫁娶都是非常重要的民俗活动，这些活动的背后，体现出河洛人民对婚姻和生命的重视。

一、婚嫁

西周初年，周公制礼作乐就包括婚礼。今传《仪礼》并非周公制礼作乐的原始记录，但《士婚礼》依然可以一窥先秦婚礼的大概。儒学在西汉被奉为一尊后，《仪礼》对社会生活起到很大的指导作用。《士婚礼》确定的婚礼程序，也成为后世婚礼的基本指导原则，后世基本按照《士婚礼》的六道程序来举行。

1. 纳采：民间称提亲，一般都由媒人来充当中介进行说合。婚姻大事，双方家族首先要有联姻的愿望。

2. 问名：按照古礼，男女之间并不能随便问对方姓名。纳采过后，如果女方同意这桩婚姻，会把女方姓名以及生辰八字等基本信息告知男方。

3. 纳吉：男方在得到女方基本信息后，一般要请人占卜。如果占卜结果非常吉利，男方一定要将占卜结果通报女方。

4. 纳征：民间称下聘或定亲。在河洛地区，定亲意味着双方婚姻关系的确立，不能轻易反悔。定亲还要举行一个隆重的仪式，告知亲朋。古人下聘，还要送给女方一笔不菲的聘礼。在少数地区，聘礼往往演变成买卖婚姻，成为一种亟待革除的陋俗。

5. 请期：下聘后，就要准备婚礼了。请人占卜确定婚礼日期，称“看好”。河洛民众一般选择农历双日，或者“五一”“十一”，另外临近年底的日子也都被认为是好日子。确定婚礼日期后通知女方的程序称“送好”。

6. 亲迎：亲迎，也称迎亲，这是婚礼的高潮！

在亲迎之前，男方家庭一定要布置好新房。前一天，还要请新郎的弟弟或侄子来陪着新郎一起睡，称为压床。在结婚当天，新床上会在被子里放上枣、栗、花生等东西,寓意早生贵子。婚礼当天,由男方亲自到女方家中去迎娶新娘。在河洛地区,婚礼无论如何删减,亲迎却是必不可少的。古代河洛地区迎亲的花轿由男方家中出发时,坐有压轿童。新娘上轿时,脚不得沾地,由哥哥或舅舅背送到轿上。起轿时,新娘必须哭,以示惜别和感谢父母养育之恩。迎亲花轿,来回不能走一条路,一般采用逆时针方向,去时走右边,回时走左边。花轿抬到婆家后,新娘双脚也不能着地,必须走在红毡或布袋上。两边有人将红毡或布袋依次向前递进,称为"传袋",寓意传宗接代。新娘进门后,最隆重的仪式是拜堂,即拜天地、拜父母、夫妻对拜。

当代河洛地区举行婚礼必须在正午之前开始。在古代,婚礼于傍晚时分举行,拜完天地就入洞房了。如今南方地区还保留着傍晚举行婚礼的习俗。

文献记载,"古者婚礼不贺",婚礼并不接受祝贺,因为子女的婚礼,意味着父母的老去,颇令人伤感。但在后世,婚礼已成为民众联络感情的重要平台,婚宴是婚礼的重要内容。

送走亲朋,晚上入洞房,还要举行合卺礼,喝交杯酒。旧时多举行"撒帐"仪式,即由儿女双全且与新郎新娘同辈的中年妇女把五谷、花生、大枣等撒到新郎、新娘的帐子里,边撒边唱,祝愿新人吉祥如意、白头到老。接着新郎、新娘喝交杯酒,表示相亲相爱,永结同心。喝完交杯酒,有人端上饺子,饺子多不煮熟,这时外边有人问新娘:"生不生?"新娘必答:"生。"喝过交杯酒,闹洞房随即开始。新婚闹房,自古皆然,但在有些地区已成陋俗。婚礼次日清晨,新娘要拜见公婆,称为开拜。婚礼第二天新娘的娘家人还要到新郎家里,称为瞧亲。这主要起到娘家安慰新媳妇的作用。婚后第三天,新娘第一次回娘家,称为回门。也是非常隆重的仪式。

上古时期女方出嫁时还会陪送一套车马,未来3个月内如果男方对女方不满意,可以用这套车马将女方送回,双方恢复到未婚状态。而在3个月期满,男方会将这套车马送还女方,称"反马礼"。之后男方举行一个庙见仪式,女方成为男方家庭正式的一员。

二、丧葬

"慎终追远"是河洛民众的重要文化特征。葬礼是河洛民众最看重的礼仪之一。葬礼不仅追思逝者，而且进一步彰显亲情。整个葬礼，可分为葬前程序、安葬和葬后习俗。

（一）葬前习俗

一是送终。

《仪礼》所载丧礼第一道程序是"属纩"（zhǔ kuàng），即病人临终之前，要用新丝絮（纩）放在其口鼻上，试看是否还有气息。古人讲究寿终正寝，老人临终大多渴望能在家里去世，而且都必须在正堂。

老人弥留之际，儿女亲友侍奉守候身旁，听取遗嘱，直至其咽气，俗称"送终"。老人如有子女送终，则谓之"得际"，是有福气的表现。

当老人已断气，肢体未僵之际，子女要抓紧时间为其整容、剃头、梳髻和擦澡净身。穿寿衣前，子女要为老人穿"暖衣"，即把寿衣一件件穿在自己身上套好，再给老人穿。更衣之举，文献中称为"小敛"，穿寿衣时，亲人均不能哭泣，以免泪洒死者身上，使其到阴间受罪。

二是发丧。

死者穿好寿衣后，便移到草铺上。草铺即停尸板，多设在正房中央迎门处。让亲友悼念。也有将死者放入棺木之中，但是并不将棺木钉死，称为"停灵"。

停灵时，要用黄纸将死者脸盖住，表示不忍再看其面孔。用麻纰捆住死者双足，称为"绊脚索"。要在死者脚前点燃油灯，称为"长明灯"。要在死者头前放瓦盆，称为"老盆"。

三是报丧。

家中有人亡故，遣人通知近亲好友及时赶回，并参与安葬事宜，是为报丧。报丧多由孝子前往。

四是吊孝。

亲友得到消息后，要赶到死者灵前拜祭，称为"吊孝"。旧时，吊孝者要烧纸，并用古礼跪拜。不论吊孝者年纪大小，孝子都要向他叩头。

五是戴孝。

戴孝，民间称穿孝、护孝，孝指孝衣。亡者儿女穿重孝，即戴白布孝帽，穿毛边白大褂孝衣，腰束生麻，手持哀杖等。再则要往鞋上糊孝。

《仪礼·丧服》记载，根据与死者血缘关系的远近，亲属要穿五种不同的丧服，分别是：斩衰、齐衰、大功、小功、缌麻。

斩衰（衰读“崔”音），是最重的丧服。丧服上衣叫“衰”，用最粗的生麻布制作，断处外露不缉边，称“斩衰”，表示毫不修饰以尽哀痛。古代，诸侯为天子，臣为君，男子及未嫁女为父，承重孙（长房长孙）为祖父，妻妾为夫，均服斩衰3年。

齐衰（音同“资崔”），是次于“斩衰”的丧服。齐，下衣的边。齐通纃，衰通缞。用粗麻布制作，断处缉边，因称“齐衰”。服期分3年、1年、5个月、3个月。服齐衰一年用丧杖，称“杖期”；不用丧杖，称“不杖期”。古代，父在为母服齐衰杖期，父卒为母服齐衰3年。唐代，不论父亲是否在世，为母皆服齐衰3年。

大功，亦称“大红”，是次于“齐衰”的丧服。用粗熟麻布制作，服期9个月。为堂兄弟、未嫁堂姊妹、已嫁姑及姊妹，以及已嫁女为伯叔父、兄弟，均服大功。

小功，亦称“上红”，是次于“大功”的丧服。用稍粗熟麻布制成，服期5个月。为伯叔祖父母、堂伯叔父母、未嫁祖姑及堂姑、已嫁堂姊妹、兄弟妻、再从兄弟、未嫁再从姊妹，又外亲为外祖父母、母舅、母姨等，均服小功。

缌麻（音同“思”），是“五服”中最轻的一种。用较细熟麻布制成，做工也较“小功”为细。男子为本宗之族曾祖父母、族祖父母、族父母、族兄弟，以及为外孙、外甥、婿、妻之父母、表兄、姨兄弟等，均服缌麻。

人们往往用是否出“五服”来作为血缘关系远近的标志。血缘关系更远，则不再穿丧服。同五世祖的亲属为袒免亲，即所谓“素服”，用一块白布缠头而已。

另外，家有丧，春节期间的春联也要改变，一般是头年春节门上不贴对联。

（二）安葬

一是入殓。

入殓也叫入棺、入木，把亡人从灵床上放入棺木。入殓前，要把棺材再行检点，还有用彩纸甚至绸子装饰的。装殓时，忌尸体见阳光。入殓时，长子捧头，闺女抬脚，其他子女则一起架尸体缓缓放入棺内。

二是送葬。

送葬即出殡，是丧事活动的高潮。出殡也要择吉日进行。《仪礼》等典籍记载,天子去世7个月而葬,因为天下最边远的民众听到天子去世的消息赶到洛阳,大约耗时6个月。诸侯、大夫、士人、庶民,停灵的时间依次递减。后世普通民众一般都是在去世后3天或5天安葬。

出殡具体时间的安排,多以家距茔地的远近而定。一般为早饭后出殡,最迟也不可超过中午时分。也有些地区是下午出殡。

出殡前,为方便各家亲友吊唁、祭奠,丧家在大殓后未设灵棚者,也多在大门旁边,临时搭起"灵棚",并行"移灵礼",将灵柩由灵堂移至灵棚。出殡早晨,孝子要到祖先堂前行辞祖礼。

灵柩起动时,要在门口路上,迎着灵柩把老盆摔碎,称"摔老盆"。因与继承权有关,摔老盆的都是长子或长孙。大型送殡队伍最前面是捧纸扎者,紧跟着的是响器班。响器班后是抱灵牌、扛招魂幡的长子、长孙以及手执哭丧棒、怀抱宝贵馍的亲属,其后是灵柩。送殡队伍通常由本族一男性长者或亡者女婿在前导引,沿途抛撒纸钱。凡行到十字路口,诸孝眷都要面向灵柩,跪地烧纸致祭。路祭者拦路时,送殡的响器便尽情吹奏一番。不管何人路祭,孝子均要跪地等候。灵柩行至要道或上坡、道路坎坷时,孝子都要跪地等候,向抬龙杠者致谢或加以犒赏。

三是安葬。

棺木送到墓地,抬龙杠者要快跑几步,孝子们也跟着快跑,民间称此为"抢穴"。随后,停下来,把棺架放在地上,用绳子把棺材兜起以便下葬。此时,行墓祭礼,众人一起向墓棺方向行四叩礼,礼毕即行安葬礼。

下葬时,亲人要下墓坑里扫墓。棺材放平稳后,要在棺上铺红纸一张,随后于红纸上放弓一把、箭三支,最后再把画有镇邪符号的布瓦一片放在纸上,布瓦四角多写"天下太平"祝辞。有了这些镇物,亡人即可安息了。封墓时,普遍由孝子铲第一锨土。封土后,将引魂幡、哭丧棒插于坟墓周围,并焚烧纸扎花圈等。

(三)葬后习俗

一是除丧。

出殡后,族人或厨师立即将灵堂中的铺草等一并清除,焚烧,俗称"除丧"。并将室内打扫干净,供上家神。

二是谢孝。

葬后第二天，孝子要行酬谢礼，俗称“谢孝”“收泪”。谢孝时，首先要挨门挨户向邻里磕头致谢。致谢一般不进门，站在被谢者院门外，邻里多在院内以“一说都有”作答而不出门。

三是做七。

佛教认为人死要托生，7天一次机会，第7个7天，一定会托生出去。因此，每个7天，子女都要烧纸祭奠一次，称为“做七”。“五七”要隆重，“七七”称为“尽七”，晚辈也要穿孝衣上坟大祭一次。

四是守孝。

孝子在一定时期内停止娱乐和社交活动。旧时守孝期限一般为3年。“尽七”之后有“百日祭”，每逢周年有“周年祭”。其中第三个周年祭最隆重，为最后一次祭奠。以后除孝，一切恢复正常。

根据儒家经典，孝子守丧期间要居庐，住在守丧的房子中，专门守孝。在守孝期间，还要“寝苫枕块”。

第三节　河洛饮食文化

孔子云“食色性也”。饮食是生命得以延续的基本前提。随着人类文明的演进，饮食也逐渐被赋予了文化的色彩。

一、河洛饮食文化概况

河洛地区地处黄河中游，物产丰富，各种食材为河洛饮食文化的发展奠定了坚实的物质基础。山区有猴头菇、竹荪、鹿茸菜、羊素肚、木耳、蘑菇、荃菜等；平原河网地区猪、鸡、牛羊、鸭、鱼、蛋等十分丰富，黄河鲤鱼更是闻名海内。

河洛饮食文化历史悠久，从出土文物看，早在史前时期河洛饮食就已十分丰富，水陆珍馐，应有尽有。文献记载，夏启曾举行过“钧台之享”，是我国最早的宴会。据传厨师出身的伊尹在烹饪中悟出治国之道当如烹饪的鼎和五味，治国即协调不同的利益关系。据传伊尹出生于嵩县，后世称之为“宰相厨师”。伊尹被后代尊称为烹调始祖。我国最早的烹饪理论——《本味篇》，据说即伊尹初见商汤时的谈话内容。

西周以后，随着社会经济的发展，烹调，尤其是宫廷烹调发展很快。宫廷中设有掌管膳食的官吏“亨人”（“亨”同“烹”）。周公制礼作乐时，饮食也被纳入礼乐规范之中。钟鸣鼎食成为贵族饮食的标志之一。

先秦饮食已区分了主食和副食。主食，即各种谷物加工的食物。河洛地区民众也被称为“粒食之民”。而副食，即蔬菜、肉类等调剂口味的佐餐之物。先秦菜肴的烹饪方式主要是用鼎烹。如老子所云：“治大国若烹小鲜。”小鲜即小鱼，治理大国如同烹煮小鱼一样，不能频繁搅动，要保持政策的连续性和稳定性。

先秦烹出的羹，从鼎里盛入杯中，分到每人面前的矮案上，人们在各自席位上分而食之。《史记》记载了郑国一次烹煮引发的政变：“灵公元年春，楚献鼋于灵公。子家、子公将朝灵公，子公之食指动，谓子家曰：‘佗日指动，必食异物。’及入，见灵公进鼋羹，子公笑曰：‘果然！’灵公问其笑故，具告灵公。灵公召之，独弗予羹。子公怒，染其指，尝之而出。公怒，欲杀子公。子公与子家谋先。夏，弑灵公。”①楚汉相争时，项羽也曾将刘邦的父亲绑到两军阵前，威胁刘邦如果不投降就将其父烹掉。刘邦却说：“吾与项羽俱北面受命怀王，曰‘约为兄弟’，吾翁即若翁，必欲烹而翁，而幸分一杯羹。”②

秦汉河洛地区的饮食文化更加丰富。河南新密打虎亭汉墓中石刻“庖厨图”中刻有杀鸡宰鸭、杀牛宰猪、负薪烧火、汲水酿酒以及煮肉烹鱼的图画。恰如曹植诗中所写：“置酒高殿上，亲友从我游。中厨办丰膳，烹羊宰肥牛。”③

先秦时期中原地区也种植水稻，从西汉中期气候开始转冷，中原不适于种植水稻，政府极力推广“宿麦”——冬小麦。随着冬小麦的普及，河洛民众的日常主食也变为以面食为主。起初，人们将麦粒煮成麦饭。由于麦粒很

---

① 司马迁：《史记》卷四十二《郑世家》，中华书局 1982 年版，第 1867 页。
② 司马迁：《史记》卷七《项羽本纪》，中华书局 1982 年版，第 328 页。
③ 萧统：《文选》卷二十七《箜篌引》，中华书局 1977 年版，第 391 页。

硬，煮熟后还十分坚硬，很难消化，麦饭被视为很粗粝的食物。东汉初年，光武皇帝刘秀在河北地区受到王朗追击一度绝粮，多亏冯异为刘秀煮了些麦饭才得以渡过难关，这顿麦饭让刘秀记忆深刻。

后来，为利于消化，人们将麦子碾碎，于是出现了面粉。有了面粉以后，人们将面粉擀成饼状，煮熟了吃，称为汤饼，也就是后世的面片儿汤。跋扈将军梁冀就曾在汉质帝所吃的汤饼中下毒，毒死了汉质帝。后来人们将面饼切成条称为索饼，即后世的面条。时至今日，河洛民众依然将面条作为主食。东汉时期，人们将发酵技术用到面食加工中，于是就有了馒头。

魏晋南北朝时期，河洛地区的饮食更加丰富。贵族们更是将饮食推向极致，西晋末年贵族何曾"日食万钱"，还说"无下箸处"。北魏洛阳城的饮食也很有特色，还催生出了一些著名的饭店。如洛阳阊阖门外就有一家叫做张守羹家的饭店，"水产陆贩，随需而供，每节则专卖一物，遍京辐凑，号曰浇店"，新年出售的是元阳脔，正月十五上元日卖的油饭叫油画明珠，正月初七"人日"卖的叫六一菜，二月十五卖的叫涅盘兜，清明卖的叫手里行厨，寒食节卖的叫冬凌粥……①

南北朝佛教极盛，仅嵩洛一带就有名寺1000多所，大批厨僧（尼）潜心研究斋饭，寺庵菜应运而生，成为豫菜的一个组成部分。

唐代大诗人王维《洛阳女儿行》中有"侍女金盘脍鲤鱼"的诗句②，描写洛阳饮食的精美。隋唐洛阳城，洛河上最重要的天津桥，也即今洛阳桥，桥头的董家酒楼赢得了李白的称誉，其《忆旧游寄谯郡元参军》写道："忆昔洛阳董糟丘，为余天津桥南造酒楼。黄金白璧买歌笑，一醉累月轻王侯。"③

二、著名豫菜

（一）洛阳水席

洛阳水席有1000多年的历史，具有如下特点：一是有荤有素，素菜荤做，选料广泛；二是有汤有水，味道多样；三是上菜顺序有严格的规定，搭配合

---

① 陶宗仪：《说郛》卷九十五上，《说郛三种》，上海古籍出版社2012年版，第4340页。

② 曹寅编：《全唐诗》卷一百二十五，中华书局1999年版，第1258页。

③ 曹寅编：《全唐诗》卷一百七十二，中华书局1999年版，第1771页。

理。所谓水席有两个含义:一是全部热菜皆有汤;二是热菜吃完一道,撤后再上一道,流水席流水做。全席共24道菜,包括8个冷盘、4个大件、8个中件、4个压桌菜,冷热、荤素、甜咸、酸辣兼而有之。上菜顺序极为考究,先上8个冷盘作为下酒菜,每碟是荤素二拼,一共16样。待客人酒过三巡后再上热菜:首先上4大件热菜,每上一道跟上两道中件,美其名曰"带子上朝";最后上4道压桌菜,其中有一道鸡蛋汤,又称送客汤,以示全席已经上满。热菜上桌必以汤水佐味。

洛阳水席的首菜是牡丹燕菜,以白萝卜丝为主料,以水发鱿鱼、水发海参、火腿、香菇等为配料制作而成,又用鸡蛋薄饼做成一朵牡丹花作点缀。此菜因萝卜丝酷似水发后的燕窝细丝而称"燕菜"。1973年10月,周恩来总理陪同加拿大总理特鲁多到访洛阳,洛阳名厨王胡子和崔学礼合作,制作一道传统的燕菜,并雕了一朵牡丹花浮在菜面上,以示洛阳特色。该菜清香利口、风味独特,受到两位总理的赞赏,周恩来总理遂将此菜叫做"牡丹燕菜"。

(二)套四宝

四宝为鸭、鸡、鸽、鹌鹑。以上四宝既要剔除骨架,又要保持外形完整。然后将四宝首尾相照,身套身,腿套腿,成为一体。套时,先将鹌鹑肚里填充海参、香菇,并用针把破口别住,在开水锅中焯一下,套入鸽子内;接着用同样的方法套入鸡、鸭腹内,再配以作料,装盆加汤,上笼蒸5小时左右,从里到外,通体酥烂,色泽光亮,原汁原味,不肥不腻,醇香扑鼻。

(三)炒三不沾

炒三不沾也叫桂花蛋。以蛋黄为主料,配以桂花糖、优质粉芡、白糖、上好大油等炒制而成。它以色、味、香、形俱全,不粘锅、盘、筷而得名。入口软香油润,甜而不腻。

(四)胡辣汤

关于胡辣汤,典籍中少有记载。可能在明清时期诞生,民国以后逐渐推广开来。正宗的胡辣汤中只用胡椒不用辣椒,胡辣汤的意思就是"胡乱辣",各种辣味加在一起的那种辣。胡辣汤"内容"很多,常见有面筋、海带丝、粉丝、千张丝、花生米、香菜、姜末、榨菜、胡椒粉等。根据节令和地域的不同,还会有牛肉、羊肉、黄豆、木耳、黄花菜、菠菜、萝卜条、葱花等。香、滑、绵、润，十分满足。作为一种民间小吃，胡辣汤有着广泛的群众基础。人们对家乡的记忆，往往不是家乡的大餐，而是民众日常小吃。所谓乡愁，有时候不过就是早餐时的一碗胡辣汤而已。

第四节　宗族与姓氏

历史上，河洛民众总是聚族而居，宗族在社会文化中的作用无以替代。姓氏是宗族的重要标志之一，河洛地区是姓氏文化和众多姓氏的起源地。

一、古代宗族制度源流

族是假借字，原指盛箭矢的袋子，许多支矢装在一起叫族，后来写作簇。从字义上讲，族有凑、聚之意，同姓子孙，生相亲爱，死相哀痛，时常聚会，所以叫族。宗族是指同一个男性祖先的子孙，虽已分居，结成若干个体家庭，但依然世代聚居，按照相关规范，以血缘关系为纽带结合成一种特殊的社会组织形式。

宗族的起源与原始社会的氏族密切相关。中华文明的起源并非建立在氏族解体的基础上。夏王朝即建立在原部落联盟的基础上，确立了夏后氏部落的核心领导地位，以及夏后氏部落首领的世袭。据记载，夏部落联盟由12个部落构成：夏后氏、有扈氏、有男氏、鄩氏、彤城氏、褒氏、费氏、杞氏、缯氏、辛氏、冥氏、斟戈氏。

殷商国家依然以氏族为基础，见于文献有条氏、徐氏、萧氏、索氏、来氏、宋氏等。其中以子姓影响最大。商王十分重视发展王族和多子族。多子族是没有继承王位的王子及其后裔。王畿地区的异姓在卜辞中称为“多生（姓）”。晚商时期，氏族已不断壮大而形成分支。商末和周初的不少青铜器上铭刻有象形性质很强的族徽。殷墟墓葬中也可看出大、中型墓葬都是聚族而葬的。商代社会的基本组织形式是氏族，从商王到各级贵族，甚至普通民众都生活在不同等级的氏族中，很少有人游离于氏族之外。商代社会生产也以氏族为单位。很多军国大事都需要通过氏族来完成。商代氏族既是社会成员的血缘组织，又是商王朝基本的社会基层组织、军事组织和贡赋征收单位。

西周建立后，周公建立的宗法分封制使传统氏族制度组织更加严密。周人的分封，实际就是武装殖民，每个武装殖民集团就是一个宗族。如周公长子伯禽被分封到曲阜建立鲁国，它就是一个周人的武装殖民集团，也是鲁公伯禽后裔建立的宗族。很长时间，各诸侯国国人和野人的划分都很清晰。国人即周人，他们在宗族上属于周天子的分支，野人即原住民。国人和野人有着不同的宗族组织，承担着不同的责任和义务。

周天子所在的宗族是天下姬姓的大宗。各诸侯国内，国君所在的宗族也是其诸侯国内姬姓的大宗。如卫国国君的宗族相对于周天子的宗族，是小宗。但在卫国国内，国君的宗族被称为大宗。国君去世后，国君之位由其嫡长子继承，庶子受封为卿大夫，也都建立起自己的小宗族。即便是最低的士阶层，依然有自己的宗族组织，与天子、国君保持了以血缘为纽带的宗法关系。

春秋时期周天子威权不再，各诸侯国间相互兼并，大量诸侯国被灭。春秋后期，晋国指责郑国讨伐陈国，郑国大夫子产答道："昔天子之地一圻，列国一同。自是以衰，今大国多数圻矣，若无侵小，何以至焉？"①诸侯国被灭后，其原有宗族组织也都不复存在。战国时代各国变法都朝着中央集权的方向发展，宗法势力与中央集权并不相容，宗法贵族成为各国变法打击的目标而逐渐退出历史舞台。

秦灭六国后，建立起全国范围的中央集权专制制度。汉承秦制，西汉政府为加强中央集权不断打击各地宗族势力。刘邦称帝不久，刘敬就向刘邦建议将各地豪强迁往长安："今陛下虽都关中，实少人，北近胡寇，东有六国之族宗强，一日有变，陛下亦未得高枕而卧也。臣愿陛下徙齐诸田、楚昭、屈、景、燕、赵、韩、魏后，及豪桀名家，居关中，无事可以备胡，诸侯有变亦足率以东伐。此强本弱末之术也。"②刘邦派刘敬迁各地宗族 10 多万人到长安。汉武帝时，迁豪政策进一步强化，凡曾任两千石以上高官者，家产达到

① 阮元校刻：《十三经注疏》，《左传・襄公二十五年》，中华书局 1980 年版，第 1985 页。

② 司马迁：《史记》卷九十九《刘敬叔孙通列传》，中华书局 1982 年版，第 2720 页。

一定标准者，都要被迁移。

西汉中后期，地方宗族势力逐渐有所发展，对中央集权构成威胁。王莽改制，地方豪强始终是打击的重点。王莽末年，天下大乱，各地豪强纷纷起兵，光武帝刘秀在河北豪强的支持下登上帝位。光武帝虽也试图对地方豪强有所限制，最终却未能如愿。光武帝的很多功臣，往往传家百余年，几乎与东汉相始终，如窦氏、梁氏、邓氏等。而且，由于东汉选官制度逐渐由累世经学发展出累世公卿，如著名的《尚书》学者杨震之后，弘农杨氏四世三公。著名《周易》学者袁安之后，汝南袁氏四世五公。其他，颍川荀氏、颍川陈氏等，也都是颇有影响的名门望族。

东汉末年战乱中，宗族势力成为一支重要的政治势力。曹魏九品中正制更巩固了宗族势力的政治利益，逐渐出现"上品无寒门，下品无势族"①。晋室南渡后，在江南形成门阀政治。北方民众也往往以宗族形式聚集在一起，建立"坞壁"以自保，少则数十户，多则数千户。"逮至十六国、北朝时期，中原地区的宗豪为了自保，多数聚族而居，聚坞而守。"②北魏对中原进行军事征服的同时，也在政治上不断拉拢，清河崔氏、渤海高氏、荥阳郑氏等都成为统治阶层的一员。宗主督护是北魏对汉族豪强地主的羁縻政策，给予宗主对所统民户的督护权。

隋唐统一后，中央集权再次强化，门阀政治一去不复返，"旧时王谢堂前燕，飞入寻常百姓家"。唐朝建立后，为打击旧贵族、扶植庶族，唐太宗下令重编《氏族志》。书成后，山东崔民干列为第一等，唐太宗大怒："不须论数世以前，止取今日官爵高下作等级。"③安史之乱后，旧贵族几乎踪迹全无。

由唐到宋，社会出现重大变革，人身依附关系进一步减弱。北宋加强中央集权的同时，也对地方宗族势力加以利用和扶持。政府极力表彰通财共居、合爨共食的大家庭。同时鼓励已分离的小家庭聚族而居，建立起由族长、房长、家长主导的严密组织系统，协助基层政权完成统治任务。

明清两代，中央集权达到顶峰，为弥补中央集权对地方自主权的极大剥

---

① 房玄龄：《晋书》卷四十五《刘毅列传》，中华书局 1974 年版，第 1274 页。
② ［韩］具圣姬：《两汉魏晋南北朝的坞壁》，民族出版社 2004 年版，第 50 页。
③ 刘煦：《旧唐书》卷六十五《高士廉传》，中华书局 1975 年版，第 2444 页。

夺，中央政府又不得不依靠地方宗族势力。明清官制，本省人不能在本省任职。一县之中，仅县令等主要官员由中央任命。统治一个县，不可能仅靠几个外地人就能完成。中央政府也试图将政权向县以下延伸，但由于技术手段的限制，“皇权不下乡”始终不曾改变。赋税征收、维持治安、农业生产的组织协调等，都离不开地方宗族势力。

近代以来，传统社会发生巨变，社会重心由乡村向城市转移，人口主体进入城市，乡村宗族组织迅猛衰落，政权逐渐向乡村渗透，宗族也必将退出历史舞台。

二、传统河洛乡村宗族的社会职能

在传统河洛乡村，宗族发挥着极其重要的社会职能，主要有以下几个方面：

一是族产。族产是宗族组织的重要物质基础。皇祐元年（1049 年），范仲淹“于其里中买负郭常稔之田千亩，号曰义田，以养济群族。族之人，日有食，岁有衣，嫁娶凶葬皆有赡”[①]。义田收入主要用于宗族救济，士大夫争相仿效。政府对社会救济并不热心，社会救济职能往往由宗族代行。

二是家法族规。中国历史上很早就有家法，但具有宗族法规性质的家法族规在宋代以后才真正发展起来。宋代家法族规，调整的社会关系极其宽泛，几乎无所不包，尤其重要的是民事关系调整。

三是祭祖。祖先崇拜是宗法制度的重要思想基础。祭祖既是祖先崇拜的反映，也是加强祖先崇拜的手段，建立系统完善的祭祀祖先制度，是敬宗收族的重要内容。祭祖有墓祭和祠祭两种形式。祠堂真正兴起是在元代。

四是谱牒。谱牒的内容包括：家法族规，祠堂、族田、祖坟的坐落地点，族众的血缘关系表。续上家谱，如同找到了精神归宿。

五是宗祧继承。宗族世系传承除血缘关系的传承外，还有身份地位的传承。通过宗祧继承，维持宗族内的正常秩序，不断延续宗族香火，使列祖列宗常享祭祀。

---

① 陶宗仪：《说郛》卷七十三下，《说郛三种》，上海古籍出版社 2012 年版，第 3408 页。

六是族塾义学。宋代科举向全社会敞开,各宗族为培植本族势力,竞相创立族塾义学。同时,族产的普及也为普通宗族创办族塾义学提供了物质基础。后世科举制度中,政府并不负责教育没有成为官办学校生员之前的童生,童生教育往往要由宗族承担,私塾是中国传统知识分子接受教育的主要渠道。

七是乡村水利建设。男耕女织的小农经济是传统河洛乡村生产的常态。但个体小农经济本身力量的脆弱,不足以使他们有能力进行农田水利建设。农田水利建设,往往是地方政府在宗族的配合和支持下开展起来的。

八是乡村公共设施建设。农田水利设施及乡村道路、桥梁等社会公共设施的建设,无一例外都需要宗族组织的参与。政府对此少有过问。

九是婚丧嫁娶的组织。乡村社会婚丧嫁娶,往往由宗族负责组织,事主只负责经济支出。宗族组织,也需要对宗族成员的婚丧嫁娶承担部分经济支出。

在河洛传统社会,一个人从呱呱坠地,到寿终正寝,几乎都离不开宗族。宗族中,族长统揽全族事务,其产生有三种方式:一是前代族长和宗族元老指定;二是由辈分最长、年龄最长者自然升为族长;三是公众推举。族之下分房,设房长,统揽某一房的事务。除族长、房长之外,宗族中还有许多专司某一事务的专职人员。宗族行政管理的日益严密和完善,是宗族组织强化和发展的有力保障。

三、姓与氏

《说文解字》中说:“姓,人所生也。”①姓的起源非常古老,可以追溯到遥远的母系氏族社会。一些古老的姓都带有“女”字偏旁,如:姬、姜、姚、姒、妫。母系氏族社会里人们随母姓,到父系氏族社会人们改随父姓。

西周建立后,周公等人建立起宗法制,从此开始有了比较完备的姓、氏制度。如周公姓姬名旦,但人们并不称其为姬旦,贵族男子只把氏冠在名之前。

---

① 许慎:《说文解字》,中华书局1963年版,第258页。

宗法制度在父权家长制的基础上不断扩大发展而来，构成了贵族间的等级阶梯，形成西周社会的基本政治制度。它确定了贵族的分封和世袭，解决了继承权的争端。宗法制下周王既是普天下最高的统治者，又是全体姬姓的大宗，代表社稷，主持宗庙，掌握最高的政权和族权。天子的宗庙被称为太庙，祭祀历代先王。周天子由嫡长子继承，世代保持大宗地位，庶子封为诸侯或采邑，称别子。他们又在各自封地内建立宗庙和政权机构，分成若干新的别宗，他们又各有自己的氏号以相区分。受封的别子成为这些别宗的始祖，其封地和爵位由嫡长子继承，成为别宗的宗子。诸侯国内又封庶子以采邑，建立卿大夫之家。卿大夫在其采邑内建立宗庙，统率其家族。这些卿大夫之家，又有各自的名号以相区分。卿大夫以下分出若干父权家长制家庭，其家长为士。这种层层宗法关系使政权与族权合一，各级贵族有不同的政治地位和经济特权。士以下的平民没有姓氏，他们只有名。

就这样，从姓分化出众多的氏。如从姬姓分化出吴、鲁、季、孟等氏。姓产生在前，氏形成于后。姓是氏的本源，氏是姓的支派。姓的作用在于区别婚姻，“同姓不婚”。氏的作用在于区别高低贵贱。姓一旦产生，便世代相继，不再改变，而氏则可随着封邑、官职等客观条件的变化而改变，以至出现同一个人有几个不同的氏或父子两代不同氏的现象。如：春秋时期晋国大夫逝敖采邑于荀，其宗族称荀氏。其子荀林父因任中行将而称中行氏，其幼子荀首采邑在知称知氏。

进入战国，宗法制度彻底崩溃。人们也就不再区分姓和氏，姓氏逐渐混为一谈。人们直接把氏作为自己的姓，至于那个遥远的姓，一般不再提起。宗法制度解体后，所有的人都成为政府控制下的编户齐民。平民也开始有自己的姓。姓氏普及后，不再与等级有关，而仅成为家族的标志。秦汉以来，姓氏合而为一，通称混用。司马迁《史记》中姓与氏等同相通，毫无分别。宋人宋樵说：“秦灭六国，子孙皆为民庶，或以国为氏，或以姓为氏，或以氏为氏，姓氏之失自此始。”①

① 郑樵撰，王树民点校：《通志二十略》，《氏族略第一》，中华书局 1995 年版，第 9 页。

四、姓氏源流

宗法制崩解后，已不再计较姓氏之分，日常生活中人们直接把氏作为姓。在春秋以前，“百姓”指各级贵族，而秦汉以后的平民时代，百姓指的是庶民。当代人们所称的姓[①]，其产生方式，东汉《白虎通义》归纳出9种情况，郑樵《氏族略》归纳为31种情况，以下综合两种说法，略作简介。

(1)以国名为姓。齐、鲁、秦、吴、宋等，大都是各国公族或平民为纪念其国而以国名为姓。吴国灭亡后，吴国公子季札之后以吴为姓。

(2)以官称为姓。有人以其先祖的官职为姓，如司马、司徒、司寇、司空。庚是露天粮仓，廪是有房顶的粮仓，粮官的后裔便以庚、廪为姓。

(3)以爵位为姓。如：王、公、侯、伯等。

(4)以先人的名或字为姓。如：伯、仲、叔、季、孔。早在姓氏合一之前，就已出现“王父字为氏”的习俗。孔子的祖先宋国公族公子嘉，字孔父，其后人就以“孔”为自己宗族的氏，姓氏合一后，以孔为姓。

(5)以封号为姓。赵奢封号马服君，其后人以马为姓。

(6)以祖先谥号为姓。如宋戴公之后，以戴为姓。秦穆公之后，以穆为姓。

(7)以地名为姓。以地名为姓大致可分为两种类型：一种是以封邑的地名为姓，如楚国贵族贲皇奔晋，食采于苗，因以为氏。一种是以居处地为姓，大都是平民。如南宫、池、井、东郭、柳下、西门等。

(8)以从事的职业为姓。如巫、陶、卜、商、乐、屠等。

(9)以祖先的图腾为姓。如：云、龙、牛、马、羊、熊、鱼、杨、梅等。

(10)以五行为姓。如金、木、水、火、土。

(11)以天干、地支为姓。甲、乙、丙、丁、子、丑、寅、卯等。

(12)以春、夏、秋、冬、日、月、星、辰为姓。

中原地区是中国姓氏最重要的起源地。据2007年公安部统计，人口数量位居前十的姓氏为：王、张、李、刘、陈、杨、黄、赵、吴、周。其中王、李、刘、

---

① 以下在叙述过程中，姓氏将不再区分。

周起源于河洛地区。王姓是东周灵王太子晋的后裔,起源于洛阳。《通志》记载:“若太原、琅邪王之王,则曰周灵王太子晋,以直谏废为庶人,其子宗恭为司徒,时人号曰王家。”[①]李姓起源于皋陶,皋陶之后利贞逃亡至“伊侯之墟”,据传他们在逃亡中以李子为食,后遂以李为姓。刘姓起源于刘康公。春秋中期周定王将刘邑(今河南偃师)封给其弟季子做领地。季子即刘康公,他是姬姓刘氏的肇姓始祖。周姓起源于洛阳:“赧王为秦所灭,黜为庶人,百姓号曰周家,因为氏焉。”[②]张、陈、黄也都起源于河南。张姓起源于濮阳。《新唐书》记载:“黄帝子少昊青阳氏第五子挥为弓正,始制弓矢,子孙赐姓张氏。”[③]关于陈姓,《史记》记载,周武王灭商以后把舜的后人妫满分封于河南淮阳,其后裔即以陈为氏。黄姓起源于潢川,《通志》记载:“黄,嬴姓,陆终之后,受封于黄,今光州定城西十二里有黄国故城在,楚与国也。僖十二年,为楚所灭,子孙以国为氏。”[④]

其他姓氏虽非直接起源于河洛,也可间接溯源到河洛。如吴姓起源于江苏吴县,但由泰伯可以上溯到黄帝,同样可溯源至河洛。

在河洛各地建立有众多宗亲组织,开展了丰富的联谊活动,社会效益显著。在荥阳就有郑氏宗亲总会捐资成立的郑氏祖地荥阳基金会和振兴祖籍顾问团。前往河洛地区根亲的活动也越来越多。如 2003 年在郑州举办了第 18 届世界客属恳亲大会,2024 年第 34 届世界客属恳亲大会将在洛阳举办。

第五节　河洛武术文化

中华民族自古就有尚武之风,河洛地区是武术高度发达的区域,武术也是河洛文化的一个重要组成部分。

---

① 郑樵撰,王树民点校:《通志二十略》,《氏族略第四》,中华书局 1995 年版,第 157 页。
② 郑樵撰,王树民点校:《通志二十略》,《氏族略第二》,中华书局 1995 年版,第 64 页。
③ 欧阳修:《新唐书》卷七十二下《宰相世系表二下》,中华书局 1975 年版,第 2675 页。
④ 郑樵撰,王树民点校:《通志二十略》,《氏族略第二》,中华书局 1995 年版,第 40 页。

一、天下功夫出少林

少林寺不仅是禅宗祖庭，在佛教界地位极高，而且少林寺很早就以少林功夫闻名天下。佛教传入中国后很快与中华传统民间武术结缘。少林武术就是在这一历史背景下诞生的。少林武术作为中华传统武术的重要组成部分，结合了很多佛教元素，从而使少林武术形成了独具特色的综合性武术体系。

北魏太和十八年(494 年)，北魏孝文帝迁都洛阳后，孝文帝为其所敬重的跋陀禅师(又称佛陀禅师)修建了少林寺。此后，少林寺成为河洛佛学重镇。不断有高僧大德来到少林，据说其中就有菩提达摩。民间传说中，菩提达摩不仅是禅宗的开创者，而且也是少林武术的创始人。但其间多有附会，经不起历史学的推敲。据考证，少林武术应与跋陀的弟子惠光、僧稠等人有关。据说惠光 12 岁时拜在跋陀门下，当时惠光就已能够连续踢 500 个毽子。《太平广记》记载，"稠禅师初落发为沙弥时，辈甚众，每休暇常角力、腾趠为戏，而禅师以弱见凌"，后来遂发愤练武强身，竟然能够"入殿中，横蹋壁行，自西至东，凡数百步。又跃首至于梁，数四。乃引重，千钧。其拳捷骁，武动骇物听"①。他后来也成为少林住持。

少林寺地处嵩山深处，人烟稀少，猛兽出没。为了生存，僧人必须有强健的体魄，习武健身成为僧人必不可少的活动。同时长时间坐禅易致肢体麻木，需要不时起来活动肢体，久而久之开创了一些固定套路。少林寺建成后不久，北魏就陷入动荡，洛阳及其周围成为战祸重灾区，为保护寺庙，僧人也要练武自保。

隋末天下大乱，王世充在洛阳称帝，国号为郑。隋文帝曾将少林西北约 25 公里柏谷屯(今属偃师)一带 100 顷田地赏给少林寺。王世充称帝后，在柏谷屯设置辗州，并派侄子王仁则驻守。少林寺的田地被王仁则霸占，僧众度日维艰。唐朝建立不久，武德四年(621 年)李渊派次子秦王李世民率军征讨王世充。王仁则驻守的辗州城是战略要地，易守难攻，与洛阳相呼应，唐军久

---

① 李昉等:《太平广记》卷九十一，中华书局 1961 年版，第 601 页。

攻不下。本身少林寺的利益受损，少林寺寺主志操等审时度势，与僧众商议，夺取轘州城，投奔唐朝。于是，一群僧人潜入城内，联络守城军官赵孝宰共同起事；另一群僧人埋伏在城外，伺机而动。最后少林武僧僧昙宗等人俘获王仁则，赵孝宰等打开城门，唐军与其他少林僧人一拥而入，夺取轘州城。

战后，李世民不仅派人送来了嘉奖令，说“法师等并能深悟机变，早识妙因，克建嘉猷，同归福地，擒彼凶孽，廓兹净土，奉顺输忠，之效方著，阙庭证果，循真之道，更宏象观……故遣上柱国德广郡开国公安远往彼，指宣所怀。可令一二首领立功者，来此相见”[①]，还赐给少林寺田地四十顷，水碾一具。此战使少林武僧名扬天下。后人有诗赞云：“传闻寺僧曾从戎，昔年协擒王世充。太宗因之嘉丕绩，御书宸翰出九重。”[②]

虽说“十三棍僧救唐王”或许是传说，而且少林僧众协助唐军擒拿王仁则之事也颇多疑点，但少林武僧习武之风得到世人认可却是无疑的。而且随着大乘佛教“禁人为恶”主张的流行，僧人习武也有了理论支撑，“我佛扬善亦惩恶”。

真正少林武术体系的形成则是在明朝。明代，少林武术不仅形成体系，而且少林僧众在抗倭战争中建立不朽功勋，使少林武术名扬天下。嘉靖年间抗倭名将俞大猷听说少林寺有神传棍法而拜访少林寺，但发现少林棍法失传已久。他从少林寺僧中收了两名年少有勇的僧人宗擎和普从，随自己南下并教授棍术。三年后两人学成归去。普从早卒，宗擎回寺传授棍术，深得其术者近百人。《云间杂志》记载，嘉靖年间少林寺僧月空曾率百余名徒众，在松江用铁棒击退倭寇：“按院蔡公可泉，招僧并百余人，其首号月空，次号自然，傍贼结营。一贼舞双刀而来，月空坐不动，将至，身忽跃起，从贼顶过，以铁棍击碎贼首，于是诸贼气沮。”[③]出于实战的少林武术实用价值极高。因拳术在实战中应用价值不高，少林拳术起初并不受重视，当时只作为初学入门的基本功。

后来著名武术大师程宗猷曾于少林习武 10 余年，并于万历四十四年

---

① 无谷、刘志学编：《少林寺资料集》，书目文献出版社 1982 年版，第 424 页。
② 无谷、刘志学编：《少林寺资料集》，书目文献出版社 1982 年版，第 416 页。
③ 无谷、刘志学编：《少林寺资料集》，书目文献出版社 1982 年版，第 416 页。

(1616 年)写成《少林棍法阐宗》。该书对少林棍术的起源、内容及理论都有详尽的记述,是研究少林棍法的珍贵史料。少林武术在明代开始大规模传播,到清代少林武术成为社会上流传最广的武术流派。康熙时褚人获《坚瓠集》中提到“今人谈武艺,辄曰:‘从少林寺出来’”。充分反映了清代少林武术的社会影响及传播规模。

雍正时清廷明令禁止民间习武,少林武僧习武活动由公开变为隐蔽,由室外转入室内,作为武僧演武场的千佛殿地砖都被踩出 48 个练功脚坑。清代官员完颜麟庆在《鸿雪因缘图记》中记载,道光年间麟庆过访少林时曾要求少林僧人演武,但少林寺僧谎说不会武术。麟庆说:“少林拳勇,自昔有闻……只在谨守清规,保护名山,不必打诳语。”寺主笑着答应,选出强壮和尚在殿前演武,麟庆看后赞不绝口。这个故事也被绘于少林寺内的壁画上。

清代少林武术逐渐形成一个完整体系。清代少林寺仍盛行拳法和棍法。仅拳术,就有大洪拳、小洪拳、少林虎战拳、少林十字拳、少林罗汉拳等几十种。

民国年间社会动荡,少林寺不可避免地受到冲击。1928 年军阀混战殃及少林寺。军阀石友三、苏明启火烧少林寺,大雄宝殿、藏经楼等重要建筑和典藏都毁于一炬。僧人流散,寺院衰落,少林武术也处于风雨飘摇之中。民国年间少林弟子中出了两位将军:河南新县人许世友 8 岁后到少林寺当杂役并学习武术,16 岁出寺;河南光山人钱钧 13 岁入少林寺学习武术,18 岁出寺。

中华人民共和国成立初期,少林寺凋敝依旧。20 世纪 80 年代初,电影《少林寺》将少林武术精彩地呈现在世人面前,对少林武术的复兴起到极大推动作用。香港导演张鑫炎为打造一部经典影片,决定剧中所有武戏演员都从武术运动员中挑选。恰逢北京国际武术邀请赛,张鑫炎选中了李连杰、孙剑魁等十几位武术运动员。由于是真情、真景、真功夫,1982 年上演的《少林寺》创下超高票房,0.1 元的票价竟然创造了 1 亿元的票房。该片带来少林习武热的同时,一度凋敝的少林寺也枯木逢春,逐步修复成为著名景区。

当代少林武术在传播过程中,由于师承不同、文化传统不同等多种原因,形成诸多门类。按区域不同,有峨眉少林、福建少林、广东少林、河南少林等;按宗教门派,有韦陀门、达摩门、金刚门等;另外还有梅花拳、炮拳、龙拳、虎拳;等等。

少林武术刚劲有力、朴实无华、攻防严密、变化多端、立足实战。“拳打一条线”是少林武术显著的特点,即起、落、进、退、收、纵都要在一条线上运动。少林武术还主张“拳打卧牛之地”,强调贴身肉搏。少林武术实用性强,招式灵活多变。人们形容少林拳术为“秀如猫、抖如虎、行如龙、动如闪、声如雷”。少林武术以套路形式为主,基本动作包括手形、手法、步形、步法、腿法及蹿、蹦、跃、跌等,结合身法、眼法密切糅合到整个套路中。少林武术也包含一套完整的练功方法,即所谓“少林七十二艺”。

少林武术强调禅武合一,实现禅法与武术的完美结合。少林武术包含了由内而外的修炼过程。妙兴大师把少林武术总结为“出于心灵,发于性能,似刚非刚,似实而虚”①。据说觉远上人曾立戒约十条约束僧徒,强调少林武术的武德修养。② 少林寺其他的一些规约,宗旨都在强调习武者的德行以及民族大义。

作为中华优秀传统文化,少林武术不仅在国内广为流传,而且也在国外发扬光大。少林武术在国外的传播首推日本。据记载,明末清初的陈元赟最早将少林武术传到日本。万历四十一年(1613 年),陈元赟入少林寺习武,翌年下山回乡。万历四十七年(1619 年),陈元赟随日本商舶来到日本长崎,却因患病而滞留日本并将少林武术传到日本。“柔术”是拳术的一种,《少林拳术秘诀》记载“柔术之派别习尚甚繁”③,“柔术一端,学之不难,求精为难”④。陈元赟去日本之前,日本尚无“柔术”一词。“柔术”在日本产生后广为流传,著名“柔术”流派以中国柔术正宗相标榜。日本东京爱宕山残存的安永年间(1772—1780 年)《爱宕山拳法碑》中记载“拳法之有传也,自投化明人陈元赟而起”。

现代将少林武术在日本发扬光大的当属宗道臣。宗道臣自幼随其祖父

---

① 陆草:《中国武术与武林气质》,河南人民出版社 1990 年版,第 108 页。
② 无谷、刘志学编:《少林寺资料集》,书目文献出版社 1982 年版,第 252 页。
③ 无谷、刘志学编:《少林寺资料集》,书目文献出版社 1982 年版,第 199 页。
④ 无谷、刘志学编:《少林寺资料集》,书目文献出版社 1982 年版,第 205 页。

来到中国,1933 年拜入少林寺禅师北少林义和门拳名师文太宗门下潜心习武,深得文太宗喜爱。1936 年文太宗带宗道臣赴少林寺,举行传授衣钵的仪式。1946 年宗道臣回国后,在香川县开设少林寺拳法道场。教授少林武术的同时,宗道臣还提出"拳禅合一,力爱不二"的口号。中日邦交正常化后,宗道臣先后 5 次率团访华。廖承志曾赠以"少林豪杰横眉首领,中日友好前程似锦"条幅。1980 年 4 月宗道臣再次来到少林寺举行归山认宗仪式,同日在少林寺碑林立了"宗道臣归山"纪念碑。

如今在几十个国家和地区都有传授和学习少林武术的组织。海外少林弟子也纷纷立碑于祖庭少林寺。如新加坡少众山国术体育会于 1984 年在少林寺立"归山朝圣"碑;同年美国华林寺武术社也立了"归宗朝圣"碑。

二、走向世界的太极

如果说少林武术体现了佛教与武术的结缘,太极拳法则体现了道家、道教与武术的结合。当今太极拳已成为中国武术的象征,走出国门,走向世界,成为广受欢迎的武术运动项目。

(一)太极拳的源流和发展

太极拳的文化渊源虽很古老,但太极拳的直接创始人则是明末清初的陈王廷。

明洪武五年(1372 年),陈卜率族人迁居温县陈家沟。落户温县后,为保护家院和强身健体,陈卜在村中设立武学社,练武防身。对陈氏太极拳的形成作出巨大贡献的是第九代陈王廷和第十四代陈长兴。

第九代陈王廷以拳术闻名,号称"二关公"。明朝末年,陈王廷曾任怀庆府温县"乡兵守备"。明亡后陈王廷回乡,在其祖传拳术的基础上,汲取民间武术精华,对原有拳术进行重大改造,开创陈氏太极拳一百零八势、十三势和陈氏太极器械以及太极拳活步推手方法,终于形成风格突出、体系完整的陈氏太极拳。

第十四代陈长兴(1771—1853 年)对祖传一百零八势太极拳进行重新整理,化繁为简,经过提炼加工,将陈氏太极拳创造性发展为当代陈氏太极拳一路、二路(又名炮捶),后世称为陈氏太极拳老架。陈长兴对陈氏太极拳的改造为现代太极拳的发展和传播奠定了坚实的基础。陈长兴打破门第之规，将太极拳传授给杨露禅。杨露禅将难度较大的动作删去，发展形成杨式太极拳。20 世纪 40 年代又逐渐形成了吴氏、武氏、孙氏太极拳。

当代太极拳是广大群众喜闻乐见的一项体育活动。2000 年 4 月中国武术协会开始着手制订太极拳全球发展战略——太极拳健康工程，太极拳已经融入现代生活。2006 年太极拳被列入首批国家级非物质文化遗产名录。

（二）太极拳的特点

太极拳作为内家拳的典型代表，“是古代健身术和武术巧妙结合在一起的产物”[①]。太极拳强调身体内部的意会和内气的重要作用，用意气运动统领全身的运动，在练习时静心用意，呼吸自然，中正安舒，柔和缓慢，连贯协调。

太极拳在技击方面，以处处走弧线的动作，不断地画圈，大圈变小圈，小圈变大圈。这种看起来似乎没有什么攻击力的弧形运动中，运用掤、捋、挤、按、采、挒、肘、靠八种劲法，与脚法、身法相配合，以柔克刚，以静制动，避实击虚。八种劲法中，掤劲是八劲之本。其他七种劲法，不过是方法不同而另有别称。太极拳主张后发制人，强调“化劲”和“发劲”。借力用力，收到“四两拨千斤”的效果。太极阴阳的朴素辩证法，是太极拳的基本指导原则。太极拳中，自始至终都贯穿着“阴阳”和“虚实”。

太极拳不仅外形独特，而且在内功上也有特殊的要求。练拳时首先要用意不用拙力，太极拳在内就是意气运动，既要练意又要练气，这种意气运动的特点是太极拳的精华所在，并统领着太极拳的其他各种特点。练拳时，要“以心行气”，一举一动都要用意不用拙力，意先动而后形动，这样才能做到“意到形到”“气到劲到”。如王宗岳所说：“以心行气，务令沉着，乃能收敛入骨。以气运身，务令顺遂，乃能便利人心。”[②]

由于太极拳本身就是从健身术发展而来，所以太极拳健身效果十分显著。太极拳结合了中国古代传统养生术，并吸取古典唯物主义阴阳学说和中国传统医学经络学说。同时太极拳还吸收了现代医学的精髓。太极拳尤

---

① 任海：《中国古代的武术》，商务印书馆 1996 年版，第 88 页。

② 陆草：《中国武术与武林气质》，河南人民出版社 1990 年版，第 82 页。

其对中老年人,或慢性病患者,有明显的健身功效。

(三)走向世界的太极

太极拳在世界上发展得非常迅猛,因其健身功能受到越来越多人的喜爱。1988 年在北京就曾举办过第一届中日太极拳交流大会,1990 年北京亚运会开幕式上中日两国太极拳爱好者表演了大型太极拳团体操。此后,有关太极拳方面的交流活动也越来越多。2001 年,在三亚举办了第一届世界太极拳健康大会,20 多个国家和地区选手参加,引起强烈反响。至 2006 年,全美共有 230 万人练习太极拳,在日本太极拳更为普及。

太极拳在日本的普及以 1956 年黄耐之在日本表演杨式太极拳为开端。1959 年中国武术家李天骥奉周恩来之命,教授来华访问的日本政治家松村谦三等学习太极拳。尤其是古井喜实,为促进中日友好,自 1962 年起多次访问北京,在京期间珍惜一切机会向李天骥学习太极拳。1966 年古井喜实发起成立了日本太极拳协会并任理事长。从 20 世纪 50 年代末到 80 年代前期,日本太极拳练习团体还是自由、分散的。为给这些团体创造相互交流的机会,一些太极拳爱好者经过多方努力,1984 年在大阪举行了“第一届全日本太极拳·中国武术大会”。比赛期间日本方面邀请中国武术界的专家做大会裁判,并在闭幕式上进行特别表演,使日本太极拳爱好者大开眼界。20 世纪 80 年代后半期,日本各地邀请中国武术专家来日讲学达到高峰。

当代太极拳在日本已发展成多元化格局:一是传统型,以追求中国武术的原汁原味为宗旨。二是健身型,以追求健康为目的。旅日华人杨名时组织的“日本健康太极拳协会”有 50 万会员。三是段位资格竞赛型,以参加竞赛,获得段位资格为主要目的。原日本太极拳协会后改为日本太极拳交流协会,由日本原首相羽田孜担任会长。太极拳在日本如雨后春笋般地迅速普及开来。

西方国家中美国的太极拳运动最为普及。美国政府以及一些科研部门、大专院校,都开始重视太极拳的科研工作。美国一些体操运动专家,将太极拳与各种体操进行比较研究,他们证明了以下观点:第一,太极拳的典型姿势与运动,可以发展腿部力量,特别是使膝盖部分得到锻炼;第二,太极拳行云流水般的柔性运动方式,可使髋、肩、肘、踝等关节的柔韧性得到很大提高;第三,重心不断变化,又要求步型尽可能放低,可使平衡能力大大加强;第四,太极拳注重意识锻炼,体现东方传统文化的神韵,有健脑作用。在美国还有《太极》杂志。

第六章　河洛文化的传播与扩散

诞生于河洛地区的河洛文化，在漫长的历史时期，通过多种渠道不断扩散到华夏各地。河洛文化也成为联结中华文明各文化单元的重要纽带。

第一节 河洛先民的外迁与河洛文化的扩散

历史上,河洛地区是重要的移民迁出地,伴随河洛先民迁徙的脚步,河洛文化也实现了在更大范围内的传播。

一、河洛先民的外迁

早在先秦河洛先民就已开始向外迁徙,此后河洛先民的外迁从来不曾中断。河洛先民规模不等的外迁以南迁为主。历史上,河洛地区不仅人少地多,而且作为兵家必争之地屡遭兵燹。相反,南方地区开发较晚,地广人稀,而且由于交通不便,战乱中往往成为世外桃源。历史上河洛先民的大规模南迁主要有如下几次:

(一)秦代迁徙

秦始皇灭六国后以屠睢为主将、赵佗为副将,率领大军平定岭南。屠睢因滥杀无辜而为土著所杀,秦始皇重新任命任嚣为主将。任嚣和赵佗经过4年努力,于秦始皇三十三年(前214年)平定岭南。秦朝在岭南设桂林(郡治在今广西桂平)、象郡(郡治在今广西崇左)、南海(郡治在今广州)。文献记载征服岭南后,秦朝又发动了大规模移民,其中不少来自河洛地区。

(二)汉代迁徙

汉武帝元狩四年(前119年),曾组织大规模的移民迁往陇西、北地、西河、上郡、会稽,其中河洛民众是移民的重要来源。王莽末年,河洛地区不仅是战乱重灾区,而且瘟疫流行,导致大量民众外迁。王充的祖先就在王莽末年迁到会稽郡。东汉末年,洛阳遭董卓之乱,部分河洛民众先转往彭城(今江苏徐州)一带,最终迁往江南。如开封濮氏、孔氏,洛阳赵氏等分别移居江南。

(三)晋代迁徙

西晋末年发生永嘉之乱,晋室南迁。东晋建立后,曾多次组织北伐,河洛地区是南北争夺的重点地区。战乱导致人民大规模南迁。这次大规模南迁包括从皇室到平民的各个阶层,南下移民也广泛分布于江南各地。《福建通志》记载:“衣冠始入闽者八族,所谓林、黄、陈、郑、詹、丘、何、胡是也。”[①]

(四)唐、五代迁徙

唐初至五代,河洛先民又多次南迁,其中最主要的有3次:

一是隋末唐初。

隋末唐初,天下战乱连绵,河洛一带为唐、郑、夏3个军事集团的主战场,人民被迫流散迁徙。隋朝鼎盛时,全国有800万户,而唐初只剩二三百万户。

明代方志记载,唐高宗总章二年(669年),朝廷派河南固始人陈政任岭南行军总管,率兵镇压福建南部的土著叛乱,战事不顺,退守九龙山。朝廷又派陈政的哥哥陈敏、陈敷率领58姓军校组成援兵。仪凤二年(677年)四月陈政病卒,其子陈元光代父领兵,经过9年战争,局势平定后,于垂拱二年(686年)向朝廷建议设立漳州:“疏请建州治于泉、潮之间,以控岭表,设刺史主其事。”宰相裴炎、狄仁杰等以为非陈元光不可,于是朝廷任命陈元光为漳州刺史,使漳州一带“方数千里无桴鼓之警”[②],陈元光也被后世尊为“开漳圣王”。

二是“安史之乱”。

唐初经过休养生息,唐玄宗天宝年间全国户口又恢复到800万户左右。但“安史之乱”的爆发,使河洛人民遭受了空前浩劫。叛军、官军、援军(回纥)每次进入洛阳都要大肆掠夺,“洛阳四面数百里,人相食,州县为墟”[③],“汝、郑等州比屋荡尽,人悉以纸为衣”[④]。河洛地区户口大减,除死于战乱外,其他都被迫南迁。这次南迁的河洛先民有权、梁、元、宋等姓,分别移居江苏、浙江、福建、云南、湖北、湖南等省。

三是唐末、五代。

唐末各地起义军蜂起,王潮、王审知兄弟随军入闽。王潮兄弟苦心经营,逐渐拥有全闽,唐朝封王潮为威武军节度使。唐乾宁四年(897年)王潮去世,王审知继任威武军节度使,并任福建观察使,晋爵琅琊王。唐亡

---

① 郝玉麟监修:《福建通志》卷六十六,文渊阁四库全书本。

② 河南省地方史志编辑委员会、河南省档案馆编:《河南新志》,中州古籍出版社1990年版,第923页。

③ 刘煦:《旧唐书》卷二百上《安禄山、史思明列传》,中华书局1975年版,第5382页。

④ 刘煦:《旧唐书》卷二百上《回纥列传》,中华书局1975年版,第5204页。

后，梁太祖朱全忠加封王审知为闽王。王审知主政福建的20多年间，提倡节俭，减轻赋税，境内比较安定。他又收用唐朝流亡人士为辅佐，兴办学校，改变福建文化落后的局面。王审知还开辟海港，招徕商贾，奖励通商。本来经济文化落后的福建逐渐发展起来。尤其是泉州、福州海外贸易的展开，打开了海上门户，为后来宋朝海外交通的发展奠定了基础。与王氏兄弟一同入闽的有陈、张、李、吴、蔡、杨、郑、谢、郭、曾、周、廖、庄、苏、何、高、詹、沈、施、卢、孙、傅、马、董、薛、韩等27姓。明清之际著名民族英雄郑成功的先祖即跟随王潮入闽。众多河洛先民入闽，与当地人共同推动了福建的开发。

（五）北宋末年

"靖康之难"后宋室南迁，南迁人数之多超过以前各次。因南宋建都临安，所以此次南迁民众以寓居江浙者为多，此外，还有迁至上海、福建、湖北、湖南、江西、广东、广西等地的。

金元之际，尤其是金宣宗迁都开封以后，河洛地区再度成为战乱重灾区。元朝末年，红巾军也是首先起于中原。明朝末年，河洛地区也是官军和李自成决战的主战场。每次战祸，都会有河洛先民外迁。

部分南迁闽、粤的河洛民众，在明清时迁往台湾，有许多姓氏在当地发展成名门大族，还有人远徙海外。1953年台湾进行过一次户籍调查，户数在500户以上的100个姓氏中，有63姓族谱上记载先祖来自中原，这63姓共计67万多户，占台湾总户数的80.9%。

河洛先民多次南迁形成了客家人。客家人肇始于秦汉，形成于4世纪初至13世纪末，是自黄河流域南徙至赣、闽及粤东、粤北等地的移民，因其后来迁入被称为"客家"，以区别于土著居民，后相沿成俗，他们便自称"客家人"。客家人是汉民族的重要支系。客家话是汉语八大方言之一。目前，全世界约有1.2亿客家人，主要分布在广东、福建及港澳台地区。客家人还走向国外，在海外分布于30多个国家和地区，较集中的地区是东南亚一带。无论何处的客家人，其族谱都记载着他们根在河洛。在福建泉州和洛阳都有洛阳桥，洛阳桥见证了客家文化的形成与辉煌。直到今天，不少台湾人和海外华人都自称"河洛郎"。

二、河洛文化的传播与扩散

长期以来，河洛地区发挥了中华文明源地的功用，河洛文化也通过各种渠道向四周辐射繁衍。

（一）由移民而带来的迁移扩散

移民是文化传播扩散最重要的载体。每个移民，都是一颗文化的种子，都自觉不自觉地将原住地的文化带向移居地。在历史上，河洛地区是移民的重要迁出地。移民在迁播的过程中，也将河洛文化扩散到天下各地。中国移民史上，移民的产生可分为主动移民和被动移民。

其一，主动移民的文化扩散。

主动移民，是为寻找更适宜的生存环境而迁移的民众。费孝通说："因为人口在增加，一块土地上只要几代的繁殖，人口就到了饱和点；过剩的人口自得宣泄外出，负起锄头去另辟新地。"①中国历史上，政府往往鼓励因人口饱和而进行的迁移，如唐朝规定："居狭乡乐迁就宽乡者，去本居千里外，复三年；五百里外，复二年；三百里外，复一年。"②民国年间，旅平河南赈灾会曾多次组织中原移民去东北垦荒。③

历史上的大一统王朝，出于募民实边巩固边疆等政治考量，也会鼓励，甚至强制移民。如前所述，秦始皇在取得岭南后，秦将尉佗曾向秦始皇上书："求女无夫家者三万人，以为士卒衣补。秦皇帝可其万五千人。"④西汉前期，晁错也曾向汉文帝建议："令远方之卒守塞一岁而更，不知胡人之能。不如选常居者家室田作，且以备之。"⑤汉武帝时，随着帝国疆域的扩张，更是大规模向四方移民。后世历代统治者都将移民实边作为巩固边防的重要措施。

主动移民多为社会底层民众，伴随他们传播的多是与生产生活密切相

---

① 费孝通：《乡土中国·生育制度》，北京大学出版社 1998 年版，第 8 页。

② 杜佑撰，王文锦、王永兴、刘俊文、徐庭云、谢方点校：《通典》，中华书局 1988 年版，第 109 页。

③ 可参看叶宗宝博士论文《一九二九：同乡与赈灾——旅平河南赈灾会研究》，复旦大学 2007 年。

④ 司马迁：《史记》卷一百一十八《淮南衡山列传》，中华书局 1982 年版，第 3086 页。

⑤ 班固：《汉书》卷四十九《袁盎晁错传》，中华书局 1962 年版，第 2286 页。

关的文化。首先是农耕文化伴随河洛移民的脚步向四方扩张。史念海认为黄河本就叫“河”。西汉中期以后，“河”开始变“黄”。“这应该和当时森林遭到破坏和大量开垦土地有关”①。汉武帝取得河西走廊后，到西北的大规模移民所进行的农垦破坏了西北地区的原始植被，水土流失加剧，黄河开始变色。

河洛地区的衣食住行等生活文化也随着移民的迁播而向四方扩散。虽说衣食住行等生活文化容易因客观环境的变化而变化，河洛移民也会受到移入地文化的影响，但多数河洛移民都会自觉保持河洛地区的文化特色，否则将会受到人们的抨击。如西汉初年汉高祖派陆贾出使南越，南越王赵佗会见陆贾时故意“魋结、箕踞”，陆贾就批评道：“足下中国人，亲戚昆弟坟墓在真定，今足下反天性，弃冠带，欲以区区之越，与天子抗衡为敌国，祸且及身矣。”赵佗听后，也很惭愧，“于是佗乃蹶然起坐，谢贾曰：‘居蛮夷中久，殊失礼义’”②。

语言文字的迁播也主要依靠使用它的人。丝绸之路上众多考古发现，证明河洛移民把汉语和汉字传入西域。现代语言学家也已证实，客家方言中保留有很多上古音的孑遗。在各地的方言岛，大多与移民的迁播有关。甚至可以根据方言，勾勒出移民迁移的路线。

由于主动移民文化水平相对较低，因而思想文化、高雅艺术等，少有通过他们而得到传播。主动移民的文化传播，也往往是无意的、零散的。

其二，被动移民的文化扩散。

被动移民，是由天灾人祸而导致的移民。如前所述，历史时期河洛地区屡遭兵燹，大量移民被迫迁播四方。这里仅以两汉之际为例，说明历代移民的规模。

---

① 史念海：《河山集》（三集），人民出版社1988年版，第151页。

② 班固：《汉书》卷四十三《郦陆朱刘叔孙传》，中华书局1962年版，第2112页。

两汉时期长江中下游地区人口对照表

郡国名	西汉人口	东汉人口
江夏郡	219218 人	265464 人
南郡	718540 人	747604 人
庐江郡	457333 人	424683 人
九江郡	780525 人	432426 人
会稽郡	1032604 人	1181278 人
丹阳郡	405171 人	630545 人
豫章郡	351965 人	1668906 人
桂阳郡	156488 人	501403 人
武陵郡	185758 人	250913 人
零陵郡	139378 人	1001578 人
合计	4446980 人	7104800 人

表格说明：会稽郡东汉分为会稽郡和吴郡，表中东汉会稽郡人口系两郡总和。

西汉时期，江南地区尚处于待开发状态，瓯江流域、闽江流域仅在入海口有一个县。东汉以后，江南地区行政区划设置明显增加，人口也明显增加，尤其是豫章郡、桂阳郡、零陵郡人口增加最为显著。后世，每逢战乱都会有大量河洛移民移居江南，或者岭南。如永嘉之乱后，东晋政府为安置移民，设置了许多侨置州郡。靖康之乱后，宋室南迁，《宋史·食货志》载："高宗南渡，民之从者如归市。"①13 世纪初，河洛地区也是灭金主战场，历史上河南人口最少的时期出现在元朝初年。史书也有"中原士大夫避难者多在岭南"的记载。②

被动移民包括了很多社会精英，动乱中上流人物也被迫踏上逃亡之路。迁移过程中，人们为了生存，往往依托上层人物，以之为核心而结成一个个团体。他们的到来，显著改变了当地的文化结构。如东汉末年刘表治下的

① 脱脱：《宋史》卷一百七十八，中华书局 1963 年版，第 4340 页。

② 李心传：《建炎以来系年要录》卷六十三，中华书局 1956 年版，第 1084 页。

荆州相对安宁，荆州地区成为重要的避难地，“关西、兖、豫学士归者盖有千数表安慰赈赡皆得资全”①。荆州地区逐渐形成荆州文人集团，荆州文人集团在经学、文学等许多领域都颇有建树。诸葛亮就随其叔父逃亡荆州，他在荆州交往的士人，不少来自河洛地区。被动移民中的精英阶层有较强的文化自觉，往往能自觉承担起文化传承的责任，他们对河洛文化的扩散起到了重要作用。夏增民在引用谭其骧关于永嘉移民的分布之后说：“由此可以看出，建康吴会地区移入的北方移民最多，迁入江陵长沙地区、浔阳豫章地区的被动移民人数亦不在少。北方移民数量规模较大的地区，与前述文化发达区域，是相吻合的，这也从另一个方面论证了该地区文化发达的成因以及儒家文化中心形成的必然。”②

伴随着文化精英的被动移民，处于文化结构核心层的思想文化、文学艺术也逐渐从河洛扩散到各地。如随着晋室南迁，在洛阳盛极一时的玄学也随之渡江。东晋之初士人领袖王导就曾亲自召集过彻夜玄谈：“殷中郡为庾公长史下都，王丞相为之集，桓公、王长史、王蓝田、谢镇西并在，丞相自起解帐带麈尾，语殷曰：‘身今日当与君共谈析理。’既共清言，遂达三更。丞相与殷共相往反，其余诸贤略无所关。既彼我相尽，丞相乃叹曰：‘向来语，乃竟未知理源所归，至于辞喻不相负。正始之音，正当尔耳。’明旦，桓宣武语人曰：‘昨夜听殷、王清言甚佳，仁祖亦不寂寞，我亦时复造心，顾看两王掾，辄翣如生母狗馨。’”③

儒学的传播也得益于迁播的士人。仍以王导为例，在南渡之初王导就向晋元帝上书请求恢复学校制度：“故有虞舞干戚而化三苗，鲁僖作泮宫而服淮夷，桓文之霸皆先教后战。今若聿遵前典，兴复道教，择朝之子弟并入于学，选明博修礼之士而为之师，化成俗定莫尚于斯。”④对于他这个建议，晋元帝“甚纳之”。因“靖康之难”而南下的河洛士人，推动了理学的发展重心从中原向江南、闽南的移动。如程颐的弟子洛阳人尹焞在绍兴初年南渡，充

---

① 范晔：《后汉书》卷七十四《袁绍刘表列传》，中华书局 1965 年版，第 2421 页。

② 夏增民：《儒学传播与汉晋南朝文化变迁》，华中科技大学出版社 2009 年版，第 231 页。

③ 刘义庆著，孙震塄校笺：《世说新语校笺》，中华书局 1984 年版，第 115 页。

④ 房玄龄：《晋书》卷六十五《王导列传》，中华书局 1974 年版，第 1748 页。

任经筵讲官，他向宋高宗上书极力要求为理学平反，为理学在南宋的传播作出重要贡献。邵雍之子邵伯温更是在宣和年间就预感中原将乱而迁居蜀地，使邵雍之学传到四川。

（二）通过人员往来为载体的文化传播与扩散

自秦灭六国后，统一成为中国历史发展的主流。虽然传统农耕社会的流动性较小，社会多为静态，但国家的统一，毕竟为人员的广泛流动提供了条件。频繁的人员流动，也促进了河洛文化的传播与扩散。

第一，各地民众到河洛地区的文化学习。

河洛地区的文化发展长期处于领先地位，河洛地区也成为各地民众向往的文化圣地，许多人主动前往河洛地区学习深造，并承担起将河洛文化向各地传播的使命。尤其和平年代，各地民众到河洛的主动求学，成为河洛文化传播扩散的主渠道，思想学术、文学艺术的传播扩散主要通过这一渠道传播。

东汉建立后，政府更加重视太学的建设，太学的规模不断扩大。太学成为各地学子求学的首选。清人赵翼说过："汉时，凡受学者皆赴京师。"[①]各地虽有学校，"然经义之专门名家，惟太学为盛，故士无不游太学者"[②]。太学生来自天下各地，太学生籍贯可考者总计 167 人。其中西汉 96 人，来自 37 个郡国；东汉 71 人，来自 30 个郡国。[③] 1931 年出土的西晋《大晋龙兴皇帝三临辟雍皇太子义再莅之德隆熙之颂碑》记载，西晋太学里甚至有来自西域的学生。这些太学生对于河洛文化的扩散发挥了重要的媒介作用。

太学生求学的初衷是求仕，但并非所有人都能如愿，多数还是回归乡里，以教书为业。如赵翼所言："及东汉中叶以后，学成而归者，各授门徒，每一宿儒门下著录者至千百人，由是学遍天下矣。"[④]来自会稽郡的王充回到家乡后，就以教书为业，著书立说。即便不以教书为业，往往也能自觉传播河洛文化。如西晋敦煌人索纨"少游京师，受业太学，博综经籍，遂为通儒，明阴

① 赵翼：《陔馀丛考》卷十六《两汉时受学者皆赴京师》，河北教育出版社 1990 年版，第 281 页。
② 赵翼：《陔馀丛考》卷十六《两汉时受学者皆赴京师》，河北教育出版社 1990 年版，第 282 页。
③ 参阅华中师范大学范玉娥硕士论文《两汉太学研究》，第 35—37 页。
④ 赵翼：《陔馀丛考》卷十六《两汉时受学者皆赴京师》，河北教育出版社 1998 年版，第 282 页。

阳天文，善术数占候。司徒辟除郎中，知中国将乱，避世而归。乡人从纨占问吉凶，门中如市。纨曰：'攻乎异端，戒在害己，无为多事，多事多患'"①。

各地学子到河洛地区的学习并不局限于官办太学或国子学，著名学者所办私学也颇具吸引力，私学也成为河洛文化扩散的重要渠道。汉代随着"儒术"的独尊，私学开始兴盛。如范晔所论："若乃经生所处，不远万里之路。精庐暂建，赢粮动有千百。"②后世知名学者也是大教育家，门生弟子遍天下。如程颢、程颐兄弟所授弟子多是一时俊彦。南剑（今福建南平）人杨时在中进士后，放弃选官，从学于二程。"程门立雪"典故就出自杨时。杨时与另一位南剑人罗从彦俱为程门弟子，他们共同的弟子李侗也是南剑人，人称"南剑三先生"，而李侗就是朱熹的老师。

有人虽不能亲受学于河洛学者，通过各种渠道而主动学习河洛文化者，更是不胜枚举，他们对河洛文化的传播也功不可没。两宋之际浙江严州人喻樗，"少慕伊、洛之学"③。莆田人林光朝，"闻吴中陆子正尝从尹焞学，因往从之游。自是专心圣贤践履之学，通六经，贯百氏，言动必以礼，四方来学者亡虑数百人。南渡后，以伊、洛之学倡东南者，自光朝始"④。

第二，商贸往来所带动的文化传播。

传统农耕社会中，商贸只作为农业的补充而存在，相对而言并不很活跃。但在和平年代，商贸活动也能突破重重阻碍而有所发展。如司马迁所言："汉兴，海内为一，开关梁，弛山择之禁。是以富商大贾周流天下，交易之物莫不通，得其所欲。"⑤来往各地的商人不仅传递了商品，也传播了文化。当然，从广义上说商品本身就是文化的组成部分，属于物质文化的范畴。如汝窑、钧窑等名窑产品的销售流通对河洛陶瓷文化起到了巨大的传播扩散作用。有些商品往往也是文化的载体，承载了一定的精神文化和制度文化。在东汉，纸张已经成为一种重要的商品，洛阳城中还有书店。纸张和书籍的流通，加速了河洛文化的扩散。

---

① 房玄龄：《晋书》卷九十五《艺术列传》，中华书局 1974 年版，第 2494 页。
② 范晔：《后汉书》卷七十九《儒林列传》，中华书局 1965 年版，第 2589 页。
③ 脱脱：《宋史》卷四百三十三《儒林（三）》，中华书局 1963 年版，第 12854 页。
④ 脱脱：《宋史》卷四百三十三《儒林（三）》，中华书局 1963 年版，第 12862 页。
⑤ 司马迁：《史记》卷一百二十九《货殖列传》，中华书局 1982 年版，第 3261 页。

同时,往来各地的商人也是文化传播的载体。河洛地区自古商贸发达,北魏洛阳城设有多个市场,《洛阳伽蓝记》记载洛阳大市“周回八里”,而且在大市周围10个里坊也都是商业繁盛之地,其中就居住着来自波斯、大秦的商人。隋炀帝也曾在洛阳接待了大批异域胡商。出土文物也证实了异域商旅往来的频繁。各地辐辏而来的商贾,在商业贩卖之余,也必然会受到河洛文化的影响,加速河洛文化的扩散。同时,也有大量河洛商人贩运于四方,如秦汉洛阳大商人师史:“周人既纤而师史尤甚,转毂以百数,贾郡国,无所不至。洛阳街居在齐秦楚赵之中,贫人学事富家,相矜以久贾,数过邑不入门,设任此等,故师史能致七千万。”①他们在往来商贸过程中,也将河洛文化传播向四方。

（三）戍卒、刑徒等对文化的扩散

专制社会里,民众除承受经济剥削外,要承担大量徭役,为政府各项建设提供劳力;还要承担兵役,护卫各级贵族。服徭役和服兵役,也促成了人员的流动,进而带来了河洛文化的传播与扩散。

由于河洛地区长期作为统一王朝的首都所在,因此河洛民众很少到其他地区服役,如果向外流动也主要为戍边。历代中央王朝都在边境地区建立了大量烽燧,如田余庆所言:“屯田区、城堡和烽燧,西汉在北方边境的政治、军事据点,也是先进经济、先进文化的传播站。”②在居延汉简中,有不少简牍都详细记载了戍卒的里籍,其中就有河洛人民在居延戍边。如:“张掖居延库卒弘农陆浑河阳里大夫成更年二十四庸同县阳里大夫赵勋年二十九。”虽然其他边塞尚未发现如居延汉简一般丰富的出土材料,但可以肯定河洛民众戍守的地方不止于居延。西汉中期新安人楼船将军杨仆就曾到过岭南、朝鲜等地。河洛民众来到边塞,必然在一定程度上也会将河洛文化传播到边塞。

各地民众向河洛的流动既包括服徭役,也包括服兵役,但以徭役为主。以汉代为例,民众每年需要承担劳役1个月。后来,多不用亲自服役,而改为交纳2000过役钱。实际劳作,往往由政府动员各地刑徒承担。新中国成立

① 司马迁:《史记》卷一百二十九《货殖列传》,中华书局1982年版,第3279页。

② 田余庆:《秦汉史》,中国大百科全书出版社2011年版,第80页。

后,汉魏洛阳城考古发掘中发现了大量刑徒墓地。刑徒墓地共出土了820多块墓砖,其中一些墓砖上刻写了刑徒的籍贯,由此可见刑徒来自全国各地。有一块砖上就写有“右部无任江夏鄂完城旦谢郎永初元年七月一日物故死在此下”①。当然,还有大量刑徒最终能够生还故乡。这些来自各地的民众来到洛阳后,也会受到河洛文化的影响,在一定程度上也起到了文化扩散载体的作用。

(四)出身河洛的官员在各地的文化推广

汉武帝罢黜百家后,儒生出身的官员逐渐增多,“公卿大夫士吏斌斌多文学之士矣”②。儒生出身的官员,对传播文化往往热情很高。他们所传播的文化涵盖了生产生活文化、制度文化与思想文化等各个层面。他们的文化推广效率很高,但也存在着人亡政息的弊端。总体看,他们对河洛文化传播的重要作用不容忽视。

就农业生产而言,河洛地区长期处于领先地位。出身河洛地区的官吏对于先进农桑文化的扩散,发挥了重要的促进作用。《四民月令》的作者崔寔任五原郡太守时,发现“五原土宜麻枲而俗不知织绩,民冬月无衣,积细草而卧其中。见吏则衣草而出”。崔寔到任后“斥卖储峙,为作纺绩,织纫練緼之具以教之,民得以免寒苦”③。

生活文化主要指日常的衣食住行、婚丧嫁娶等。随着河洛地区礼乐文明的确立,日常生活都受到礼乐制度的规范。任职边远地区的官员,也都将推广礼乐文明当成分内之务。东汉初年九真郡(今越南中部)“骆越之民无嫁娶礼法,各因淫好,无適对匹,不识父子之性夫妇之道”。任延到任后“乃移数属县,各使男年二十至五十,女年十五至四十,皆以年齿相配。其贫无礼聘,令长吏以下各省俸禄以赈助之,同时相娶者二千余人”④。

历代循吏,都将兴学当作教化之本。东汉建武初,卫飒出任桂阳太守,

① 洛阳师范学院河洛文化国际研究中心编:《洛阳考古集成·秦汉魏晋南北朝卷》,国家图书馆出版社2007年版,第599页。

② 司马迁:《史记》卷一百二十一《儒林列传》,中华书局1982年版,第3120页。

③ 范晔:《后汉书》卷五十二《崔寔列传》,中华书局1965年版,第1730页。

④ 范晔:《后汉书》卷七十六《循吏列传》,中华书局1965年版,第2462页。

下车伊始,“修庠序之教,设婚姻之礼。期年间,邦俗从化”①。一代名臣李膺在担任蜀郡太守时,“修庠序,设条教,明法令”②。也有出身河洛的官员,虽不具备兴庠修序的条件,或者没有办学的愿望,但他们在游宦过程中的文化活动,也促进了河洛文化的传播与扩散。如杜甫一生仕途坎坷,纵有振兴庠序之念,也缺乏实现的能力。但杜甫在四川、湖南等地的诗文创作,在一定程度上促进了河洛先进文化的扩散,促进了当地文化的发展。游宦各地的白居易虽不曾办学,但他在江南等地的诗文创作,同样对河洛文化的扩散和当地文化的发展起到促进作用。

专制政体下,伴君如伴虎,激烈的政治斗争使仕途的升降沉浮成为常态。被贬虽是个人的悲剧,但客观上却起到促进河洛文化在偏远地区扩散的作用。贾谊任长沙王太傅,明升暗降,《吊屈原赋》充分抒发了他愤懑的心情。贾谊在长沙,始终未能从悲观情绪中解脱出来,三年中并无建树。后世被贬江南、岭南的官员并不都如贾谊一般颓唐。很多人在到任后立即全力投入新角色里,为当地发展作出卓越贡献。刘禹锡在被贬期间,还不忘记向宰相建议:“请下礼官博士议,罢天下州县牲牢衣币,春秋祭如开元时,籍其资半畀所隶州,使增学校,与半归太学,犹不下万计,可以营学室,具器用,丰馔食,增掌故,以备使令,儒官各加稍食,州县进士皆立程督,则贞观之风,粲然可复。”③可以想见,刘禹锡在职权范围内,肯定会有兴学之举。韩愈两次被贬岭南,都对当地文化发展作出了贡献,在阳山“有爱在民,民生子多以其姓字之”④。潮州人为纪念韩愈,将恶溪改名为韩江。韩愈在贬所,勤政之余也不忘提携后进,《送区册序》中就记述了他与青年区册讲论《诗》《书》的愉悦。在潮州任上大胆起用赵德兴办教育,改变了潮州文化落后的局面。至于贬官对海南文化发展的贡献,已成为学界常识。

(五)中央政府的文化推广

秦灭六国后,中央政府在河洛文化扩散中发挥的作用越来越重要。中

① 范晔:《后汉书》卷七十六《循吏列传》,中华书局1965年版,第2459页。

② 范晔:《后汉书》卷八十二《党锢列传》,中华书局1965年版,第2192页。章怀太子注引谢承《后汉书》。

③ 欧阳修:《新唐书》卷一百六十八《韦王陆刘柳程列传》,中华书局1975年版,第5131页。

④ 欧阳修:《新唐书》卷一百七十六《韩愈列传》,中华书局1975年版,第5255页。

央政府往往通过行政命令来推行文化同一，中央政府文化推广的效率很高，但也存在简单粗暴的弊端，并对文化多样性构成破坏。中央政府的文化推广涵盖了物质文化、制度文化和精神文化三个层面，尤其体现在制度文化和精神文化。中央政府虽也注重农业生产的推广，垦田和人口成为地方官员考核的重要指标。但由于各地情况千差万别，中央政府对农业生产的推广往往仅提出笼统的原则，农耕等物质文化的推广，地方政府发挥的作用更大。

制度文化层面的传播扩散，主要得益于中央政府移风易俗的努力。历代政府大多重视风俗教化对维护统治秩序的作用，注重对礼乐文明和忠孝伦理的推广。政府此举虽意在维护其专制统治，但客观上促进了河洛文化在全国范围内的传播扩散。如三年丧制原本仅通行于河洛地区部分人群，但东汉中后期，三年丧已成为普遍的礼俗。如杨天宇所言："三年丧，虽春秋、战国时期已很少有人施行，而到了汉代，却渐渐盛行起来，特别到了东汉，竟成风气。"①

进入中原的各少数民族政权对移风易俗的热情也很高，他们对河洛文化的推广力度至少不亚于汉族政权。魏孝文帝迁都洛阳后下令彻底革除鲜卑贵族旧婚俗："夫婚姻之义，曩叶攸崇；求贤择偶，绵代斯慎。故刚柔着于《易经》，鹊巢载于《诗典》，所以重夫妇之道。美尸鸠之德，作配君子，流芳后昆者也。然则婚者，合二姓之好，结他族之亲，上以事宗庙，下以继后世，必敬慎重正而后亲之。夫妇既亲，然后父子君臣、礼义忠孝，于斯备矣。太祖龙飞九五，始稽远则，而拨乱创业，日昃不暇。至于诸王聘合之仪，宗室婚姻之戒，或得贤淑，或乖好逑。自兹以后，其风渐缺，皆人乏窈窕，族非百两，拟匹卑滥，舅氏轻微，违典滞俗，深用为叹。"②他亲自为皇族礼聘中原士族之女为婚。孝文帝还下令推广河洛语音："自上古以来及诸经籍焉有不先正名而得行礼乎？今欲断诸北语，一从正音。年三十以上习性已久，容或不可卒革。三十以下见在朝廷之人，语音不听仍旧。若有故为当降爵黜官，各宜深

---

① 杨天宇：《经学探研录》，上海古籍出版社2004年版，第99页。

② 魏收：《魏书》卷二十一《献文六王列传》，中华书局1974年版，第535页。

戒。如此渐习,风化可新。若仍旧俗,恐数世之后,伊洛之下复成被发之人。”[①]姓氏、服饰等方面也都进行了彻底变革。有一次他对留守代北的鲜卑人仍身着旧服大为不满,说:“昨望见妇女之服,仍为夹领小袖。我徂东山,虽不三年,既离寒暑,卿等何为而违前诏?”[②]

思想文化的传播扩散,主要得益于中央政府对教育的关注。西汉末年,已建成比较完善的学校体系。“郡国曰学,县、道、邑、侯国曰校。校、学置经师一人。乡曰庠,聚曰序,序庠置孝经师一人。”[③]东汉学校教育体系更加完善。该体系的建立,对河洛文化的传播扩散发挥了重要作用。相对于前述出身河洛的官员在各地的兴学,中央政府的文教政策效率更高。即便对文教不感兴趣的官员,在皇帝诏令刚下之后不久,至少也要做些应景文章。

少数民族政权进入中原后,办学热情也很高。北魏迁都洛阳后,不仅恢复了太学,还有国子学、四门小学、皇亲之学等。地方学校制度也较汉代有很大的完善。当时学生、大儒虽比不上魏晋,然风俗之变,亦“近代之美也”[④]。

其他,诸如战争、各少数民族政权与中原王朝的交往等,也都对河洛文化的传播与扩散有所促进,这里就不再展开了。

第二节　迁播四方的河洛文化

伴随着河洛先民迁播的脚步,河洛文化也向四周扩散。中华文化各构成单元与河洛文化之间都有密切的渊源。河洛文化不仅是中华文化的核心,是民族认同的基础,也是各地域文化之源。正是河洛文化,将中华文化各单元凝结在一起。

---

① 魏收:《魏书》卷二十一《献文六王列传》,中华书局 1974 年版,第 536 页。
② 魏收:《魏书》卷二十一《献文六王列传》,中华书局 1974 年版,第 536 页。
③ 班固:《汉书》卷十二《平帝纪》,中华书局 1962 年版,第 355 页。
④ 李延寿:《北史》卷八十一《儒林列传》,中华书局 1974 年版,第 2706 页。

一、客家文化与河洛文化

如前所述,客家人的源头在河洛,客家文化也由河洛文化衍生而来。客家人是在迁移过程中形成的,其间并无标志性事件和时间点。客家民系的定型是在大规模移民终止之后。同样,客家文化也是河洛先民在迁播过程中,将河洛文化传播到南方地区,与南方原住民以及越、苗、畲、瑶等少数民族文化相融合之后形成的。客家文化与河洛文化的渊源关系主要体现在以下几个方面:

首先,客家文化与河洛文化有着共同的信仰体系。作为中华文化的重要文化单元,客家文化的信仰体系与中华主体文化并无根本差异,儒、道、佛构建起客家人信仰体系的基本架构。儒家倡导的忠孝仁义,始终都是客家人遵循的基本伦理道德。无论身处何方,客家人始终不忘对国家和社会应尽的责任,即便身处海外也都心系故土。而对亲人的孝,对家庭的义务,也始终是客家人奋斗的基本动力之一。对民众的仁,对朋友的义,构成了客家人的基本做人准则。

只是由于客家人的迁播过程历尽凶险,天灾人祸时有发生,面对巨大的社会变故,无能为力的客家人只得祈求神灵的护佑。相对河洛民众,客家人祭拜的神灵更多一些。这完全是可以理解的事情。其中有从中原带过去的天地神祇、关公菩萨等。有证据证明,闽台很多关帝庙都与河洛地区关帝庙有着历史渊源。其中也有客家人在迁播过程中接受的当地神灵,如妈祖信仰。妈祖信仰虽地域特色鲜明,但与河洛文化也有相通之处。妈祖的首要职能是护国佑民,普度众生,并非特定地区和人群的专属保护神。妈祖原型林默娘,福建莆田湄洲人。自幼聪慧,知书达礼,生前多次救人。去世后,还曾多次显圣,救人于惊涛骇浪之中。妈祖信仰从宋朝就获得政府认可。[①] 同时,客家人崇奉的神灵,大多被佛、道二教容纳。

其次,客家人的祖先崇拜、宗族观念与河洛文化一脉相承。中华文化祖先崇拜、重视宗族的文化特色,也被客家人传承。而祖先崇拜、宗族观念都

---

① 汪毅夫:《客家民间信仰》,福建教育出版社 1995 年版,第 134 页。

源于河洛地区。祖先崇拜之于中国人具有信仰的性质。与祖先崇拜有关的祠堂、祖坟等，都具有宗教般的神圣。传统中国人观念中，不能到宗祠中祭祖，死后不能葬入祖坟，是非常可悲的。客家人被迫背井离乡，最放不下的就是祖坟和宗祠。客家人虽远离故土，但有机会他们都会到河洛寻根，修缮祖坟、参拜宗祠是寻根的重要内容。客家人在远离故土的仓促之际，都不忘把祖先神灵牌位带在身边。纵然难回故土，但带着祖先牌位意味着在另外的世界最终也能与祖先团聚。甚至有人漂洋过海把祖先牌位带到海外。在祖宗牌位上，都清晰地标示着他们根在河洛。

再次，客家人语言文字也来自河洛地区。与河洛民众一样，客家人的书面文字都是汉字，所不同的是客家方言。作为汉语的一个分支，客家话特色鲜明，明显带有南方少数民族语言印记，如"母亲"在广州梅县一带称"阿娓（读为'梅'）"，在福建长汀一带称"娓娓"或"姆娓"，皆用"娓"来称呼母亲。汉语普通话或任何方言中都无此发音，而畲族、苗族或瑶族语言中则多用"娓"来称呼母亲。其间渊源关系不难看出。① 从整体上客家话的源头则应追溯到河洛地区的雅言。他们在南迁过程中，既保留了中原官话，又吸收了客居地方言特点，形成了当代客家话。② 客家话保留有许多上古音，如客家话有完整的入声韵尾，用客语朗诵中古诗词作品的韵律方面比普通话要吻合。

而且，客家人的生活风俗很多也来自河洛地区。源自河洛的客家人将很多河洛风俗习惯带到南方，甚至海外。河洛地区的各种节日，都在客家人中传承。过年贴春联，祭祖，燃放烟花爆竹，舞龙舞狮，走亲访友，与河洛民众完全相同。有趣的是，客家人过年一定要吃东江酿豆腐，据说在吃这道菜时，长辈一定要告诉年轻人，自家祖先从何而来。

二、台湾文化与河洛文化

台湾与大陆同根同源，早在史前时期台湾的考古文化，如大坌坑文化、圆山文化，与大陆东南地区的石峡文化、昙石山文化有着明显的共同点，圆

① 丘桓兴：《客家人与客家文化》，商务印书馆 1998 年版，第 14 页。
② 丘桓兴：《客家人与客家文化》，商务印书馆 1998 年版，第 116 页。

山文化的有段石锛是中国东南沿海地区新石器时代晚期文化中常见的石器，双肩石器则是珠江流域的常见石器。陶器中圜底罐、圈足碗、圈足簋等，也常见于长江中下游新石器时代晚期文化遗址中。台湾史前文化晚期已出现少许青铜器，如大坌坑上层的两翼式青铜镞，明显与商周同类器近似。

关于台湾的文献记载始于三国。宋元时期，河洛文化逐渐传入台湾。宋代派兵戍守澎湖，元代设立澎湖巡检司管理台湾、澎湖地区。明末西班牙和荷兰侵略者先后占据台湾。清初郑成功于1662年成功收复台湾。截至清朝统一台湾，郑氏集团据台20余年间，河洛文化在台湾迅猛发展。

这里仅以儒学在台湾的发展为例，说明河洛文化在台湾的传播。首先，郑氏据台期间儒学在台湾的发展得益于郑氏集团的大力提倡。随着郑氏集团在台湾统治的稳固，他们也开始重视文教事业。1665年陈永华向郑经建议修孔庙，建学校。孔庙落成时，郑经亲自前往举行释奠礼，观者如堵。之后，郑氏集团开始在全台推广学校教育，要求各村社建立学校，聘请儒生为教师，教授儒家经典。随着学校教育体系的建立，郑氏集团也开科取士。天兴、万年两县，每三年举行一次考试。优秀者被选拔到承天府参加更高级的考试。最终，经过层层选拔的优秀人才被任命为各级官员。正因为政府的大力提倡，才形成"台人自是始奋学"的局面。

其次，伴随郑氏来台的士人，对儒学在台湾的传播也起到了非常重要的作用。郑氏据台奉永历正朔，不甘于臣服清朝的士人纷纷渡海来台，其中不乏知名学者。他们到台湾后，或课馆授徒，或教化乡里。"避难诸缙绅，多属鸿博之士，怀挟图书，奔集幕府，横经讲学，诵法先王，洋洋乎，济济乎，盛于一时。"①

1683年郑克塽降清，台湾正式归入清朝版图，至甲午战败被迫割让给日本，清朝在台湾的统治前后210多年间，是河洛文化全面普及的阶段。仍以儒学为例，介绍河洛文化在台湾的传播。清朝统治台湾期间是台湾儒学迅

① 连横:《台湾通史》卷十一《教育志》，中华书局1983年版，第188页。

猛发展的时期。

首先,清朝是中国古代学校教育制度最完善的阶段,清朝统治台湾后,学校教育制度也在台湾普及。1683 年清军攻占台湾的当年,台湾知府蒋毓英已开始在台湾办学。两年后,台湾府学正式成立,由福建省派一名教授负责学校事务。台湾各县也相应办起县学,设教谕、训导各一名。明清官学主要责任是考试,考取县学生员就是俗称的秀才。清廷统治台湾之初,无论是府学还是县学,生员数额都十分有限,后来逐渐增加。官办学校虽不直接培养人才,但可以通过考试对教育起到引领作用。科举考试所考即儒家经典,考试的形式则是八股文章。民间教育自然也以儒家经典为主,于是儒学得以在台湾大规模普及。

其次,郑成功收复台湾后民智渐开,开明乡绅也都大力提倡儒学教育,私塾、书院纷纷建立。实际承担人才培养的民间教育大多依赖乡绅的支持。台湾民众渡海来台后,往往聚族而居。当他们生活安定之后,开始重视子弟教育,私塾普遍建立起来。通过《三字经》等蒙学教材,儒家倡导的基本伦理得以普及。启蒙之后,先学朱熹《四书集注》,再学“五经”,并学习八股文写作。从启蒙到参加科举考试,需要十年苦读。清代台湾科举出身人数并不多,但台湾儒学教育的普及意义不可抹杀。

清代是中国古代书院发展的顶峰,书院聘请名儒担任山长培养高层次儒学人才。清朝台湾书院也经历了从无到有的兴衰过程。清军入台次年,知府卫台揆就建起第一座书院:为文书院。据不完全统计,清代台湾书院超过 23 座,各地几乎都有书院。其中康熙五十九年(1720 年),台厦道梁文煊创建的海东书院影响最大,其后海东书院一度被改为科举考试的考棚。乾隆四年(1739 年)台湾重建考棚后,海东书院得以恢复。次年分巡道刘良璧捐俸倡修,贡生施士安捐学田近千亩,以田租作书院日常开支。学政杨二酉奏准朝廷,比照福建省直辖之例,以府学教授负责书院教学。之后,分巡道刘良璧和觉罗四明先后两次为海东书院制定学规,加强对书院的管理。海东书院鼎盛时,有房屋百余间。学者薛士中、俞荔、董文驹、施琼芳、施士洁、杨希闵、吴文溥、谢颖苏等人先后担任海东书院山长,其中施琼芳、施士洁是台湾仅有的父子进士。清末著名保台志士丘逢甲、“公车上书第一人”汪春源、著名诗人许南英、郑鹏云等人都先后肄业于海东书院。书院的存在，极大地促进了儒学在台湾的发展，提升了台湾的儒学水平。

再次，在台湾任职的士大夫，公务之余也大力提倡儒学，促进儒学的普及。清廷控制台湾后，清廷在台湾的行政机构设置也趋于完善。在政府机构中任职的士人大多具有较高儒学素养，多能在公务之余大力提倡儒学教育。道光年间河南沁阳人曹谨在台湾淡水任职期间兴利除弊，重视文教事业，到处开设私塾，广泛刊印儒家典籍，奖励勤学青年。在曹谨带动下，淡水地区儒学进步显著。在士人持之以恒的不懈努力下，儒学在台湾获得长足发展，加强了台湾与祖国大陆的文化联系。清代台湾儒学的发展，重在伦理道德的宣扬普及，经典研究并非所长。儒家倡导的伦理观念，逐渐成为台湾民众的基本伦理准则，忠孝观念尤其深入人心。这就是台湾民众在民族危难之际，爱国志士大量涌现的重要原因。也是后来虽经历日本五十年殖民统治，而依然对中华民族抱有强烈认同的重要原因。

第三节　丝路驼铃

中华文明在其发展进程中，始终与世界保持密切的联系，丝绸之路正是连接中国与其他文明的重要纽带。丝绸之路的开通，不仅促进了河洛地区的经济繁荣，而且也使河洛地区成为中外文化交流的中心。

一、丝绸之路的开通

1877 年德国地理学家李希霍芬在《中国》一书中首先提出了丝绸之路的概念。德国历史学家赫尔曼在《中国和叙利亚之间的古丝路》一书中把丝绸之路的概念延伸到地中海西岸。赫德森在《欧洲与中国》一书第三章“丝绸贸易”中写道：“公元头几个世纪，在罗马的土斯古斯区，有一个中国丝绸市场。这种丝绸贸易是古代遥远而规模最大的商业。由于丝绸能够产于黄海沿岸，也由于西班牙、高卢、不列颠的罗马上流社会存在着对它的需求，这种贸易从这种精美物品所引出的线索，就成为从太平洋横跨整个旧世界的经济统一体的一条纽带。"①当丝绸被运到罗马时，几乎与黄金等价。有学者甚至认为罗马帝国的灭亡与过度的丝绸消费有关。19 世纪末 20 世纪初，大批外国探险家到中国西北和中亚各国"探险"，他们发现了大量有关丝绸之路的遗迹和遗物。在鄯善、车师、龟兹、乌孙、于阗以及尼雅河流域的墓葬中，发现了许多汉锦、丝绸、铁器、装饰品。这些发现都证实了丝绸之路曾经的繁盛。

"丝绸之路"包括两条商路：首先从西安或者洛阳出发，经河西走廊到达敦煌，从敦煌经玉门关、阳关之后分为两条。南道从鄯善沿南山（今昆仑山）北麓到莎车，西越葱岭（今帕米尔高原）到达大月氏、安息等国，再往西可以抵达大秦（罗马帝国）。北道沿北山（天山）南麓西行，越过葱岭北部，西向到大宛、康居等国，再向西也可抵达大秦。

中外文化交流早在先秦就已开始，但丝绸之路却从西汉中期汉武帝派张骞"凿空西域"开始。从世界范围内看，中华文明迅猛发展的同时，罗马文明也达到空前的高峰。这为丝绸之路的开通奠定了坚实的物质基础。先秦的中外文化交流零散而不成体系。秦汉统一后，中华民族第一次凝聚成一个真正意义上的文化体，中外文化交流得以全面展开。这也是将丝绸之路的起始推溯到张骞的原因。

张骞"凿空西域"后，中外文化交流更加频繁，内容也更丰富。无论是传世文献还是出土文献，都证实了丝绸之路的繁荣。在漫长的历史时期，大量异域文化通过丝绸之路传到中国，如佛教就是沿着丝绸之路来到中国的。玄奘大师也是沿着丝绸之路前往印度取经的。罗马帝国的玻璃、金银等物品沿着丝绸之路传到中国，中国古代钠钙玻璃大多依靠进口。所以也有学者把丝绸之路称为"玻璃之路"。通过丝绸之路，引进了苜蓿、石榴、葡萄等农作物和水果。同样，大批中华文明成果也沿着丝绸之路走向世界。玄奘大师在印度曾将《老子》译成梵文。中国的四大发明，也沿着丝绸之路扩散到世界各地。丝绸本身不仅是一种重要的商品，也是重要的文化载体。类似的还有瓷器、茶叶、书籍、毛笔等。

---

① 赫德森：《欧洲与中国》，中华书局 2004 年版，第 42 页。

二、丝绸之路的见证:河洛地区与丝绸之路有关的遗址和文物

(一)世界文化遗产

丝绸之路在很大程度上改变了中国和世界。2014 年 6 月 22 日在卡塔尔多哈召开的联合国教科文组织第 38 届世界遗产委员会会议审议通过中国、哈萨克斯坦、吉尔吉斯斯坦跨国联合申报的“丝绸之路”项目成为世界文化遗产,也是中国第 33 项世界文化遗产。这次公布了 28 处作为世界文化遗产的遗址,其中河洛地区有汉魏洛阳故城、隋唐洛阳城定鼎门遗址、汉函谷关遗址、崤函古道遗址,被总结为“一城”“一门”“一关”“一路”。

汉魏洛阳故城遗址是被列入保护名单的唯一一座都城遗址,也是所有遗址中最东端的遗址,因而成为丝绸之路理所当然的东方起点。汉魏洛阳故城是秦汉到隋初洛阳城的所在,是东汉、曹魏、西晋和北魏的都城。东汉时,中国与罗马帝国正式建立联系。见于记载罗马帝国与中国有过 4 次交往,其中 3 次到达洛阳。《后汉书·和帝纪》中记载永元十二年(100 年)“冬十一月,西域蒙奇、兜勒二国遣使内附,赐其王金印紫绶”。有研究者称“蒙奇”“兜勒”,分别是罗马帝国的马其顿行省和东方省推罗城。这应是东汉和罗马的首次直接接触。汉桓帝延熹九年(166 年),罗马使者第一次来到中国,到了洛阳的皇宫。中国史书所记大秦皇帝安敦,即古罗马皇帝安东尼·奥古斯都。当时大量包括西域胡商在内的各国商人云集洛阳,张衡《东京赋》中描绘:“北燮丁令,南谐越裳。西包大秦,东过乐浪(朝鲜半岛),重舌之人九译,佥稽首而来王。”①随同商人来到洛阳的还有各种艺人,其中一位来自大秦的艺人能“跳十二丸,巧妙异常”②。曹魏时期,洛阳依然是中外文化交流的中心。曹魏时期宫城铜驼大街及铜驼的出现,显然是丝绸之路商贸交流繁盛的重要象征。这种局面在西晋得到延续。1931 年在洛阳偃师东大郊村,汉魏洛阳太学遗址附近出土的“大晋龙兴皇帝三临辟雍皇太子义再莅之德隆熙之颂碑”碑文记载,不少西域的留学生前来求学。而魏孝文帝迁都洛阳后,洛阳又恢复了昔日的繁盛,中外文化交流也随之繁荣。北魏洛阳城

① 张震泽校注:《张衡诗文集校注》,上海古籍出版社 2009 年版,第 152 页。

② 范晔:《后汉书·西域列传》,李贤注引鱼豢《魏略》,中华书局 1965 年版,第 2920 页。

中设有多个市场，《洛阳伽蓝记》记载洛阳大市“周回八里”，而且大市周围十个里坊也都是商业繁盛之地。政府还设有安置各地商人的馆舍，“伊洛之间，夹御道有四夷馆，道东有四馆：一名金陵，二名燕然，三名扶桑，四名崦嵫。道西有四馆：一曰归正，二曰归德，三曰慕化，四曰慕义”[①]。城中的“四通市”成为胡商贸易的重要场所：“葱岭已西至于大秦，百国千城莫不欢附，商胡贩客日奔塞下。所谓尽天地之区，已乐中国土风，因而宅者，不可胜数。是以附化之民，万有余家。门巷修整，阊阖填列，青槐荫陌，绿柳垂庭。天下难得之货，咸悉在焉。别立市于洛水南，号曰‘四通市’，民间谓永桥市。”[②]

北魏末年洛阳城遭到空前破坏。隋朝统一后，隋炀帝又在汉魏洛阳城西重新修建了隋唐洛阳城。再度的统一，带来了丝绸之路也繁盛。作为帝国中心的洛阳也再度承担起丝绸之路东方起点的重任。大业六年（610 年），隋炀帝在洛阳大规模招待来自西域各国君主。“帝以诸蕃酋长毕集洛阳，丁丑，于端门街盛陈百戏”。整个戏场周长达五千步（约 7500 米），可见戏场规模之大！演奏队伍也达到空前的一万八千人！如此规模的演出竟然持续一月之久：“自昏至旦，灯火光烛天地，终月而罢。”[③]据说数十里外都能听到。有唐一代，洛阳始终都是丝绸之路上最繁忙的重镇之一。作为洛阳正南门的定鼎门是客商出入洛阳的必经之路。唐朝末年，有一支远方的商队从定鼎门进入洛阳时，他们和骆驼在雨后略有泥泞的道路上留下了清晰的足迹。天气迅速放晴，骄阳把他们的足迹晒干成型。但紧接着又一场暴雨冲来的淤泥，把他们原来留下的足迹盖在下面。2006 年考古人员对定鼎门长达一年的考古使晚唐留下的这片足迹重见天日。

历史上洛阳因其重要地位，始终都是设防的重点。洛阳八关之一的汉函谷关始建于西汉元鼎三年（前 114 年），汉武帝应楼船将军杨仆之请将函谷关移到今新安县城之东。函谷关作为东西交通大动脉上一座重要关隘，是从洛阳出发沿丝绸之路西行的第一道关口，是丝绸之路的重要见证。现存地表建筑有关楼、阙台、烽燧。其中，关楼保存了民国年间最后一次修葺

---

① 杨衒之著，杨勇整理：《洛阳伽蓝记》卷四，中华书局 2006 年版，第 144 页。

② 杨衒之著，杨勇整理：《洛阳伽蓝记》卷四，中华书局 2006 年版，第 145 页。

③ 司马光：《资治通鉴》卷一百八十一，中华书局 1956 年版，第 5649 页。

后的形制;两座阙台南北对峙,北为鸡鸣台,南为望气台,间距 50 米,望气台南的皂涧河南侧为烽燧遗址。为配合丝路申遗,2013 年对汉函谷关进行了考古发掘,这次考古因发现大量与丝路有关的珍贵文物而成为当年十大考古发现之一。汉函谷关作为丝绸之路上举足轻重的关隘,对丝路的繁荣起到重要的保障作用。东汉李尤《函谷关赋》中说:"上罗三关,下列九门,会万国之玉帛,徕百蛮之贡琛。冠盖纷其云合,车马动而雷奔……"[①]生动地描绘了咽喉要道汉函谷关的兴盛与繁华。数千年中,无数商旅从函谷关下经过,以至于往来的车轮在坚硬的花岗岩路面上碾压出两道深深的车辙。当代函谷关依然是东西方交通要道,欧亚大陆桥陇海铁路和 310 国道分别位于关楼南北,古老与现代在这里交融。

"崤函古道"全程 200 余公里。东起洛阳盆地的西端、洛阳西出口的新安县和宜阳县,西至作为关中平原东门户的渭南潼关。"崤函古道"以三门峡陕州区为界,分为东、西两段。唐李吉甫《元和郡县图志》中称:"东自崤山,西至潼津,通名函谷,号曰天险。"沿途北有黄河之险、南接崤山之阻,中为深山大谷,崎岖迤逦,其间道路之曲折艰险可想而知。崤函古道遗迹位于三门峡陕州硖石乡车壕村西南约 2000 米。现存古道遗迹长约 150 米,路面宽 3—6 米,车辙宽约 1.06 米,辙痕深 0.05—0.3 米不等,呈西北、东南向。辙痕系车轮在石灰石质山坡上长期碾轧而成,印痕清晰。除辙痕外,局部尚留有人工钢钎凿刻的痕迹。后因道路改线绕行,这段古道被遗留在一条马鞍形的山梁两侧,虽经风雨剥蚀,依然如初。崤函古道遗址是被纳入丝绸之路项目中唯一一处道路遗址。

(二)其他遗址

除以上四处被列入世界文化遗产的遗址外,河洛地区还有众多有关丝绸之路的遗址。这些遗址大体可分为如下几类:

第一,城市遗址。与丝绸之路有关的城市遗址,不仅有汉魏洛阳故城。隋唐洛阳城目前仅定鼎门遗址列入丝绸之路项目之中,而隋唐洛阳城与丝绸之路有关的遗址还有很多,有些已经发现,有些还待进一步发掘。隋朝洛

---

① 严可均:《全上古三代秦汉六朝文》,中华书局 1958 年版,第 746 页。

阳城有大同市、丰都市、通远市："大同市周四里，在河南县西十里。出上春门傍罗城南行四百步至漕渠，傍渠西行三里至通远桥，桥跨漕渠，桥南即入通远市，二十门分路入市。市东合漕渠，市周六里，其内郡国舟船舳舻万计，市南临洛水。跨水有临寰桥，桥南三里有丰都市，周八里，通门十二其内，一百二十行三千余肆，甍瓦齐平，遥望如一，榆柳交阴，通衢相注。市四壁有四百余店，重楼延阁，互相临映。招致商旅，珍奇山积。"[①]进入唐朝，三市虽有所调整，但依然繁华如昔，他们都是重要的商品集散地。

第二，道路遗址。丝绸之路项目中，目前仅崤函古道遗址一处道路遗址。事实上，崤函古道长200余公里，遗址遗迹还有很多。"崤函古道"以三门峡陕州为界，分为东、西两段。西段"函谷道"因主要沿黄河南侧而行又称"黄河南岸道"，道路相对平易。东段因经过崤山地区称"崤山道"。"崤山道"又分为南北两道。崤山南道从陕州出发沿青龙涧河东南行，溯青龙涧河支流雁翎关河穿越崤山，再沿洛河支流永昌河到达洛河谷地，循洛河到达洛阳。崤山北道由陕州向东，沿交口河、涧河河谷向东，过渑池、新安，经汉函谷关到达洛阳。崤函古道遗址就属于北道。

第三，墓葬遗址。2014年，因张骞对丝绸之路的重要贡献，张骞墓被列入世界文化遗产。而历史上对丝绸之路作出重要贡献的并非仅有张骞一人。如班超投笔从戎，从洛阳踏上重开丝绸之路的征程。最终在班超的努力下，中断数十年的丝绸之路再次成为坦途。班超在西域30余年，深受西域人民的爱戴，保证了丝绸之路的畅通。班超还派出副使甘英出使大秦（罗马帝国）。甘英虽未能到达罗马，但也使汉朝的影响进一步扩大。102年，为国效力30多年的班超回到洛阳时已是70多岁的老人。不久后班超病逝，被葬于北邙山，班超墓也是丝绸之路的重要遗产。世代相传班超墓即位于孟津朝阳镇张阳村西北约750米处的大冢，不过附近并没有任何明显的标记。"文革"中曾在其东北方向出土过一方北魏墓志，该墓志称"西南距射声校尉班超墓一百六十四步"。从而证明此冢的确为班超之墓。洛阳周围发现的众多胡人墓葬也是丝绸之路的重要见证。

---

① 陶宗仪：《说郛》卷一百上，《说郛三种》，上海古籍出版社1988年版，第5073页。

第四，故居遗址。历史上，河洛地区涌现了众多与丝绸之路有关的名人，这些名人故居也是丝路文化遗产的重要组成部分。其中玄奘对中印文化交流的卓越贡献堪为典型。玄奘的贡献不仅在于取经，还在于译经。在四大佛经翻译家中，玄奘翻译的数量超过鸠摩罗什、真谛和不空三位总和的两倍。玄奘不仅翻译数量惊人，质量也很高。不同于其他几位翻译家，玄奘精通汉语和梵语，他能用梵语进行写作。现在很多通行佛经文本都是玄奘翻译的。玄奘本姓陈，名祎，洛州缑氏人，其故居在河南偃师缑氏镇陈河村，如今已修有一些纪念建筑。

第五，宗教遗址。沿着丝绸之路传入中国的佛教在河洛地区也留下众多与丝绸之路有关的遗迹。洛阳人王玄策曾先后三次出使印度。唐高宗显庆二年（657 年）王玄策等奉旨从洛阳出发去印度送袈裟。回国后，王玄策把从印度取回的弥勒菩萨新样供奉在洛阳敬爱寺中。麟德二年（665 年）王玄策于龙门石窟宾阳三洞之南洞敬造弥勒像，并留下造像题记。白马寺是佛教传入中国后的第一座官办寺庙，是佛教在中华大地落脚的见证，开始了佛教中国化的历史进程。白马寺在中国佛教界地位极高，被尊为“祖庭”，号称“释源”。文献记载，最早来到中国的天竺高僧竺法兰和摄摩腾圆寂后就葬于寺内，其墓冢分别位于白马寺山门两侧。开元十二年（724 年）高僧善无畏沿丝绸之路来到洛阳，11 年后在洛阳圆寂。他在洛阳期间翻译了众多密宗经典，将密宗传入中国，龙门石窟附近的广化寺就是当年善无畏译经的所在。其他诸如水泉石窟、巩义石窟寺等也都与丝绸之路有关。

（三）丝绸之路相关文物

河洛地区除与丝绸之路有关的众多遗址外，还有许多重要文物也是丝绸之路的重要文化遗产。这些文物大体可分为以下几类：

第一，墓志。丝绸之路开通后，大批西方人通过丝绸之路来到河洛地区，很多人定居于此，并最终安眠于此，其后裔也融入河洛民众之中。近代以来的田野考古中，洛阳地区发现了大批胡人及其后裔墓。这些墓葬出土文物中，墓志有着独特的文物价值和艺术价值，起到补史、考史的重要作用。《元和姓纂》等古籍记载一支大月氏人来河洛地区定居后以支为姓。隋唐之际盘踞洛阳并一度称帝的王世充本姓支，他还保留有卷发等胡人体貌特征。

近代以来洛阳就出土有这一家族的多方墓志,如《支彦墓志》与《支敬伦墓志》就揭示了唐代月氏后裔的汉化历程,他们正是唐朝胡汉民族融合的缩影。再如安姓民众,大多来自中亚昭武九姓。同样来自西域的安菩在唐朝官至定远将军,他娶汉人何氏为妻。安菩去世于西安,后来他妻子在洛阳去世后,其子安金藏将父亲遗骸迁到洛阳与母亲合葬。1984 年龙门啤酒厂扩建,意外发现了安菩墓。考古人员对该墓葬的发掘,出土大量文物中就有一方完整墓志,详细记载了安菩的生平,成为研究唐代历史以及丝绸之路的重要文献。此类墓志在洛阳还有许多,有些已经整理出版,但有些还尚待进一步整理。

第二,钱币。钱币是商业交往中不可或缺的中介。历史上各国货币并不相同,也互相不能流通。但丝绸之路开通后,依然有不少外国货币流入我国,洛阳地区曾大量出土。其中就有著名的波斯银币和罗马金币。1955 年洛阳老城区北郊 M30 唐墓出土了 17 枚波斯萨珊朝卑路斯时期(457—484 年)的银币。银币正面为脸向左侧、头戴王冠的王者半身像,背面中央为一莲花座祭祀火坛,两侧为祭司,王者像前后和祭司的后面都有文字。安菩墓出土有东罗马皇帝福克斯时代(602—610 年)的金币。金币呈圆形片状,正面为一个头戴王冠、留有长须的半身男装像,两侧有十字架,左边缘处有铭文“FOCAS”。背面是有翅膀的胜利女神像,女神右手持长柄钩状器,左手持一上立十字架的球体,左边缘处有铭文“CTQPIA”。洛阳衡山北路北魏大墓中也出土了一枚品相完好的罗马金币,印有罗马皇帝阿纳斯塔修斯一世的头像。1991 年 4 月,洛阳伊川司马沟村民在取土时发现了装在木盒中的 300 多枚波斯萨珊王朝卑路斯银币。1993 年在洛阳还出土过西突厥的铜币。这些货币的出土,进一步证明了当年洛阳作为丝绸之路东方起点的繁盛。①

第三,唐三彩。前已述及,唐三彩中的胡人佣、骆驼俑和骏马俑,都是丝绸之路的重要见证。唐代洛阳是国际性大都市,商品经济空前活跃,唐三彩中形象逼真的胡商俑正是当时商业活动的反映。唐三彩不仅在中国陶瓷史上占据承前启后的重要地位。唐三彩还流散到世界各地,造就了其他民族

① 毛阳光:《隋唐洛阳:隋唐时代丝绸之路起点》,三秦出版社 2014 年版,第 159 页。

的三彩艺术。同时许多外来器物也被成功仿制，如源自波斯的胡瓶就被唐三彩以及宋代的青瓷等成功仿制。

第四，壁画。丝绸之路开通后，其他国家和地区的绘画技艺也传到中国。如唐代来自狮子国的金刚三藏就以善于绘画而闻名，“运笔持重，非常画可拟，东京广福寺木塔下塑像，皆三藏起样”①。来自西域的尉迟乙僧也以善绘而闻名，东西两京的寺院壁画很多出自他的手笔。他笔下描绘的全是异域风情：“凡画功德人物花鸟，皆是外国人物像，非中华之威仪。”②洛阳一带有许多壁画墓，其中也有大量高鼻深目多须卷发的胡人形象，白人特征明显。有些绘画里，胡人牵的骆驼驮满了货物。这都是当时丝绸之路兴盛的真实写照。

第五，玻璃器皿。中国缺乏钠钙玻璃，丝绸之路开通后，玻璃制品也来到中国，这些玻璃制品都被视为珍宝。葡萄美酒夜光杯，都由丝绸之路传入中国。河洛地区古墓葬中，也出土有不少由丝绸之路传来的玻璃制品，有些带有明显的异域特色，他们都见证了丝绸之路的兴衰。

第六，宗教造像、经幢等。佛教来到河洛地区后，河洛地区也散落着许多与佛教有关的文物，如大量佛教造像、经幢等。沿着丝绸之路传入中国的宗教不仅有佛教，也有其他宗教，如唐朝基督教聂斯脱利派传入中国后被称为“大秦景教”，洛阳博物馆就收藏有“大秦景教宣元至本经”经幢。摩尼教、祆教等中亚宗教，也在河洛地区留下了一些痕迹。

三、丝路风情：与丝绸之路有关的非物质文化遗产

历史上河洛地区也留下了大量与丝绸之路有关的非物质文化遗产，而这些非物质文化遗产也成为今人文化建设的文化资源。

第一，民间手工艺。与丝绸之路有关的民间手工艺，最具代表性的是唐三彩烧造工艺。2008 年 6 月 7 日，唐三彩烧制技艺被国务院列入第二批国家级非物质文化遗产名录。唐三彩不仅釉色浓艳瑰丽，而且骆驼、马和人物等造型生动传神，富有生活气息。唐代国际市场上，唐三彩就已负有盛名，

---

① 毛阳光：《隋唐洛阳：隋唐时代丝绸之路起点》，三秦出版社 2014 年版，第 156 页。
② 毛阳光：《隋唐洛阳：隋唐时代丝绸之路起点》，三秦出版社 2014 年版，第 156 页。

成为中外经济文化交流的重要物品之一。

第二,民间音乐。丝绸之路开通后,大量异域音乐来到我国。《史记》中已有西方音乐传入的记载。东汉以后记载更加详细,《后汉书》载:“永宁元年,掸国王雍由调复遣使者诣阙朝贺,献乐及幻人,能变化吐火、自支解、易牛马头,又善跳丸,数乃至千。自言:‘我海西人。’海西,即大秦也。掸国西南通大秦。”①这是西方音乐传入洛阳地区最早的记录。佛教传入后,佛教音乐也成为中国传统音乐的重要组成部分。佛教来华之初,佛教音乐经历了“改梵为秦”的过程,民间附会曹植是改梵为秦的第一人。南北朝佛教音乐已十分流行。隋唐时期佛教音乐甚至走入宫廷,宫廷音乐中就有许多和佛教有关的内容。目前河洛地区佛教音乐,有庙堂法事音乐和民间佛曲两大类。很多佛教音乐都被列入非物质文化遗产保护名录。南北朝后期更多外来音乐被带到河洛。北魏来华的曹婆罗门以善演奏琵琶而著称。异域音乐传入后,与本土音乐相融合产生了一批新乐。如南北朝时期龟兹乐传入后,不久就发展出西凉乐、广成乐、无愁曲等。唐太宗定型的10部乐:国伎(西凉伎)、清商伎、天竺伎、高丽伎、龟兹伎、安国伎、文康伎(礼毕伎)、疏勒伎、康国伎、高昌伎,大多由丝绸之路传播而来。胡乐成为洛阳城中的流行乐。洛阳人王建有诗云:“城头山鸡鸣角角,洛阳家家学胡乐。”

与音乐技艺一同传入的还有大批乐器。如胡琴即来自胡人。唐代诗人岑参曾有“中军置酒饮归客,胡琴琵琶与羌笛”的诗句。北宋欧阳修有诗云:“胡琴本出胡人乐,奚奴弹之双泪落。”后来发展出二胡、京胡等众多乐器。唐代还曾传入过一种名为羯鼓的打击乐。“羯鼓出外夷,以戎羯之鼓,故曰羯鼓……状如漆桶,下以小牙床承之。击用两杖,其音焦杀明烈。”②洛阳长夏门东尊贤坊东都留守郑叙明的府邸中有一座小楼,专供其祖母宋夫人练习羯鼓。宋夫人即是盛唐以善于演奏羯鼓而闻名的宰相宋璟之女。唐玄宗对此也情有独钟,他曾专门创作了以羯鼓为主的数十首乐曲。铜钹也在唐

---

① 范晔:《后汉书》卷八十六《南蛮西南夷列传》,中华书局1965年版,第2851页。

② 李昉等:《太平御览》卷五百八十三,中华书局1960年版,第2629页。

代传入，“铜钹，亦谓之铜盘，出西戎及南蛮。其圆数寸，隐起如浮沤，贯之以韦”①。

第三，民间舞蹈。音乐与舞蹈关系密切，在异域音乐传入的同时，各种舞蹈也随之传入。在汉代河洛地区已有胡舞流行，南北朝时胡舞更为广泛。唐太宗时形成的十部乐，都有与之相配的舞蹈。战乱中古代宫廷乐舞大多失传，但隋唐宫廷乐舞“十万宫廷乐队”在洛阳洛龙区田村顽强地传承了千余年，被喻为舞蹈界的“活化石”。洛阳市有关部门加紧了对古乐谱的整理和接班人的培养。该节目多次到全国各地演出，深受好评。狮子原产于非洲和西亚，中国并无狮子。丝绸之路开通后，狮子的形象也传入中国。其后，狮子就开始在舞蹈中出现。唐代《五方狮子舞》由五个人披着五种不同颜色的假狮子皮，象征东西南北中五方。另有两人扮演昆仑奴，拿着拂子挑逗狮子，表演者要做出狮子的各种表情。白居易诗中写道：“假面胡人假狮子，刻木为头丝作尾。金镀眼睛银帖齿，奋迅毛衣摆双耳。如从流沙来万里，紫髯深目两胡儿。”②唐代从中亚康国（今乌兹别克斯坦）传入的胡旋舞在河洛地区风靡一时。白居易曾有《胡旋女》一诗：“胡旋女，胡旋女，心应弦，手应鼓。弦鼓一声双袖举，回雪飘飖转蓬舞。左旋右转不知疲，千匝万周无已时。”③同样来自中亚石国的《胡腾舞》也十分流行，唐代李端的《胡腾儿》诗云：“胡腾身是凉州儿，肌肤如玉鼻如锥。桐布轻衫前后卷，葡萄长带一边垂。帐前跪作本音语，拾襟搅袖为君舞。”④唐代流行的《柘枝舞》，也是沿着丝绸之路传入的中亚舞蹈。刘禹锡曾有《观舞柘枝二首》。

与乐舞相关的还有戏曲。唐代来自康国的《泼寒胡戏》十分流行。《文献通考》中记载：“乞寒，本西国外蕃康国之乐。”⑤神龙元年（705 年）十一月，唐中宗登上洛阳南门楼观看泼寒胡戏，规模盛大。之后有人上书提出批评：

---

① 杜佑撰，王文锦、王永兴、刘俊文、徐庭云、谢方点校：《通典》卷一百四十四，中华书局 1980 年版，第 3673 页。

② 曹寅：《全唐诗》卷四百二十七，中华书局 1999 年版，第 4712 页。

③ 曹寅：《全唐诗》卷四百二十六，中华书局 1999 年版，第 4704 页。

④ 曹寅：《全唐诗》卷二百八十四，中华书局 1999 年版，第 3225 页。

⑤ 马端临：《文献通考》卷一百四十八，中华书局 1986 年版，第 1294 页。按：原文误“康”为“唐”。

“洪范庶征，谋时寒若。礼曰：‘秋行夏令，寒暑不节，阴阳不调，政令之失，休咎之应，君臣所感。’君能谋事，则时寒顺之，何必效胡俗而乞索哉?”后来张说也曾劝谏：“乞寒泼胡，未闻典故，裸体跳足，盛德何观？挥水投泥，失容滋甚，法殊鲁礼，亵比齐优，恐非干羽柔远之义，罇俎折冲之道。愿择刍言，特罢此戏。”[①]

第四，民间体育杂技。唐初传入的马球最早称波斯球，马球在河洛地区十分流行。唐玄宗称帝前，在河南府告成县(今登封)百姓王利文宅北板下辟有球场，“自夏徂秋，往来游赏”[②]。唐玄宗时宰相李林甫也喜好马球，“年二十尚未读书，在东都好游猎打球，驰逐鹰狗，每于城下槐坛下骑驴击球，略无休日”[③]。唐文宗时，马球在洛阳依然十分流行，“河南多恶少，或危帽散衣，击大毬，尸官道，车马不敢前”[④]。甚至到晚唐洛阳还有文思球场。天祐元年(904 年)朱温曾在文思球场大宴百官。2003 年在河南伊川县大庄唐墓 M3 出土菱花形铜镜的图案正是浮雕打马球的场景。洛阳市博物馆也展出有 2012 年出土于王雄诞夫人墓一套四件马球三彩俑。丝绸之路开通后，印度瑜伽也传到中国，白居易诗中有“中宵入定跏趺坐，女唤妻呼多不应”的描写。[⑤] 丝绸之路开通后，许多西方竞技也来到中原。《后汉书》记载罗马帝国的跳丸等技艺于东汉传到中国：“永宁元年，掸国王雍由调复遣使者诣阙朝贺，献乐及幻人，能变化吐火、自支解、易牛马头，又善跳丸，数乃至千。自言：‘我海西人。’海西，即大秦也。”[⑥]跳丸类似杂耍，有人跳丸技艺已入化境，“鱼豢《魏略》曰：大秦国俗多奇幻，口中出火，自缚自解，跳十二丸，巧妙异常”[⑦]。唐代传入的杂技幻术就更多了。

第五，服饰。随着丝绸之路的开通，其他地区的服饰也传入河洛，并成为河洛地区流行款式。唐代洛阳流行明显胡服特色的“缺胯衫”。衫两胯下

---

① 马端临：《文献通考》卷一百四十八，中华书局 1986 年版，第 1294 页。
② 王钦若：《册府元龟》卷二十四，文渊阁四库全书本。
③ 李昉：《太平广记》卷十九，中华书局 1961 年版，第 129 页。
④ 欧阳修：《新唐书·李绅传》，中华书局 1975 年版，第 5349 页。
⑤ 曹寅：《全唐诗》卷四百五十八，中华书局 1999 年版，第 5233 页。
⑥ 范晔：《后汉书·南蛮西南夷列传》，中华书局 1965 年版，第 2851 页。
⑦ 范晔：《后汉书·西域列传》，李贤注引鱼豢《魏略》，中华书局 1965 年版，第 2920 页。

开衩儿以利于行动。“缺胯衫”成为洛阳普通百姓的日常服装,“开骻者名曰缺骻衫,庶人服之”[1]。安菩墓中出土过两件身穿“缺胯衫”的汉人俑。偃师恭陵哀皇后墓中出土有大量身穿翻领窄袖长袍的男子骑马俑。不仅男子,女性服装也深受胡风影响。1988 年偃师城关唐柳凯墓中出土过一件头戴胡帽、身穿圆领窄袖长袍的女俑。2003 年洛阳关林唐墓出土一件身穿翻领窄袖长袍的女俑。据记载,不仅普通百姓家,就连王公贵族,甚至宫中,都深受胡服影响。唐朝女性流行的“帷帽”被认为即起源于吐火罗的长裙帽,洛阳地区唐墓中曾出土多件头戴“帷帽”的女俑。当时洛阳还流行浑脱帽、尖顶胡帽、卷檐虚帽等胡帽。

第六,饮食。丝绸之路开通后,异域饮食也沿着丝绸之路传到我国,丰富了河洛民众的饮食结构。大量沿着丝绸之路传来的作物在引种成功后,成为民众喜爱的日常食物。茄子源于印度,大蒜源于西亚,胡萝卜源于伊朗……源于伊朗的菠菜传入之初被称为波斯菜。葡萄、西瓜、石榴等常见水果多是从丝绸之路传来。源于印度的甘蔗传入中国以前,人们获取甜味只能靠蜂蜜或麦芽糖。丝路的开通,也丰富了河洛人民的烹饪方法。如烧饼在传入之初称胡饼,奶酪的传入也是丝绸之路开通后的事情。由丝绸之路传到中国的各种酒以葡萄酒最知名。我国本不产葡萄酒,最初葡萄酒全靠进口。如唐玄宗驻跸洛阳时,中亚史国就曾进贡葡萄酒。葡萄引种成功后,葡萄酒逐渐进入寻常百姓家。洛阳古墓中出土有怀抱葡萄酒囊的陶俑,说明当时河洛地区葡萄酒的饮用已十分普遍。

---

① 欧阳修:《新唐书·车服》,中华书局 1975 年版,第 527 页。

后　记

2014年由我牵头与同仁毛阳光教授、郭炳洁教授以“河洛文化”为题共同申报了河南省精品视频公开课，并获第十八届全国教学信息化大奖赛河南赛区一等奖。2015年，学校决定在我们所讲精品课程的基础上，为全校开设通识必修课“河洛文化系列讲座”。2019年年底，该课程改称“河洛文化概论”。

在长期授课过程中，逐渐积累了一些讲稿。后来将讲稿整理并结集出版，命名为《河洛文化十五讲》，2020年由河南人民出版社出版。该书出版后，反响较好。2021年3月，获年度“豫版好书奖”；2021年9月，获第31届北方十六省哲学社会科学优秀图书奖；2021年10月，获2020年度河南省社会科学优秀成果奖三等奖。2020年夏，申请获批的河南省教育厅“十四五”规划教材项目“河洛文化教程”，即由《河洛文化十五讲》改编而来。

本次改编主要体现在以下几个方面：首先，体例修改为章节体。《河洛文化十五讲》脱胎于“河洛文化系列讲座”课程稿，各讲独立。《河洛文化教程》则是章节体，通过章节关系，体现河洛文化的基本框架。其次，内容有所增删。所增内容主要在第四章和第五章。同时增加了最近一两年学界对相关问题的最新研究。考虑到《河洛文化教程》教材的性质，删除了与核心内容无关的部分。再次，语言风格也有所调整。《河洛文化十五讲》具有讲稿的性质，有一定的口语化表达，但作为教材，《河洛文化教程》语言凝练客观，对口语化表达等进行了适当修改。

在本书的写作过程中，部分内容借鉴了本校同事郭绍林教授、毛阳光教授、陈巍副教授等人的学术成果。同时也大量参考了学界同仁的成果，有些明确指出了出处，但可能还有遗漏，绝非有意掠美。文中内容是我个人对河洛文化的理解，未必是学界定论。限于个人学识和能力，书中缺点和错误所在多有，如蒙指出，将不胜感激。

本书的出版获得洛阳师范学院河洛文化国际研究中心和历史文化学院领导、同仁的帮助。河南人民出版社也为本书的出版提供了大力支持。在此表示诚挚的谢意。

吴　涛

2022 年 6 月 26 日